KB132945

거의 모든 존재의 역사

양자형이상학

거의 모든 존재의 역사
양자형이상학

1판 1쇄 인쇄 2015년 10월 8일
1판 1쇄 발행 2015년 10월 15일

지은이 이성휘

발행처 고즈윈
발행인 고세규

신고번호 제300-2005-176호
신고일자 2005년 10월 14일

주소 (121-896) 서울특별시 마포구 동교로13길 34(서교동 474-13)
전화 02-325-5676
팩스 02-333-5980

값은 표지에 있습니다.

ISBN 978-89-92975-89-6　03110

거의 모든 존재의 역사

양자형이상학

이성휘 지음

고즈윈
God'sWin

UNIVERSITÄT HEIDELBERG
PHILOSOPHISCHES SEMINAR
Prof.Dr.Hans-Georg Gadamer

69117 HEIDELBERG, Schulgasse 6
Tel.: (0 62 21) 54 22 84; Fax: 54 22 78

23. Oktober 2000

Sehr geehrter Herr Lee,

mit großer Freude, habe ich das schöne Buch erhalten. Es wird
mir sehr wichtig werden, wie immer, wenn sich die unbestimmbaren
Grenzen zwischen Theologie und Philosophie produktiv
überwunden werdenIch bin selber noch lange Jahre in Marburg
mit Rudolf Bultmann verbunden gewesen und natürlich auch mit
Rudolf Otto, der mich schon in meiner Breslauer Zeit als
Anfänger erreicht hatte. Wir können für diese Fragen alle
voneinander lernen. Als ich nach Heidelberg kam, waren es
dort vor allem Bultmann Schüler, die mich gastlich aufnahmen,
von denen aber keiner mehr am Leben ist. Jedenfalls bedanke
ich mich sehr, daß ich in Ihnen einen Mitarbeiter sehen darf.

Ihr

H.G. Gadamer

나의 논문을 읽고 보낸 편지

가다머 교수의 편지

친애하는 이성휘 씨,

귀하의 탁월한 저서논문 : 〈신과 시간 ─ 스티븐 호킹의 인간 원리와 과학신학〉를 큰 기쁜 마음으로 받았습니다. 나에게도 아주 중요한 테마가 된 신학과 철학의 확정 짓기 어려운 경계의 문제는, 언제나 그렇듯이, 서로 이해가 필요하고 생산적으로 극복되어야 합니다.

나 자신 스스로도 오랫동안 마부르크 대학 교수 시절 신학부 루돌프 불트만 교수*와 이런 문제로 깊이 대화를 나눈 바 있고 물론 그전에 브레슬라우 대학 시절에는 이런 문제에 깊이 들어가 있지 못한 나와 이미 대가의 경지에 이른 루돌프 오토 교수와도 이 문제에 대해 깊이 대화한 바 있지요. 우리는 이 ─ 신학과 철학의 경계 ─ 문제를 우리 모두가 서로 서로에게 배워야 한다고 생각합니다.

내가 하이델베르크 대학으로 교수직을 옮겨 왔을 때는, 그곳에서 누구보다도 불트만의 제자들이 나를 진심으로 환영해주었습니다만 그러나 그때 그분들은 이제 모두 세상을 떠나고 없습니다. 아무튼 다시 한 번 귀하에게 진심으로 감사드리면서 귀하를 저의 동료로 인정하고 싶다는 말씀을 전합니다.

한스게오르그 가다머 교수

참고

루돌프 불트만 교수는 하이델베르크 대학 철학부 카를 야스퍼스Karl Jaspers가 인정한 동향Oldenburg 출신의 신약성서신학자로서 마부르크Marburg 대학 교수를 지냈고 그곳에서 철학부 교수들과 신학과 철학의 경계 문제에 대해 많은 대화를 나누었다. 그 일환으로 프라이부르크 대학의 철학부 하이데거M. Heidegger 교수를 초청해 마부르크 대학 신학부교수들에게 한 강연이 바로 '시간의 개념Der Begriff der Zeit'이다. 한국에서 루돌프 불트만의 저술 대부분은 이화여대 기독교학과 허혁 교수가 번역해 출판했다.

HELMUT SCHMIDT

Herrn
Dr. Lee Sung-Whi
Gaisbergstr. 32

69115 Heidelberg

8. Dezember 2000

Sehr geehrter Herr Lee,

besten Dank für Ihren Brief vom 5. November und die
beigefügte Dissertation. In letzterer habe ich bereits
mit Interesse geblättert und freue mich über die
geschenkte Lektüre und Ihre freundlichen Worte.

Mit freundlichen Grüßen

Postanschrift: ZEITVERLAG GERD BUCERIUS GMBH 20079 Hamburg
Telefon: 040-32 80 221 · Fax: 040-32 71 11

나의 논문을 읽고 보낸 편지

헬무트 슈미트* 전 독일 수상의 편지

친애하는 이성휘 씨,

지난 2000년 11월 5일 저에게 보내준 편지와 귀하의 논문_{저서 : 《신과 시간 - 스티븐} 호킹의 인간 원리와 과학신학》에 대해 진심으로 감사드립니다.

이미 귀하의 논문을 마지막 페이지까지 큰 관심을 가지고 다 읽었습니다.

그리고 귀하의 편지에서 보여준 저에 대한 친절한 말씀과 보내주신 논문에 대해 감사와 마음을 다시 한 번 전해드립니다.

2000년 12월 8일

헬무트 슈미트

참고

헬무트 슈미트 독일 수상은 현재까지 건강하다. 100세를 얼마 남기지 않고 있다. 함부르크의 주간 신문인 《디 자이트Die Zeit, 시간》의 대표이다. 함부르크 출신답게 함부르크 마도로스 모자를 늘 쓰고 파이프 담배를 즐긴다. 사민당SPD 출신으로 빌리 브란트에 이어 수상을 역임했고 예술가 음악가로도 활동하는 등 역대 독일 수상 가운데 가장 사랑받는 전 독일 수상이 바로 헬무트 슈미트 씨이다.

::
서문

거의 모든 인간이 형이상학자이고 물리학자이다. 왜냐하면 인간은 거의 대부분 자신의 존재를 묻고 우주와 세계에 대해 질문하기 때문이다. 인간은 낮에는 태양을, 밤에는 하늘의 별들을 보면서 철학을 해왔다. 도대체 세계는 어떻게 존재하게 되었는지? 세계는 얼마나 넓은지? 과연 세계에 끝이 있는 것인지? 수많은 밤하늘의 별들은 어떻게 빛을 발하고 있는지? 태양이 언젠가 폭발하거나 식지는 않을지? 이런 질문을 했고 우주와 태양계의 별을 보면서 상식적인 수준의 물리학을 했다. 별똥별이 떨어질 때는 누군가의 영혼이 하늘로 올라갔다고 믿기도 했다. 인간에게 우주와 세계는 경이의 대상이지만 동시에 거대한 무대이기도 하다. 계절 변화에서 감성을 일깨우고 자연의 거대한 생명의 리듬을 통해 생에의 의지를 가지게 된다. 칸트I. Kant가 '밤하늘의 별과 마음의 도덕률'을 말했듯이 대부분의 인간은 존재와 세계, 우주와 자연에 대해 형이상학적 또는 물리학적 사유를 해왔다.

느닷없이 웬 '양자형이상학Quantum Metaphysics'인가? 사실은 존재의 처음부터 세계우주, 자연가 양자형이상학으로 존재하기 때문이다. 인류가 그것을 깨달은 것은 21세기에 와서야 가능했고 그 시작은 20세기 초 1900년 막스 플랑크M. Planck의 '양자가설'이 주장되면서부터이다.

노자의 《도덕경》에서 읽을 수 있는 '현묘의 세계'가 바르게 이해된 것도 우리 시대의 양자물리학 이후이다. 역사적으로 형이상학적 사유는 종교적 질문인 존재자에 대한 질문에서부터 시작되었다.

칸트의 《윤리형이상학》은 〈법이론의 형이상학적 기초원리〉와 〈덕이론의 형이상학적 기초원리〉로 합본되어 있다. 역자 백종현은 칸트의 '윤리형이상학'을 자유의 형이상학이라고 해석한다. '자유'란 책임지는 인간의 능력이기 때문이라는 이유에서이다. 그런 의미에서 칸트의 《윤리형이상학》은 형이상학의 고유의 영역인 존재론보다는 실제적인 인간 자유와 그 자유를 위한 '법'과 '덕'을 형이상학적 해석으로 다룬 것이다.

현대의 형이상학은 다시 아리스토텔레스Aristoteles의 형이상학 전통을 이어 마르틴 하이데거와 니콜라이 하르트만N. Hartmann 그리고 프랑스의 실존철학자 가브리엘 마르셀G. Marcel과 장 폴 사르트르가 과학이 밝혀낸 '존재와 시간의 새로운 본질 이해'의 도움 없이 언어와 사변으로 '존재와 시간', '존재와 무'를 해석했다. 스티븐 호킹Stephen Hawking이 쓴 《시간의 역사 A Brief History of Time》가 전 세계에 알려지기 전까지 지난 2,000년 동안 '존재와 시간'은 형이상학자들의 고유한 사유 영역인 반면 물리학자들에겐 낯선 영역인 것처럼 이해되었다. 칼 프리드리히 폰 바이츠재커Carl Friedrich von Weizsäcker가 하이데거의《존재와 시간Sein und Zeit》을 처음 받아들고 "와우 이게 바로 형이상학이다"라고 외쳤다고 하는 것처럼 그 영역이 서서히 깨지고 있었다는 것을 그 당시 바이츠재커 교수도 하이데거 교수와 가다머 교수도 몰랐다는 것이다. 현대물리학자들이 오히려 더 본질적인 사유로 실제의 존재와 시간의 의미를 해석해낸다.

세계의 대부분의 보통 사람들은 '형이상학'과 '물리학'이 전혀 다른 영역의 사유 속에 서로 다른 언어로 우주와 세계와 자연을 해석한다고 생각해왔다. 칸트같이 실제적인 인간 삶의 문제에서 대두되는 법과 덕을 이루기 위한 인간 자유의 문제를 형이상학으로 다룬 경우도 있지만 실제 형이상학의 본래적 영역은 인간이 이해할 수도 인식할 수도 없는 존재자 즉 신, 절대자, 존재 자체에 대한 인간의 사유이다.

그런 의미에서 김용규의《서양문명을 읽는 코드 신》은 2000년 기독교의 신에 대한 서양의 사유의 역사와 그 사유의 결과로 나타난 예술에 투영된 신의 의미를 해석해낸 전형적인 형이상학서이다. 서양의 신에 대한 인간의 형이상학의 역사를 서양 문명의 코드로 읽어낸 것이다. 형이상학의 전통은 400년경 성 아우구스티누스에서부터 본격적으로 신 존재에 대한 사유를 정립해나간 것으로 보인다. 아우구스티누스의《고백록Confessions》에서 다룬 '신과 시간'에 대한 사유가 아우구스티누스가 생의 고백에서 말한 핵심이다. 다시 13세기의 토마스 아퀴나스에 의해 사유의 전통을 이어가는 결정판이 바로《신학대전Summa Theologiae》이다. 데카르트가 자신의 존재 사유를 "사유한다. 고로 나는 존재한다cogito, ergo sum"라고 표방

했지만 17세기 자연신학자 스피노자는 《에티카Ethica》에서 "신 즉 자연Deus sive Natura"이라고 말했다. 스피노자가 중세인 가운데 가장 양자형이상학적 이해자라고 말할 수 있다면, 노자는 기원전 500년경 중국의 자연철학자로서 양자형이상학적 존재와 시간을 말한 자이다.

빅 히스토리Big History는 137억 년 전 빅뱅으로 우주와 세계의 시작을 설명하는 역사를 말한다. 빅 히스토리로 존재의 역사를 다룬 두 사람은 《거의 모든 것의 역사》를 쓴 빌 브라이슨Bill Bryson과 《신은 아무것도 쓰지 않았다Le Grand Roman de la vie》를 쓴 프랑스의 자연학자 이브 파칼레Yves Paccalet이다. 파칼레는 "…… 인간이 으레 그렇듯이 나 역시 원자들의 덩어리일 뿐이지만 그 원자가 무엇인지 생각할 수 있는 존재다. 나는 생명에 대해 성찰할 수 있는 생명체. 스스로를 의식으로 정의할 수 있는 의식…… 나는 생각한다. 고로 존재한다……"라고 자신의 저술 《신은 아무것도 쓰지 않았다》 서문에서 말했다.

최초의 인류 호모 사피언스 이후 우리 시대에 등장한 'homo' 시리즈로는 '무엇을 만드는 인간作人, homo faber', '정신적 존재로서의 인간homo spiritus', '공부하는 존재로서의 인간homo akamemicus', '질문하는 존재로서의 인간homo quaerens', '철학하는 존재로서의 인간homo philosophicus', 그 외에도 《통섭Consilience》을 쓴 에드워드 윌슨Edward O. Wilson이 '설명한다. 고로 존재한다enarro, ergo sum'라는 말로 자연을 설명하는 인간 존재를 말하기도 했다. 인간 존재에 대한 철학적 사유는 막스 셸러Max Scheller의 철학적 인간학 《우주에서 인간의 위치Die Stellung des Menschen im Cosmos》가 처음이다. 사유하며 존재하는 인간을 말한 데카르트 이후의 첫 업적인 셈이다. 그러나 2003년 프랜시스 콜린스Francis Collins의 인간 게놈 해독 발표의 쾌거로 동물 가운데 유일하게 자신의 게놈을 해독해낸 인간도 유전자적으로는 전혀 동물과 다른 특별한 존재가 아니라는 것을 알게 되었다. 물리학을 통해 자연과 우주를 알아왔고 형이상학을 통해 신과 존재자, 절대자를 추구해온 인간이 우주와 자연에서 진정한 자신의 위치를 발견하고 확인하게 하려는 것이 바로 물리학과 형이상학을 통합하는 양자형이상학이다. 현재까지 물리학의 결정적인 이론이 바로 양자론이기 때문이다. 양자형이상학은 인간이 스스로 설명하는 자연의 일부라는 것을 말하는 형이상학이다. 양자론과 형이상학을 통합한 양자형이상학은 기존의 형이상학의 존재론에서 137억 년 전의 빅뱅을 존재의 시작으로 보는 빅 히스토리처럼 존재의 시작을 빅뱅으로부터 다룬다.

미시적 존재 이해인 일자一者에 대해서는 소립자물리학의 존재 이해에 따르며, 거시적 존재인 전체에 대해서는 우주 전체를 다루는 우주천문학의 이해를 따른다. 양자론에서 관찰자가 객관적으로 관찰 대상에서 벗어나 독립해 있을 수 없다는 의미에서 우주와 자연에 대한 인간의 이해와 해석은 바로 '우주와 자연 관찰 자체'가 '인간 존재 자체'가 된다. 그러므로 양자형이상학이 주장하는 인간 이해는 '존재한다. 고로 나는 있다 existens, ergo sum'이다. 인간은 자연과 우주를 설명해왔지만 인간 자신을 이해하지는 못한 경우가 많았다. 하이데거 이후 현대 형이상학이 현대 과학의 놀라운 발견과 발명을 통해 더 이상 형이상학의 사변적 언어만으로는 우주와 자연을 설명할 수 없다는 것을 깨달은 일부 과학신학자, 과학 철학자 들에 의해 주장된 과학신학^{Theology of Science}과 과학철학을 바탕으로 양자론 이후의 세계 이해와 우주 자연 이해를 새롭게 주장하는 것이 바로 양자형이상학이다.

원시 시대의 샤머니즘을 거쳐 민족 국가 시절 인류는 주술사나 메디신 맨, 점성술사, 드루이드^{Druids}, 샤먼^{Shaman} 들이 종교와 제의를 맡아 형이상학과 물리학을 해왔다. 수메르 문명, 잉카 문명과 이집트 문명이 남긴 흔적 가운데 우주인이나 외계인의 모습을 새겨놓은 조각을 볼 수 있다. 과학 시대인 현대의 시각으로 볼 때 만약 그것이 외계인^{우주인 UFO}이었다면, 이미 그 당시 외계인이 현재 지구의 과학 수준을 넘어선 발전을 이루고 있었던 것으로 이해할 수 있다. 외계인이 수천 년 전 지구를 방문했을 때의 과학 수준을 현재 인류가 추적하는 정도에 도달한 것으로 보인다. 전 세계적으로 수많은 외계인 목격자가 있긴 하지만 그러나 아직까지 결정적인 외계인 존재에 대한 증거는 없다. 우주 공간에 인간 문명을 일부 CD로 가져다 놓았지만 아직 우주로부터 그 어떤 콘택트가 이루어지지 않고 있다.

인간이 사유와 언어로 문명을 이룬 것은 6,500년 전부터이고, 존재^{물질}의 기원과 우주의 기원을 묻게 된 것은 2,500년 전부터이다. 세상의 모든 인간이 아마추어 형이상학자이고 물리학자라고 말할 수 있지만 전문가들에 의해 학문적으로 축적된 근대 과학의 역사는 갈릴레오^{G. Galileo} 시대부터이며 불과 500년이 채 안 된다. 편견과 억측, 고집으로 우주와 세계, 자연을 잘못 해석한 오류도 많았다. 위대한 철학자들도 그 시대의 사유로 우주와 세계에 대해 해석과 정의를 내리긴 했지만 많은 오류도 있었다. 플라톤의 《티마이오스^{Timaios}》의 세계창조론에는 황당한 내용도 있다. 아리스토텔레스는 천동설을 주장했고 중력에 대한 이해에서 오류를 범하기도 했다. 아리스토텔레스의 모든 존재의 정점에 서 있는 '제일 원인자$^{causa\ sui}$' 사상은 후대 교수신학과 형이상학이 2,000여 년을 이어온 사유이다.

과학은 보편성과 객관성을 근거로 사실^{Faktum}을 탐구한다. 진리를 찾아내기 위해 그것을 연구하고 실험을 통해 과학적으로 증명하고 해석하는 방법으로 자연을 관찰해왔다. 세계 공통의 언어인 수학과 방정식을 통해 밝혀 낸 우주와 존재의 비밀을 이해할 수 있는 언어로 설명한다. 인류가 가장 알고 싶어 하는 질문은 '우리는 어디서 왔는가?'이다. 우리는 늘 우리가 살고 있는 지구와 태양계, 은하와 우주 전체의 존재 기원을 묻는다. 형이상학과 종교 역시 같은 질문을 해왔다. 우주와 자연을 관찰하는 과학의 목적이 유용성을 위해서이기도 하지만 인간은 원래부터 우주와 자연의 본질적 의미를 물었다.

자연$^{The\ Nature}$은 물리학과 형이상학으로 나눌 수 없는 것인데, 아리스토텔레스 이후 나뉘어서 이해되어 오다가 2,400여 년 지난 양자론 이후 다시 물리학과 형이상학의 통합된 자연 이해의 언어가 나오게 된다. 현대에 와서 과학의 언어로 이제 인류에게 보편타당하고 사실적인 우주와 세계의 본질, 자연과 존재의 본질에 대한 거의 마지막 말을 할 수 있게 한 상대성이론과 양자론이 지난 100년간 과학을 지배해온 이론이다. 1974년 브랜든 카터Brandon Carter가 '인간 원리anthropic principle'라는 말을 도입한 논문에서 "Large Number Coincidences and the Anthropic Principle"⟨in Confrontation of Cosmological Theories with Observational Data⟩, ed, M. S. Longair(Boston: Reidel, 1974), pp.291-298, 알리스터 맥그래스, 《정교하게 조율된 우주》, p.14) 이라고 사용했다. 이것을 더욱 확장한 스티븐 호킹이 1988년 출판한 《시간의 역사》에서 새로운 '관점의 창' 즉 우주와 세계를 보는 가장 객관적이고 보편타당한 관점인 '인간 원리'를 구체적으로 설명했다.

2000년 마틴 리스Martin Rees는 세계를 지배하는 '여섯 개의 수Just Six Numbers'를 밝혀냈고 2003년 프랜시스 콜린스는 '신의 언어Biologos'를 읽어냄으로써 '인간 게놈'을 해독해냈다. 창조의 언어이자 세계를 지배하는 마틴 리스의 '여섯 개의 수'와 우주와 지구를 지배하는 생명의 언어인 프랜시스 콜린스의 '바이오로고스Biologos'는 '거의 모든 존재의 역사'와 '양자형이상학'의 중요한 명제가 된다.

양자형이상학은 형이상학과 물리학자연과학의 통섭의 언어로 우주의 기원과 존재의 본질을 정리한 것이다. 우주와 세계를 보는 인간의 관점으로는 '인간 원리'로, 우주와 세계를 지배하는 힘으로는 마틴 리스의 '여섯 개의 수'로, 자연을 지배하는 힘으로는 프랜시스 콜린스의 '바이오로고스'로 설명하는데, 이들이 현재까지의 자연과학이 밝혀낸 가장 정확하고 결정적인 것이라고 본다.

스티븐 호킹의 '인간 원리'는 과학의 언어로서 형이상학의 오랜 테마인 '시간과 존재'를 다루고 있다. 현재 거의 대부분의 과학자들과 형이상학자들은 빅뱅을 존재의 기원, 즉 시공간의 기원으로 해석하고 있으며 대부분의 세계인들이 이것을 수용하고 있다.

'인간 원리'를 모든 인간에게 이해될 수 있는 과학과 형이상학의 가장 보편적이고 객관적인 언어로 수용하자는 것이 바로 필자가 주장한 '인간 개념'이다. 마틴 리스의 '여섯 개의 수'와 프랜시스 콜린스의 '바이오로고스'와 스티븐 호킹의 '인간 원리'와 필자의 '인간 개념Anthropic Concept, Der anthropische Begriff'을 근거로 양자형이상학의 명제를 제시한다.

빌 브라이슨의 《거의 모든 것의 역사》는 우주의 기원부터 현재까지의 거의 모든 것의 역사를 문학적 서술문의 형식으로, 수학과 방정식을 사용하지 않고도, 우주와 자연의 세계를 묘사할 수 있고 설명할 수도 있음을 보여주었다. 스티븐 호킹이 《시간의 역사》를 출판할 당시, 방정식을 하나 기입할 때마다 독자가 100만 명이 줄어들 것이라고 출판사가 경고하는 바람에 수학 공식과 방정식을 하나도 넣지 않으려고 했지만, 어쩔 수 없이 단 하나 아인슈타인Albert Einstein의 방정식 '$E=mc^2$'만 집어넣었다고 했는데, 사실 더 많은 수학 공식이 들어갔다.

하지만 전 세계 언어로 번역되어 4,000만 부 이상 팔렸다고 한다. 책이 많이 팔린 것이 중요한 것이 아니라, 세계인에게 우주와 세계, 자연에 대해 객관적이고 합리적으로 이해하게 하는 좋은 과학 에세이가 널리 보편화되어 우리가 살고 있는 지구와 우주, 존재의 기원을 알게 해주었다는 것에 더 큰 의미가 있다고 본다. 최근 호킹의 전기 영화가 나오기도 했다.

필자의 하이델베르크 대학과 보쿰 대학 박사 학위 논문 〈Gott und Zeit - Das anthropische Prinzip Stephen W. Hawkings und Wissenschafts-theologie(Quantum Metaphysik)^{신과 시간 - 스티븐 호킹의 인간 원리와 과학신학(양자형이상학)}〉 원고 마지막 부분을 정리하면서 《거의 모든 존재의 역사 양자형이상학》으로 제목을 바꾸었다.

제네바의 세른^{CERN, 유럽입자 가속기연구소}의 연구 동향과 세계물리학회와 과학계의 동향을 늘 모니터링하고 있었다. 그것은 보편적이고 객관적인 진리를 알기 위해서, 항상 관심을 두고 있었던 존재의 기원 즉 우주의 시작에 관한 연구 결과들을 추적하고 있었기 때문이다.

최근 일상의 사건들 - IS 테러와 에볼라 감염 등 - 이 신문과 TV 뉴스에 보도되고 있는 와중에 드물게 과학적 사건들도 보도된다. '지구의 바다는 소행성이 가져왔다', '우주 타임캡슐을 향한 여정', '팽창 우주는 존재하며, 설명 가능, 우주 과학 영화 인터스텔라' 이런 뉴스들이다. 그리고 '빅뱅이론 뒷받침 중력파 흔적은 우주 먼지일 수도' 등이 보도되었다. 그러나 입증되기까지 즉 더 나은 진리가 나오기 전까지 과학은 현재까지의 최종 이론을 진리로 인정한다. 어떤 새로운 진리가 나올지 모르지만 근사치의 진리로 남겨두는 것이 과학적 진리이다. 아무튼 양자론 발표 후 100년이 되어가는 이 시점에 사실 입자와 같은 더 작은 존재의 미시 세계를 추구해가는 연구나, 태양계 밖으로 나가서 우주 전체와 같이 존재를 보려고 하는 거시 세계 발견에도 별 진전이 없어 보인다.

100년 전 막스 플랑크의 '양자가설'부터 2015년 '양자형이상학'이 나오게 되기까지, 1900년부터 2015년 현재까지 인류가 추구해온 우주와 자연, 시간과 존재에 대한 이해와 해석의 연구 과정의 역사는 이렇다.

　　1900년 막스 플랑크의 '양자가설', 1905년 아인슈타인의 '특수상대성이론'과 1915년의 '일반상대성이론', 1922년 루드비히 비트겐슈타인Ludwig Wittgenstein의 《논리·철학 논고Tractatus Logico-Philosophicus》, 1927년 '양자론'으로 유명한 닐스 보어Nils. Bohr의 '코펜하겐 선언Copenhagen interpretation', 1927년 하이데거의 《존재와 시간》, '팽창 우주 모델'을 제시한 조르주 르메트르Georges Lemaître의 '원시원자가설L'hypothèse de l'atome primitif', 1928년 막스 셸러의 《우주에서 인간의 위치》, 1929년 허블E. Hubble의 '우주 팽창 증명', 1929년 화이트헤드A. N. Whitehead의 《과정과 실재Process and Reality》, 1937년 하이데거의 《형이상학이란 무엇인가?》, 1943년 슈뢰딩거E. Schrödinger의 《생명이란 무엇인가?What is Life?》, 1947년 소련의 가모프G. Gamow의 '빅뱅이론' 제기, 1950년 테야르 드샤르댕Pierre Teilhard de Chardin의 《자연 안에서 인간의 위치La Place De L'Homme Dans La Nature》, 1953년 왓슨J. Watson과 크릭F. Crick의 'DNA의 이중 나선 구조' 발표, 1959년 하이젠베르크W. Heisenberg의 《물리학과 철학Physik und Philosophie》, 1962년 헬무트 쿤Helmut Kuhn의 《과학혁명의 구조》, 1965년 펜지어스Arno Penzias와 윌슨Robert Wilson의 마이크로파 측정을 통한 '우주 배경 복사' 발견, 1970년 펜로즈Roger Penrose와 호킹의 '특이점 정리', 1974년 브랜든 카터의 '인간 원리' 개념 제시, 1975년 프리초프 카프라F. Capra의 《현대물리학과 동양사상The Tao of Physics》, 1977년 스티

븐 와인버그S. Weinberger의 《최초의 3분The First Three Minutes》, 1979년 게리 주커브G. Zukav의 《춤추는 물리The Dancing Wu Li Masters》, 1980년 일리야 프리고진I. Prigogine의 《있음에서 됨으로From Being to Becoming》, 1982년 프리초프 카프라의 《새로운 과학과 문명의 전환The Turning Point》 등이 나왔다.

1988년 호킹의 《시간의 역사》, 1988년 알랭 바디우Alain Badiou의 《존재와 사건L'etre et l'evenement》, 2000년 마틴 리스의 《여섯 개의 수》, 2000년 오머추 Diarmuid O'Murchu의 《양자신학Quantum Theology》, 2000년 이성휘의 《신과 시간- 스티븐 호킹의 인간 원리와 과학신학》, 2003년 스테판 바우베르거S. Bauberger 의 《세계란 무엇인가?Was ist die Welt?》, 2003년 프랜시스 콜린스의 '인간 게 놈' 해독, 2003년 빌 브라이슨의 《거의 모든 것의 역사》, 2004년 브라이언 그린B. Greene의 《우주의 구조The Fabric of the Cosmos》, 2004년 사이먼 싱Simon Singh 의 《우주의 기원 빅뱅The Origin of the Universe Big Bang》, 2006년 프랜시스 콜린스 의 《신의 언어》, 2007년 존 폴킹혼John Polkinghorne의 《양자물리학과 기독교 신학Quantum Physics and Theology》, 2007년 리처드 도킨스Richard Dawkins의 《만들어 진 신》, 2007년 닐 디그래스 타이슨Neil deGrasse Tyson의 《우주 교향곡Death by black hole》, 2008년 최민자의 《생명에 관한 81개조의 테제》, 2008년 소광희 의 《자연 존재론》, 2009년 장회익의 《물질, 생명, 인간》, 2011년 최민자의 《인식와 존재의 변증법》, 2011년 이수정의 《본연의 현상학》, 2011년 짐 배것Jim Baggot의 《퀀텀스토리The Quantum Story》, 2012년 리사 랜들L. Randall의 《이것이 힉스다Higgs Discovery》, 2014년 쇠렌 오버가르Soren Overgaard 외의 《메 타철학이란 무엇인가An Introduction to Metaphilosophy》와 프랭크 클로즈Frank Close

의《보이드 – 빅뱅 직전의 우주》등이 나왔다. 도킨스의《만들어진 신》을 비판한 옥스퍼드 대학 신학부의 앨리스터 맥그래스^Alister E. McGrath^ 교수가 2009년 영국에서 출판한 저술로서 2014년 막바지 12월에 한국어로 번역되어 출판된《정교하게 조율된 우주^A Fine – Tuned Universe: The Quest for God in Science and Theology^》는 지적설계론적 자연신학으로 삼위일체 신학을 옹호하는 기독교 변증서 성격의 현대 과학 이해서이다. 마틴 리스와 프랜시스 콜린스를 다루고 있지만 극히 제한적 이해를 보여준다.

자연과 세계를 논한 2,500년 역사의 물리학과 형이상학을 양자형이상학으로 정리할 시점이 온 것이다.

2007년 귀국 후 대학에서 강의하면서 틈틈이 원고를 정리했다. 스티븐 호킹의 '인간 원리'는 이미 나의 독일 논문에서 쓴 바 있고 마틴 리스의 '여섯 개의 수'와 프랜시스 콜린스의 '바이오로고스'를 첨가한 '양자형이상학의 존재론'이다. 콜린스의 말대로 더 이상의 것이 나온다 하더라도 우주의 기원과 존재 본질 규명에 달라질 것이 없을 것이라 생각한다. 그 가운데 가장 중요한 사상으로 137억 년 전 빅뱅으로부터 우주 기원 역사를 기술하는 빅 히스토리로 거의 모든 것의 역사를 쓴 빌 브라이슨의《거의 모든 것의 역사》와 스티븐 호킹의《시간의 역사》에서의 '인간 원리', 우주와 세계의 존재 원리를 설명한 마틴 리스의 '여섯 개의 수', 그리고 생명체와 인간 게놈을 해독하면서 우주와 세계의 존재를 바이오로고스로 정리한 프랜시스 콜린스의《신의 언어》를 필자의 논문〈양자형이상학〉으로 통합해《거의 모든 존재의 역사 – 양자형이상학》으로 정리하였다. 독일 유학시절부터 알고 지내는 부산한독협의회 회장이시며 웰니스 병원장이신 강동완 박사의 이해와 후원으로 이 책이 출판되었음을 밝힌다.

부산 망미동 서재에서

이성휘

거의 모든 존재의 역사가
나오기까지의 여정
—

세계를 둘러보았고 많은 사람을 만났다. 수없는 경험을 하고 수많은 책을 읽었다. 그중에서 가장 중요하고 결정적인 체험은 25세에 인간 존재를 빛으로 체험한 것이다. 존재를 빛으로 체험한 후 전국을 방랑하며 체험자를 찾아다녔다. 일간지 신문 광고 가정 교사란에 "인간 수업 – 징 클레어를 찾습니다. 데미안"이라는 광고를 냈다. 70여 명으로부터 몇 주 동안 전화가 오긴 했지만 인간 수업이 본격적으로 이루어지지는 못했다. "인간 수업을 하고 싶은데 대학 입시 때문에……" 아쉬움을 전하는 통화가 대부분이었다. 몇 주가 지난 어느 날 굵은 중년의 목소리를 가진 분이 "좋은 일 하십니다. 법정입니다" 하고는 전화를 끊는다. 아마 늦게 누군가를 통해 신문 광고를 알게 되었나 보다.

미카엘 란트만M. Landmann의 《철학적 인간학》을 강의한 진교훈 교수의 강연을 듣기 위해 부산에서 서울 명동의 가톨릭문화원을 찾기도 했고 이화여대 기독교학과 허혁 교수의 연구실을 찾아가 독일 신학자 불트만에 대해 대화를 나누기도 했다. 한국에서 최초로 출판된 철학적 인간학인 《사람됨의 뜻》의 저자 연세대 이규호 교수를 찾아가 대화했다. 튀빙겐 대학 가톨릭신학 박사이며 해석학자인 심상태 신부를 만나러 혜화동 가톨릭대학을 방문하기도 했다. 장충동의 경동교회 강원용 목사와 키르케고르 사상에 대한 서신을 교환하기도 했고 한국신학연구소장 안병무 박사의 향린교회도 가끔 들렀고 신학 잡지 《현존現存》을 읽었다. 긴급 조치의 살벌한 상황에서도 《씨올의 소리》의 저자 함석헌의 강연을 찾아다니며 들었다. 키르케고르협회가 만들어져 창립 총회가 열린 명동 YWCA에서 만난 고려대 철학과의 표재명 교수와도 대화를 더 이어나갔다. 기회가 있을 때마다 이대 대강당의 채플에서 김흥호 목사의 노장 사상과 기독교 사상의 통섭에 대한 설교를 들었다.

11월 어느 날 이대 대강당의 교수실에서 허 교수는 나에게 "지금은 니체나 키르케고르가 100여 년 전에 했던 '체험'을 말할 시대가 아니네, 구체적인 학문의 작업이 필요하다네." 하시면서 튀빙겐 대학으로 유학갈 것을 권했다. 튀빙겐 대학의 신학부 에버하르트 융엘Eberhard Jüngel 교수에게 논문을 써보라고 추천해주었다. 1985년 서울을 떠나 독일 뮌스터Münster, 에어랑겐, 하이델베르크 그리고 보쿰과 뉴욕을 거쳐 뮌헨에 머물면서 22년 동안 공부하고 여행하고 사유했다. 신학과 철학, 물리학을 공부했고 바흐J. S. Bach와 브람스J. Brahms와 말러G. Mahler를 즐겨 들었고 유럽의 거의 모든 곳을 여행했다. 유럽과 서양 정신을 정복하고 공부해야 했다. 그래서 그렇게 많은 여행을 했다. 그러나 그 여행은 존재의 뿌리를 찾아가는 여행이었다.

유럽을 동서남북으로 다 여행했다. 스페인과 포르투갈 거의 전역을 여행했는데 살라망가와 코임브라, 덴마크의 리베와 오슬로와 스톡홀름, 헬싱키와 탈린을 여행했다. 그리스의 델포이에서 소크라테스의 흔적을, 터키의 에베소에서 바울의 흔적을 찾아보았다. 밀레토스에서는 탈레스와 아낙시메네스의 흔적을, 그리스의 사모스 섬에서 '피타고라스의 정리'의 피타고라스Pythagoras의 집을 찾았고 바로 그 옆집 간이 레스토랑에서 '피타고라스 기로스'를 먹었다.

기원전 54년경 피타고라스는 '모든 것은 수'라고 말했다고 한다. 나폴레옹Napoleon이 "우주가 수학으로 다 설명된다면 신의 역할을 무엇인가?"라고 라플라스Pierre Laplace에게 묻자 "폐하, 저에게는 그런 가설이 필요 없습니다"라고 대답했다고 한다. 라플라스도 세계가 존재하기 위해 신을 전제할 필요가 없다는 입장이었던 것이다. 또 다른 프랑스 과학자 푸앵카레Henri Poincare는 과학에 대해 "과학자들은 유용성 때문에 자연을 연구하는 것은 아니다. 그들은 그러한 노력에서 즐거움을 얻기 때문에 연구한다. 그리고 그들이 즐거움을 얻는 것은 그것이 아름답기 때문이다. 만일 자연이 아름답지 않다면 탐구할 만한 가치가 없을 것이다. 그리고 자연이 탐구할 만한 가치가 없다면 인생은 살아갈 가치가 없을 것이다. 물론 내가 이야기하는 아름다움은 우리의 감각으로 느끼는 겉모습이나 질적인 면을 뜻하는 것은 아니다. 그러한 아름다움을 평가절하하려는 것은 아니지만, 실상 그러한 아름다움은 과학과는 아무 관계없다. 내가 말하는 진실한 아름다움은 조화로운 질서에서 오는 것이다. 그것은 순수한 지성으로만 찾아낼 수 있다."^{사이먼 싱, 《우주의 기원 빅뱅》, 30쪽}라고 말했다.

과학이 종교에 대해 갖고 있던 편견만큼 종교가 과학에 대해 가진 편견의 길고 긴 역사는 우리 시대에 와서 과학이 신비주의로 빠진 것이 아닌가? 할 정도로 카프라 같은 과학자는 노장 사상과 불교 사상에 접목해 자연의 본질을 밝히는 방향으로 나타났다. 자연을 혹독하게 이용만 해온 것 같은 과학의 자연에 대한 횡포^{지구 온난화를 가져온 CO²와 온갖 화학 가스와 오염 쓰레기} 배출로부터 자연을 지키고 보호해야 한다는 엘 고어^{Al Gore}의 〈불편한 진실 An Inconvenient Truth〉은 인류에게 시사해주는 바가 많다. 지구^{자연}는 우리의 유일한 삶의 터전이라는 사실이 더욱 인식된 것이다. 푸앵카레의 말대로 조화로운 질서를 찾는 즐거움을 위해 과학이 유용성을 발휘해왔다면 인류의 행복을 위해 많은 기여를 했을 텐데 꼭 그렇지는 않았다는 것을 역사를 통해 알 수 있다.

갈릴레오는 실험을 통해 천문학을 해볼 만한 가장 가치 있는 학문으로 추구했던 아리스토텔레스의 우주와 자연에 대한 생각이 틀렸다는 것을 알아낸 후, 역사상 가장 위대한 사람이라고 추앙받는 아리스토텔레스가 "진실과는 반대되는 말만 했다"라고 진술했다. 무거운 물체가 가벼운 물체보다 먼저 떨어진다고 아리스토텔레스가 말한 것이 허구라는 것을 증명하고 나서 한 말이다. 에라토스테네스^{Eratosthenes}와 아낙사고라스^{Anaxagoras}와 아리스타르쿠스^{Aristarchus}는 태양의 크기와 태양까지의 거리를 측정해내기도 했다. 아낙사고라스는 "인생의 목적이 태양과 달 그리고 하늘을 연구하는 것"이라고 말했다지만 아낙사고라스도 현실에서는 먹고살아야 하는 법이다. 피타고라스의 정리로 유명한 사모스의 피타고라스 생가 기념관 옆집에서 기로스를 팔고 있었다. 터키에서는 케밥이라고 하고 그리스에서는 기로스라고 한다. 지금까지 먹어본 것 중 가장 맛있었던 것은 아테네 옛 거리의 플라카 광장에서 사 먹은 기로스였다. 피타고라스 옆집인데 당연히 '피타고라스 기로스'라고 간판을 걸고 전통을 잇는 '원조 피타고라스 기로스'를 팔고 있었는데 '피타고라스의 정리'가 수학적 업적이라면 그 옆집에서 '피타고라스의 기로스'를 파는 이웃에겐 먹고살아야 하는 마케팅의 현실을 말해준다.

런던을 수차례 방문해 뮤지컬을 보았고, 대영박물관과 많은 미술관 등을 방문했다. 영국인이 뽑은 지난 1,000년 동안 영국인에게 영향을 미친 인물 1위가 카를 마르크스Karl Marx였고, 독일에서 뽑은 지난 1,000년의 위대한 독일인 1위는 아데나워Konrad Adenauer 초대 수상이었다. 그 외에 괴테J. W. Goethe 등이 선정되었다.

자유와 복지를 누리는 현재 서유럽의 삶이 카를 마르크스가 바라던 이상적인 사회 민주주의 체제였던 것이다. 소련과 동구권은 70년의 사회주의 시행착오를 인정했고 결국 동유럽이 붕괴되었다. 인간에게 필요한 절대적인 것은 '자유'이지만 '소유'도 가능해야 하는 법이다. 탈자본주의를 표방한 프랑스의 미테랑, 영국의 블레어, 독일의 슈뢰더가 선택한 '제3의 길'의 결과는 진정한 자유와 복지를 이상적으로 이룩한 사회 민주주의 체제를 구현하게 된다. 북유럽 스칸디나비아 국가들은 더 일찍 그 길을 선택했다.

프랑스에서 망명 생활을 한 하인리히 하이네[H. Heine]도 니체[F. Nietzsche]와 함께 유럽 궁정으로부터 위험한 사상가로 낙인 찍힌 자유주의자였다. 《자본론》과 《공산당 선언》을 발표할 수 있었던 카를 마르크스에게 런던이 고마울 수밖에 없었을 것이다. 그 영국인들이 자신을 지난 인류의 역사 1,000년을 두고 가장 위대하다고 인정해주니 말이다. 아무튼 망명과 추방의 과정을 거친 시대를 앞서간 사상가들이 선망한 사회 체제를 지금 누리고 있게 된 것은 서유럽과 북유럽이다.

지난 1,000년 동안의 가장 위대한 음악으로 영국인에겐 비틀즈의 〈예스터데이[Yesterday]〉가 압도적으로 베토벤과 모차르트를 누르고 1위를 차지했다. 그 〈예스터데이〉 오리지널 악보를 대영박물관에서 볼 수 있었고, 위대한 영국인 100인에 선정된 스티븐 호킹의 초상화도 볼 수 있었다. 남프랑스 프로방스의 아를에서는 고흐[V. van Gogh]의 흔적을 찾았고 아이제나흐[Eisenach]와 라이프치히[Leipzig]에서 바흐의 생의 흔적을, 빈의 외곽도시 하일리겐슈타트의 베토벤하우스와 9번 〈합창 교향곡〉을 쓴 바덴의 기념관에서는 베토벤의 흔적을 찾았다. 브람스와 말러의 흔적을 찾기 위해 토블라흐와 뵈르터제와 바덴바덴과 빈을 찾았고 부다페스트[Budapest]의 벨러 버르토크의 기념관을 찾았다. 적어도 바흐, 베토벤, 말러는 기독교적 신 이해를 넘어선 만유내재신론적[Panentheism] 신을 이해한 양자형이상학적 존재 이해를 추구했기 때문이다.

브람스는 자연주의자이자 자연주의 음악이라고 말할 수 있다. 노자적 음악을 작곡한 자연주의 음악가 브람스의 흔적이 가장 많이 남겨진 바덴바덴의 브람스하우스Brahmshaus를 자주 찾았다. 현재 미국인 부부가 브람스하우스를 지키고 있다. 브람스는 미국 연주 여행에서 박사 학위를 받았고 당시 에디슨이 발명한 축음기로 육성이 녹음된 음반에서 브람스의 함브르크 독일어 액센트의 "I am Dr. Brahms"를 들을 수 있다.

독일 알프스인 가르미슈Garmisch의 스트라우스하우스를 방문했다. 니체의 〈차라투스트라는 이렇게 말했다〉 교향시를 작곡한 그다.

기독교를 공인한 밀라노 칙령을 내린 콘스탄티누스 대제와 카를 마르크스가 태어난 도시 트리어Trier, 라인 강가의 독일 신비주의자 마이스터 에크하르트Meister Eckhardt와 타울러Tauler와 관련이 있는 스트라스부르Strassburg와 쾰른도 자주 들렀던 곳이다.

니체학회가 열린 장크트 모리츠St. Moritz의 실스마리아를 찾았다. 니체의 삶의 흔적을 찾아 《차라투스트라는 이렇게 말했다》를 쓴 실스마리아Sils-Maria의 니체하우스와 영겁 회귀를 깨달았다는 실바프라나 호숫가를 찾았고 니체가 마지막 숨을 거둔 바이마르Weimar의 니체아카이브도 방문했다. 니체가 마틴 리스의 '여섯 개의 수'를 알았더라면 그렇게 고뇌하며 편두통을 앓아가며 존재의 본질을 탐구했었을까? 니체 사후 100년이 되는 해 1999년에 밝혀진 마틴 리스의 '여섯 개의 수'를 알게 된 우리는 행복한 세대임이 틀림없다.

니체 사후 100년에 발견된 '여섯 개의 수'이지만 이 '여섯 개의 수'는 우주가 처음 빅뱅과 함께 시작하면서 지배한 우주의 힘이다. 코펜하겐에서 고서점 주인이 알려준 대로 찾아간 코펜하겐 광장에 있는 키르케고르의 생가터에는 국립덴마크은행이 들어서 있었다. 키르케고르 역시 너무 많은 사유를 했다. 존재의 본질을 알았었다면 그의 많은 저술들의 사상 방향이 달라졌을 것이다. 헤겔이 《정신현상학Phänomenologie des Geistes》을 쓴 밤베르크Bamberg의 헤겔하우스를 방문하기도 했다. 현재 일반인이 살고 있는 이층집의 벽에 안내 표지판만 설치되어 있다. 칸트, 헤겔, 키르케고르, 니체는 현대물리학의 양자론적 세계관을 이해도 상상도 할 수 없던 시절의 형이상학으로 사유한 존재론자들로서 사변적인 언어 작업으로 존재를 규명하려고 했다. 그런데 현대물리학이 밝혀낸 존재와 시간에 대한 새로운 규명과 전혀 무관한 요즘의 형이상학자들도 있다. 알랭 바디우의 《존재와 사건》, 이수정의 《본연의 현상학》 그리고 김재권의 《수반의 형이상학》 등이 그렇다.

뉘른베르크 신문 밤베르크 지사 기자였던 헤겔이 틈틈이 쓴 글이 《정신현상학》이다. 어렵기로는 타의 추종을 불허하는 철학 사상이자 형이상학사상인 하이데거의 《존재와 시간》 역시 양자론과 현대 과학이 밝혀낸 우주의 원리와 힘들을 배제한 상태에서 문학적으로 묘사한 난해한 형이상학 에세이였다. 하이데거의 《존재와 시간》이나 사르트르의 《존재와 무》에서 다룬 것은 실제 존재와 시간도, 존재와 무도 아닌 문학적 메타포로서의 제목만 '존재와 시간', '존재와 무'인 에세이이다. 이미 양자론이 발표된 지 오래고 우주의 비밀들이 하나하나 밝혀지고 있던 동시대의 하이데거였지만 전혀 다른 영역의 사유를 했다. 하이데거의 고향 메스키르히의 김나지움에서 하이데거가 공부한 교실 책상에 앉아 하이데거학회를 열었다. 논문 발표자 가운데 튀빙겐 대학 철학부의 피갈Pigal 교수가 두드러져 보였다.

그 후 연구 교수로 하이델베르크에 온 창원대 철학부 이수정 교수와 함께 메스키르히의 하이데거의 무덤을 찾았다. 묘비석에 십자가가 아닌 연꽃을 새겨놓은 것을 발견했다. 동경대 철학 박사인 이수정 교수는 하이데거의 무덤에서 흙을 조금 병에 담아 가져갔다. 일본에서는 존경하는 분의 무덤의 흙을 채취해 서재에 두고 보는 것이 전통이라고 한다. 이수정 교수는 한국하이데거학회장을 역임하기도 했다.

이탈리아와 스위스가 연결되어 있는 아름다운 호반 도시 루가노Lugano의 몬타뇰라Montagnola에서 헤세H. Hesse의 흔적을 찾았고, 베니스로 가면서 들른 파두아에서 갈릴레오가 교수로 재직했던 파두아 대학을 보기도 했다. 괴테와 니체와 헤세의 여행에 비할 바 아닌 더 많은 엄청난 여행을 통해 유럽을 정복하려고 했다. 카이사르의 방법이 아닌 역사 문화 예술 여행을 한 것이다. 골프랑스족의 수도였던 제르고비아Gergovia의 프랑스 왕 베르킨게토릭스Vercingetorix가 카이사르Caesar와 마지막 결전을 벌였던 알레시아도 가보았다. 베드로와 바울보다 수십년 전에 베르킨게토릭스가 로마의 같은 감옥에 갇혔다. 감옥 벽에 새겨놓은 역대 수감자 이름에서 찾을 수 있다. 카이사르는 정치적으로 베르킨게토릭스를 석방시켜 고국 프랑스로 돌려보내려 했지만 로마 시민의 성화에 못 이겨 결국 처형하고 만다.

도시의 역사와 미학과 삶을 살펴보았지만 그것은 현상일 뿐이다. 항상 관심은 존재의 뿌리를 찾는 것이었다. 지구의 역사는 어디든 같다. 고고학적으로 발굴해내는 것 역시 지구 위의 역사적 유물의 분류이자 정리일 뿐 외계 행성에서 들어온 것도 지구에 속한 것이라면, 유럽은 늙은 역사고 미국은 젊은 역사가 아니다. 알프스 지역의 켈트족이 쓰던 칼에 감탄한 로마가 그 비법을 전수받게 되는데, 놀랍게도 지구의 역사보다 더 오랜 행성이 지구에 충돌해 형성된 암석에서 추출된 광석을 제련해 만든 칼이라는 것을 C¹⁴를 이용한 방사성 탄소 연대 측정법을 통해 밝혀냈다. 로마 병사들의 칼을 부셔버리는 단단한 제철로 만든 칼이었다. 로마는 그 광석으로 만든 알프스 켈트족의 칼로 유럽을 정복했다. 7년 동안의 갈리아전 이후 로마로 돌아가는 길에 넘은 알프스의 고갯길에 카이사르의 이름을 붙인 줄리어스 고갯길Julier Pass을 넘어 장크트모리츠를 지나 말로아 고갯길을 내려가다가 릴케R. M. Rilke가 《말테의 수기》를 쓴 솔리뇨를 방문하고 내려오면 이탈리아 평지가 나온다. 아마 카이사르와 로마 병사들은 장크트모리츠에서 폰트레지나를 거쳐 이탈리아 국경인 티라노 방향으로 내려가 루비콘 강을 건너게 되었을 것이다. 이 루비콘 강을 건너면서 카이사르가 한 "주사위는 던져졌다Alea iacta est!"는 말은 로마에 남아 있는 정적 폼페이우스Pompeius와 크라수스Crassus를 향한 말이다. 폼페이우스는 장인인 카이사르보다 나이가 많은 사위였다. 정략적으로 카이사르가 폼페이우스로부터 병력을 얻기 위해 딸을 결혼시킨 것이다.

스위스 엥가딘 지방 알프스 골짜기 어딘가에 아마 한니발Hannibal과 동행했던 아프리카 코끼리의 뼈 잔해와 카이사르와 동행했던 로마 병사들의 유골들이 있을 것이다. 2,000년 뒤 역시 주사위라는 단어를 넣어 "신은 주사위 놀이를 하지 않는다Gott würfelt nicht"고 한 아인슈타인의 유명한 말은 양자론의 확률에 의한 존재 현상을 이해할 수 없었기 때문에 양자론을 부정한 말이다.

세상의 모든 존재의 시작은 같이 이루어진 것이다. 존재의 뿌리는 항상 모든 존재 속에 함께 상존해 있다. 6,500년 전의 그리스의 고도 델포이도, 3,500년 전의 덴마크의 가장 오래된 고도 리베Ribe도 우리가 지금 방문하면 현재 우리에게 보여지는 현재의 도시이다. 과거가 현재 속에 늘 함께 있다는 것이다. 과연 그 당시 사람들은 존재를 어떻게 이해하고 살았을까? 그 관심으로 여행했다. 우주에서 지구를 세밀히 보면 입자들의 운동처럼 보일 것이다. 지구 위의 인간들이 바쁘게 입자의 운동처럼 전 지구를 비행기로 기차로, 배로, 전차로, 자동차로 오가는 것과 또는 걸어서 오가는 것을 볼 수 있을 것이고, 작은 공테니스, 야구, 배구, 축구, 농구을 가지고 노는 전 지구 위의 인간들을 볼 수 있을 것이다.

로마와 폼페이, 리베와 알레시아와 트리어 등 모든 유럽의 고도들도 현재 우리와 함께하는 현재의 현상이다. 그 말은 137억 년 전에 시작한 존재의 역사 속에 현재가 뿌리 내리고 있다는 말이다. 인류의 뿌리를 찾으려면 아프리카로 가야 한다. 그렇지만 지구 전체가 다 인류가 나오게 된 온 생명의 조건이 된다. 우주의 모든 곳이 다 중심이 되듯이 지구의 모든 곳이 다 중심이다. 다만 삶의 조건이 비교적 용이한 지역대에 인간 문화가 풍성히 이루어진 것이다. 이런 생각으로 인간 원리를 이해하면 그게 얼마나 보편타당하고 객관적이며 지금까지의 그 어떤 자연법칙보다 포괄적인 것인지 인식하게 된다. 이제 상대는 지구 대 우주 전체가 된다.

이렇게 지구를 이해하게 되면 기존의 종교와 형이상학이 원시 종교적 주술과 터부, 샤머니즘과 토테미즘을 넘어 우리 시대에 와서야 합리적인 사유와 이해로 정리되었음을 알 수 있다. 평생을 수도원에서 필사본 몇 권 만들어내고 생을 마감한 수도승이 IT 문화로 가능해진 스마트한 현재의 세상을 어떻게 이해할 수 있겠는가?

우주 시대에 지구 위의 인간이 우주 전체를 상대하는 이론이 바로 '인간 원리'이기도 하다. 과연 다른 행성에 지적 생명체가 존재하며 그 지적 생명체가 인간과 소통할 문명을 이루고 있는지 아직은 모른다. 우주선 코비Cobe가 우주 배경 복사를 세밀하게 측정한 덕분에 빅뱅이 증명되는 결정적인 역할을 했고 임무를 다한 후 위성 더블유맵WMAP이 그 역할을 수행하고 있다. 인류의 과제 가운데 하나인 태양계 밖에서 태양계를 보기 위해서 또 외계 생명체를 찾으러 태양계 밖으로 나가고 있는 중이다.

'하이데거의 현존Dasein 사상과 신 존재'라는 테마로 튀빙겐 대학의 융엘E. Jüngel 교수에게 논문을 쓰려던 계획이 바뀌어 하이델베르크 대학의 리츨Dietrich Ritseh 교수와 스티븐 호킹에 대한 논문을 쓰게 되었다. 에어랑겐 대학 시절 리델M. Riedel 교수에게 하이데거 사상으로 논문을 쓰고 있던 김상현 씨와 함께 프라이부르크 대학의 하이데거 제자인 티티엔Titijen 교수의 초대로 프라이부르크의 전통 음식인 감자와 치츠를 오븐에 구워낸

뢰스티Rösti를 맛있게 먹었다. 티티엔 교수는 하이데거가 앉았던 자리에 앉아 하이데거와의 에피소드를 들려주기도 했다.

에어랑겐 대학 신학부 한스 울리히Hans Ullich 교수로부터 하이델베르크 대학 신학부 리츨 교수에게 보내는 추천서를 받아 옮기게 된 하이델베르크 대학에서 리츨 교수와 사유를 나누고 7년 동안 독터란트콜로퀴움 Doktorrandkolloquium에서 현안의 형이상학적 문제와 많은 테마로 28명의 박사 과정생독터란트(Doktorand) 동료들과 토론했다. 울리히 교수는 보수적인 에어랑겐 대학 신학부가 나의 사상을 받아들일 수 없을 것이라면서 하이델베르크를 추천한 것이다. 저서 《기독교의 본질》과 《죽음과 불멸성에 대한 고찰》로 어려움을 겪었던 포이어바흐L. Feuerbach가 하이델베르크 대학을 거쳐 베를린 대학에서 헤겔 철학을 공부한 후 에어랑겐 대학의 강사가 되었지만 사상 때문에 대학 강의를 할 수 없게 되자 시골에서 사상가로 집필에 전념하게 된다. 에어랑겐의 학풍은 100여 년이 지난 지금도 여전히 보수성을 벗어나지 못하고 있는 것이다.

1995년 〈신과 시간 – 스티븐 호킹의 인간 원리와 과학신학양자형이상학〉이란 논문을 제출하였고, 1977년 고전어 시험을 마치고 구두시험을 거쳐 1999년 보쿰 대학에서 박사 학위를 받았다. 2000년 뉴욕에서 박사 후post. doc. 연구를 위해 머물면서 뉴욕 문화를 경험했는데, 그 기회에 영국 가톨릭 신부가 쓴 《양자신학》을 알게 되었다. 보스톤과 주변의 청교도들이 메이플라워호를 타고 와 정착한 옛 도시와 버지니아 주의 윌리엄스버그Wil- liamsburg가 인상에 남았다. 미국에서 유럽 중세 도시의 유적을 볼 수 있는 곳이었다. 다시 독일로 돌아와 2000년 10월 논문을 최종적으로 교정하고 피터 랑Peter Lang 출판사에서 책으로 출판했다. 하이델베르크 근교에 머물면서 뮌헨의 철학대학원대학교에서 쓸 철학 박사 학위 논문을 준비했다.

루뱅에서 에라스뮈스Erasmus의 박물관을 보고 폴킹혼 교수의 초청장을 받고 답사차 케임브리지 대학을 찾았다. 케임브리지 시내를 흐르는 캠 강변을 거닐며 400년 전 이곳에 와 머물렀던 에라스뮈스를 회상하기도 했다. 취리히의 호숫가에 있는 카를 융Carl G. Jung 연구소와 베른의 아인슈타인과 헤세의 기념관을 방문하기도 했다. 하이델베르크에서 열린 가다머 교수의 95세 생신 기념학회에서 그와 대담을 나누기도 했다. 3세기를 살았던 가다머 교수는 1899년에 태어나 2001년에 세상을 떠났는데 돌아가시기 몇 달 전 내가 보내준 논문을 읽고 나에게 감사 편지를 보내주었다.

여행을 통해 새로운 것을 경험하는 것의 목적과 의미는 항상 세계를 이해하기 위한 것이었다. 존재를 알아가는 과정이었다. 어느 도시를 여행하건 그 도시가 시작된 원천의 장소를 가본다. 이 모든 게 다 과정이다. 그리스의 엘레아학파가 질문한 존재의 가장 작은 것과 그 기원에 대한 2,600년간 인류의 노력의 결실을 제네바의 세른에서 확인하게 된다. 철학적 기계Eine Philosophische Machine! 이 말은 스위스의 작가 막스 프리슈Max Frisch가 세른의 입자 가속기를 보고 한 말이다. 제네바의 세른 유럽핵물리학연구소를 1991년 방문하게 되었다. 하이델베르크 대학 물리학부, 철학부, 신학부 공동 세미나 수업의 일환으로 두 대의 버스를 대절해 1박 2일

제네바를 방문해 '존재의 가장 작은 것'을 보러 온 것이다. 지하 100미터 깊숙이 설치된 27킬로미터 반경의 원형 입자 가속기를 통해 존재의 가장 작은 것을 보는 것이다. 2,600년 전부터 인류가 물었던 존재는 무엇인가? 노자와 탈레스와 데모크리토스, 헤라클레이토스와 파르메니데스 등 소크라테스 이전의 철학자들이 물었던 '존재와 무' 그리고 '일자와 전체'의 문제라는 과업을 세른의 유럽 입자 가속기가 이어가고 있는 것이다.

과학자 스티븐 호킹이 《시간의 역사》를 통해 '시간'을 해석했다면 형이상학 역시 자연과학의 힘을 빌어 존재와 시간에 대한 통섭의 언어가 나와야 할 때가 된 것이다. 세계^{존재}를 보는 새로운, 그러나 자연과 우주세계를 가장 객관적이고 보편적 관점으로 보게 해주는 것이 '인간 원리'이다.

인류 문명이 이룬 종교와 과학이 이제 새로운 관점인 '양자형이상학'으로 존재의 기원을 풀어야 한다. '양자형이상학'으로 지금까지 인류가 사유해온 신, 존재자, 절대정신, 유일자, 자기 원인자^{causa sui}와 존재 자체를, 그리고 물질의 근원을 찾는 세른에서의 소립자물리학을 통해 강입자, 쿼크, 끈이론 등으로 밝혀낸 '존재의 가장 작은 세계'와 우주천문학이 밝혀낸 '존재의 가장 큰 것의 세계'도 거의 다 알게 되었다. 인류의 오랜 숙원, 즉 '우주와 세계를 누가 어떻게 만들었나?'에 답이 주어진 것이다.

헬무트 슈미트 전 독일 수상과 칼 프리드리히 폰 바이츠재커 교수, 한스 게오르규 가다머 교수와 한스 큉^{Hans Küng} 교수가 논문을 읽고 편지를 보내주었다. 디트리히 리츨 교수, 에노 루돌프^{Enno Rudolph} 교수, 크리스챤

링크Chriatian Link 교수는 논문 평을 써주었다.

하비 콕스Harvey Cox 교수는 하버드 대학에, 존 폴킹혼 교수는 케임브리지 대학퀸즈 칼리지에 각각 연구하러 오라고 초청장을 보내주었다. 그러나 뉴욕의 유니온 신학대학에서 박사 후 연구를 한 학기 하고 독일로 다시 돌아가 뮌헨의 철학대학원대학에서 논문을 준비하던 중 한국에서 강의해 달라는 팩스를 받았다. 2007년 22년 만에 독일에서 귀국해 여러 대학에서 강의하면서 원고를 정리하던 중 마틴 리스와 프랜시스 콜린스를 알게 되었다. 결정적인 해답이 찾아진 것 같았다. 《거의 모든 것의 역사》를 쓴 빌 브라이슨에서 빠진 것은 바로 형이상학 부분이고 호킹의 《시간의 역사》에서는 존재의 역사가 빠져 있다. 니체도 헤겔도 칸트도 고뇌했던 우주, 세계우주가 어떻게 존재하는 것인지를 잘 정리한 마틴 리스의 '여섯 개의 수'와 세계의 생명체와 인간 게놈을 해독한 콜린스의 '바이오로고스'를 호킹의 '인간 원리'와 나의 '인간 개념'에 적용시키면 모든 것이 다 설명된다고 보았다. 즉 양자형이상학으로 '거의 모든 존재의 역사A History of Nearly All Beings'를 말할 수 있게 된 것이다. 2,500년 형이상학자들의 존재론과 지난 100년 양자론 역사의 과학자들이 밝혀낸 우주와 존재의 기원을 밝히는 '거의 모든 존재의 역사'를 통섭적으로 정리하고 해석한 것이 '양자형이상학'이다.

Gott und Zeit - Das anthropische Prinzip

Stephen W. Hawkings und Wissenschaftstheologie

—

chapter
01

양자형이상학이
나오기까지의 역사

양자형이상학이
나오기까지의 역사

   하이데거가 쓴 《형이상학이란 무엇인가?》는 1929년 독일 프라이브르크 대학 교수 취임 강연 원고이다. 독일 슈바르츠발트Schwarzwald의 작은 마을 토트나우베르크의 산장 통나무집에서 쓴 1927년의 《존재와 시간》과 1935년 신학자 불트만의 초청으로 마르부르크Marburg 대학 신학부 교수들에게 강연한 "시간의 개념Der Begriff der Zeit", 그리고 1957년 다시 자신의 토트나우베르크 산장 통나무집에서 발표한 〈형이상학적 존재 – 신론적 구성들〉 등의 저술들은 하이데거가 평생 동안 추구한 사유라 말할 수 있다. 즉 하이데거는 '도대체 존재란 무엇인가?'의 존재를 탐구한 철학자이다.

   '존재를 존재로서 탐구하는 학문'으로 정의된 형이상학의 유래에 대해 카페에서 브런치를 즐기면서 감상할 수 있게 쓴 사이먼 정Simon Chung의 철학 에세이 《철학 브런치 – 원전을 곁들인 맛있는 인문학》에 이렇게 기록되어 있다. "플라톤이 아카데미에서 제자를 키웠다면 아리스토텔레스는 리케움^{Lyceum}이란 이름의 대학에서 후학을 가르쳤는데, 형이상학이 자연학^{물리학}과 형이상학을 구분해 분류하도록 한 자연학 다음에 나오는 책들 《Metaphysics^{ta meta ta physica biblia}》에서 유래한 것"이라고 주장한다.^{사이먼 정,} ^{《철학 브런치》, 165쪽}

유래가 어떠하건, 아리스토텔레스가 서양에서 최초로 '형이상학'을 말했다면 동양에서는 《주역^{周易}》의 "형이상자위지도^{形而上者謂之道}, 형이하자위지기^{形而下者謂之器}"에서 나왔고, 일본에서 형이상^{形而上}에다 학^學을 접목해 '형이상학'으로 만든 것이다. 원래의 뜻은 '형태 위의 것을 도^道라 하고 형태 아래 것을 기^器라고 한다'이다.^{사이먼 정, 《철학 브런치》, 165쪽}

그리스어의 어원으로 봐서 meta ta physica를 원래의 그리스어 표현대로 meta ta physica biblia로 바르게 번역하면 '형이상학'이 아니라 '형이후학^{形而後學}'이 된다고 사이먼 정은 주장한다. 즉 자연학^{물리학} 다음에 존재를 다루는 14권의 저술을 배치한 '자연학 뒤의 책^{meta ta physica biblia}'을 말하는 것인데 후대에서 형태 너머의 보이지 않는 세계를 다루는 학문이라는 의미의 형이상학이 되었다는 것이다.^{사이먼 정, 《철학 브런치》, 165~169쪽} 그러면서 아리스토텔레스의 철학의 시작은 우주와 자연에 대한 '경이'에서 온다고 말한다. 우주의 기원을 다룬 천문학은 사실 아리스토텔레스부터 시작된 것이나 다름없지만 유감스럽게도 아리스토텔레스는 천동설을 주장했다.

"존재를 존재로서 탐구하는 학문, 그것 자체의 본성에 따라 그것에 속하게 된 속성들을 탐구하는 학문이 있다"라는 형이상학자 하이데거의 존재와 시간의 핵심 사상은 '존재^{Das Sein}'와 '존재자^{Das Seiende}', '현존재^{Das Dasein}'에 대한 이해라고 보면 된다.

북독일 뮌스터 대학 시절 함께 공부하기도 한 신상희 역시 《하이데거와 신》에서 다음과 같이 '형이상학'이란 말의 근원을 아리스토텔레스에서 찾고 있다.

> 익히 잘 알고 있듯이, '타 메타 타 피지카^{ta meta ta physica}'는 아리스토텔레스 사후 그의 제자들이 스승의 저작을 정리하는 과정에서 우연히 붙여 놓은 이름으로서, '자연학 다음에'라는 뜻을 가지고 있다.…… 그 당시 아리스토텔레스 사상에 대한 탐구는 논리학, 자연학, 윤리학이라는 커다란 세 가지 분과들로 분류된 강단 철학 내에서 이루어지고 있었는데, 그의 저작을 정리하는 과정에서 아리스토텔레스 자신이 '프로테 필로소피아^{prote philosophia, 제일 철학}'라고 지칭한 매우 중요한 문헌이 발견되었다. '제일 철학', 즉 본래적인 철학이라고 불리는 이 저술은 전체 안에 있는 자연적 존재자, 즉 퓌세이 온타^{physei onta} 자체에 대한 물음과 존재자의 존재로서의 우시아^{ousia}에 대한 물음을 제기하면서, 이러한 존재자의 근본 성격이 생성과 소멸이라는 운동 안에 놓여 있는 한에서 존재자 전체를 움직이게 하는 최초의 운동 원인이자 궁극적인 것으로서의 신적인 것^{Theion}에 대한 물음을 포괄하는 근원적인 사유를 그 주된 내용으로 삼고 있다…… 존재자 전체에 대한 물음을 제기하면서 하나의 존재자를 존재자로서 근거 짓는 다른 본질적

존재자, 혹은 초월적 존재자에게로 소급해 들어가는 가운데 자신의 물음을 전개하는 서구의 형이상학은 존재를 존재자의 존재자성^{실제성}으로 파악하였던 플라톤, 아리스토텔레스 이래로 모든 것의 보편적 근거를 탐구하거나 궁극적인 원인 또는 최고 존재자로서의 신을 규정하고 장악하려는 존재 Onto-신^{theo}-론^{logie}이다. 존재-신-론으로서의 형이상학은 그러나, 존재와 존재자 사이의 존재론적 차이를 그 자체로서 고유하게 경험하지 못했고, 따라서 존재 자체를 그것의 고유한 진리 속에서 사유할 수밖에 없었다."^{신상희, 《하이데거와 신》, 131~133쪽}

고전적 의미의 아리스토텔레스의 '형이상학', '자연학^{물리학, Physics}'과 플라톤의 '이데아^{Idea}론' 이후 서양철학은 파르메니데스의 존재론과 헤라클레이토스의 생성론으로 대별되어 내려왔다. 기독교 초기 영지주의자들은 더욱 신 존재에 관심을 가졌고 신 존재 체험을 위한 그노시스적 사유를 1세기 후반부터 팔레스타인 지방과 지중해 연안에 많은 흔적으로 남겼다. 〈요한복음〉은 90년대 기록된 영지주의자이거나 영지주의에 깊이 영향 받은 요한이라는 자가 기록한 것이다. '하나님-예수-나' 이 세 개체의 완전한 합일을 말하는 구절이 많이 발견된다. 특히 〈요한복음〉 14장이 그렇다.

예수께서 가라사대, 내가 곧 길이요 진리요 생명이니 나로 말미암지 않고는 아버지께로 올 자가 없느니라. 너희가 나를 알았다면 내 아버지도 알았으리로다. 이제부터는 너희가 그를 알았고 또 보았느니라. 빌립이 가로대, 주여 아버지를 우리에게 보여 주옵소서. 그리하면 족하겠나이다. 예수께서 가라사대, 빌립아 내가 이렇게 오래 너희와 함께 있으되 네가 나를 알지 못하느냐. 나를 본 자는 아버지를 보았거늘 어찌하여 아버지를 보이라 하느냐. 나는 아버지 안에 있고 아버지는 내 안에 계신 것을 네가 믿지 아니하느냐. 내가 너희에게 이르는 말은 스스로 하는 것이 아니라 아버지가 내 안에 계셔서 그의 일을 하시는 것이라. 내가 아버지 안에 있고 아버지가 내 안에 계심을 믿으라. 그렇지 못하겠거든 행하는 그 일로 말미암아 나를 믿으라.〈요한복음〉14:6~11 …… 저는 진리의 영이라 세상은 능히 저를 받지 못하나니 이는 저를 보지도 못하고 알지도 못함이라. 그러나 너희는 저를 아나니 저는 너희와 함께 거하심이요 또 그 속에 계시겠음이라.〈요한복음〉14:17 …… 그날에는 내가 아버지 안에, 너희가 내 안에, 내가 너희 안에 있는 것을 너희가 알리라.〈요한복음〉14:20

'빛과 지혜와 존재 체험' 이것이 영지주의자들의 핵심 사상인데 형이상학적 전통에서 볼 때 인간의 신에 대한 이해야말로 가장 중요한 종교적 실존으로의 입문이다. 신 존재를 이해하는 단계에서 체험하는 단계에까지 이르게 해주지 못하는 권면 사항적 윤리나 공동체교회 경영에 관한 문제나 종교화된 교단 정치 문제에 함몰된 공동체 운동에 머문 차원에서 초월해 스스로의 인간 실존의 존재 체험에까지 이르게 해주는 가르침은 초기 영지주의에 잠깐 존재했을 뿐이다.

송혜경의《영지주의자들의 성서》중 〈야고보의 두 번째 묵시록〉에 "참 하느님"을 이렇게 기록해놓았다.

그분께서는 하늘과 땅을 창조한 자가 본 적이 없는 분이십니다.

그분께서는 생명이신 분이셨습니다. 그분께서는 빛이셨습니다.

그분께서는 존재이신 분이셨습니다.

그리고 그분께서는 시작된 것들에게는 완결을, 완결된 것들에게는 시작을 주실 것입니다.

그분께서는 거룩하신 영성령, 눈에 보이지 않으시는 분,

땅에 내려오지 않으신 분이셨습니다.

그분께서는 동정이셨습니다, 그리고 그분께서는 원하시는 일은 그분께 반드시 일어납니다. 송혜경, 《영지주의자들의 성서》, 242쪽

요한이 체험한 비전을 기록한 본문 가운데 《영지주의자들의 성서》 제5장 '구원자의 가르침'을 보면 형이상학의 신, 존재자에 대한 영지주의의 이해를 볼 수 있다.

요한에게 나타난 구원자, 존재자, 절대자의 모습을 이렇게 기록한다.

구원자는 어떤 분이며 무엇을 알려주시는가. 바로 그때, 내가 이 문제에 관해 생각하고 있을 때였습니다. 보라! 하늘이 열리고 하늘 아래 있는 모든 피조물이 빛났으며 (세상)이 흔들렸습니다. 나는 두려움에 빠졌습니다. 그리고 보라! 나는 빛 속에서 한 소년을 보았는데 그가 내 곁에 서 있었습니다. 내가 그를 보고 있는 동안 그는 어른처럼 되었습니다. 그리고 자신의 형상smar을 바꾸어 종처럼 되었습니다.

그들이 내 앞에 여러 명으로 나타난 것은 아닙니다. 빛 속에는 형태^{morphe}는 여럿이지만 단 하나의 모습^{eine}만 있었습니다. 그리고 형상들은 서로서로를 통해 나타났는데, 그 형상은 세 가지 형태를 지니고 있었습니다. 그분이 내게 말씀하셨습니다.

"요한아, 요한아! 너는 무엇 때문에 의심하느냐? 아니면 무엇 때문에 두려워하는냐?

너는 형상^{eidea}에 낯선 자가 아니지 않느냐?

다시 말해 소심한 마음을 갖지 마라!"송혜경, 《영지주의자들의 성서》, 474~474쪽

이어서 구원자가 말하기를,

"나는 언제나 너희와 함께 있는 자다!

나는 아버지다.

나는 어머니다.

나는 아들이다.

나는 흠이 없는 자, 더럽혀지지 않는 자다.

이제 나는 너에게 가르쳐주려고 왔다.

무엇이 존재하는지,

그리고 무엇이 존재했는지,

그리고 무엇이 존재하게 될지,

밝히 드러나지 않는 것들과 밝히 드러나 있는 것들을

네가 알게 하려는 것이다.

또한 완전한 인간의 부동의 세대^{종족}에 관해

너에게 가르쳐 주기 위해서다.

이제 네 얼굴을 들어 올려

네가 오늘 너에게 가르쳐줄 것들을 받아들여라.

그리고 너의 동료 영들에게,

곧 완전한 인간의

부동의 세대에게 나온 이들에게

말해주어라."

나는 물었습니다. 알기 위해서였습니다.

그러자 그분께서 나에게 말씀하셨습니다.

플레로마

아버지 하느님

"단자^{monas}는 홀로 다스리시며^{monarchia},

그분 위에 아무것도 존재하지 않는다.

그분은 하느님, 모든 것의 아버지이시며,

모든 것 위에 계신, 눈에 보이지 않는 분이시다.

그분은 불멸하시며,

순결한 빛,

어떠한 눈도 바라볼 수 없는 (빛) 이시다.

그분은 눈에 보이지 않는 영이시다.

그분을 신들처럼,

혹은 그와 비슷한 분으로 생각해서는 안 된다.

그분은 신 이상의 분이시다.

그분 위에 아무도 존재하지 않기 때문이다.

사실 그분을 다스리는 주군은 없다.

그분은 그분보다 작은 것 안에 계시지 않으시며, 만물이 그분 안에 존재한다.

그분 홀로 영원하시다.

그분은 아무것도 필요로 하지 않으시기 때문이다.

사실 그분은 완전 자체이시다.

그분은 부족함이 없으셔서 무언가로 채워지셔야 하는 분이 아니기 때문이다.

그분은 항상 빛 속에서 완전하시다.

그분은 한계를 지울 수 없으시다.

그분보다 앞서 계시면서 그분께 한계를 지어줄 분이 없으시기 때문이다.

그분은 불가해하시다.

그분보다 앞서 계시면서 그분을 헤아릴 분이 없으시기 때문이다.

그분은 측량할 수 없으시다.

그분을 측량할 수 있도록 그분보다 앞서 계신 분이 없으시기 때문이다.

그분은 눈에 보이지 않으신다. 아무도 그분을 본 적이 없기 때문이다.

그분은 영원하시다. 그분은 영원히 존재하시는 까닭이다.

그분에 대해서 무어라 말할 수 없다.

아무도 그분에 대해 말할 만큼 그분을 이해하지 못하기 때문이다.

그분은 이름을 붙일 수 없는 분이시다.

그분보다 앞서 계시면서 그분께 이름을 붙여줄 분이 없으시기 때문이다.

그분은 측량할 수 없는 빛이시며,

순결하고 거룩하고 깨끗한 분이시다.

그분은 무어라 말할 수 없는 분이시며, 불멸성으로 충만하시다.

그분은 완전성 안에도, 행복 안에도, 신성 안에도 (계시지) 않으신다.

그분께서는 (그것들을) 훌쩍 넘어서는 분이시다.

그분은 육체를 지니신 분이 아니시며, 육체가 없는 분도 아니시다.

그분은 크지도 않으시고 적지도 않으시다.

그분은 몇 분이신가라든지 그분은 무엇과 같으신가 하고 말할 수 없다.

아무도 그분을 이해할^{noew} 수 없기 때문이다.

그분은 존재하는 것들 사이에 있는 무언가가 아니시다.

그분은 (그것들을) 훌쩍 넘어서는 분이시다.

(다른 누군가에 비해) 월등한 분으로서가 아니라 당신 자체로 (그러하시다)

그분은 에온들에도,

시간^{chronos}에도 참여하지 않으신다. 에온에 참여하는 것은 (그렇게 하도록)

미리 준비해준 이들이 있기 때문이다.

그분은 시간 속에서 (무언가를) 나누어 받지 않으셨다.

그분은 다른 이에게서 아무것도 받지 않으셨기 때문이다.

받은 것은 빌린 것인 까닭이다.

사실 다른 이보다 앞서 존재하는 이는,

부족한 것이 없는 법이라 다른 이에게서 무언가를 받을 필요가 없다.

그분은 자신의 빛 속에서

오직 자기 자신만을 바라보신다.

(……) 그분은 존엄하시다.

그분께 측량할 수 없는 순수함이 있다.

그분은 에온을 주시는 에온이시다.

그분은 생명을 주시는 생명이시다.

그분은 행복을 주시는 행복이시다.

그분은 지식을 주시는 지식^{gnosis}이시다.

그분은 선을 주시는 선^{agathos}이시다.

그분은 자비와 구원을 주시는 자비이시다.

그분은 은총을 주시는 은총^{charis}이시다.

그분께서 가지셨기 때문이 아니라 그분께서 주시기 때문에 그러하다.

측량할 수 없고 이해할 수 없는 빛,

그것에 관해 내가 어떻게 너에게 말하겠느냐?

사실 그분의 에온은 멸하지 않으며, 잠잠히 침묵 속에 머물며 쉬고 계신다.

그분은 만물보다 앞서 계신다.

그분은 모든 에온들의 으뜸^{머리}이시며,

그분의 신성으로 그들에게 힘을 주는 분이시기 때문이다.

사실 우리는 말할 수 없는 것들에 대해서는 알지 못한다.

측량할 수 없는 것들에 대해서도 이해하지 못한다.

그분 곧 아버지에게서 나타난 이만 (가능하다).

이분은 바로 우리에게 말씀해주신 분이시다.

사실 그분은 자신을 둘러싼 빛,

곧 생명수의 샘 속에서

자신만을 바라보신다.

그리고 그분은 모든 에온들에게 나누어 주신다.

그분은 온갖 방식으로 자신의 모상^{eikon}을 바라보시니,

영의 샘에서 그것을 보신다.

그분은

- 자신을 둘러싼, 순결한 빛으로 된 물의 샘에 있는 -

물의 빛 속에서 갈망하신다.송혜경, 《영지주의자들의 성서》, 477~485쪽

이후 400년경 성 아우구스티누스가 《고백록》 11장에서 다룬 "시간과 영원"은 전형적인 형이상학적 존재자 이해이다. 900년이 지난 13세기 마이스터 에크하르트의 "신비적 합일"을 통한 그 존재자, 즉 스스로 존재하는 자가 인간의 자기 존재 체험으로 드러난다. 에크하르트는 그런 체험을 한 동료 영지주의자이자 신비주의자를 "신의 친구들Gottes Freunden"이라 불렀다. 동시대 형이상학자 토마스 아퀴나스의 《신학대전》의 신 이해는 다시 아리스토텔레스의 제일 원인자caus sui의 신 개념으로 형이상학적 존재자 이해의 전통을 이어간다. 그 전통은 20세기 스위스의 개신교 목사 카를 바르트의 《교회 교의학Die Kirchliche Dogmatik》에까지 그대로 이어진다. 특히 바르트는 《교회 교의학》 가운데 〈하나님의 인간성die Menschlichkeit des Gottes〉에서 '신의 인간됨과 인간의 신 이해'를 다룬다.

현대의 영국의 신학자 에이든 윌슨 토저Aiden Wilson Tozer의 《하나님The Attributes of GOD》은 성서에 나오는 신의 모든 속성들Attributes을 정리한 것이다. 미국 신학자 존 쿠퍼John Cooper는 《철학자들의 신과 성서의 하나님 Panentheism The Other God of the Philosophers》에서 기독교 신 이해와 우주적 신 이해로 나누어지는 정통 기독교 신과 범재신론적 신을 구분해놓았다. 현재의 과학적 이해로 본 우주와 세계, 자연을 이해하게 된다면 존 쿠퍼가 비평하고 있는 범재신론적 신 이해야말로 우주적, 자연적이며 보편적이고 객관적

인 신 이해이다. 아마 칸트와 니체 등 여러 형이상학자들이 찾았던 신이 쿠퍼에 의해서는 범재신론적 신 이해로 분류되고 있다.

〈요한복음〉 10장에 예수Jesus가 말하기를 "너희 율법에 기록된 바 내가 너희를 신이라 하였노라 하지 아니하였느냐 하나님의 말씀을 받은 사람들을 신이라 하였거늘요한 10:34~35 " 이 말의 의미는 에크하르트가 빛의 체험을 통해 자신인간과 신과의 합일을 체험한 그런 '빛의 체험'을 의미하는 것이다.

하나님과 예수와 나 안에서의 신비한 합일unio mystica을 이루는 체험적 형이상학은 1세기 영지주의자들〈요한복음〉 14장이 이어갔다. 1세기 영지주의자 요한과 13세기 에크하르트의 빛의 체험은 각각 그 당시 양자형이상학적의 존재의 본질과 인간 실존 체험을 말하고 있다.

313년 콘스탄티누스 대제에 의해 기독교가 공인된 밀라노 칙령으로 황제 기독교가 된 기독교는 더 이상 고뇌할 이유가 없는 현상의 종교가 된다. 중세 기독교는 유럽을 암흑기로 900년 가량 이어간다. 루터의 종교개혁으로 숨통이 조금 트이는가 싶었지만 개혁되어야 할 가톨릭과 같은 근본주의적 개혁이라 가톨릭 교회가 저지른 것과 똑같은 사례의 종교 재판과 마녀사냥이 소위 개신교에서도 일어났다. 종교 전쟁은 결국 유럽 역사상 가장 비참한 '30년 전쟁'으로 이어진다. 유럽을 계몽한 것은 사실은 르네상스 운동으로 발현된 인문학이었다. 성서와 같은 권위를 주어야 한다면서 인문주의자들이 그리스 고전과 로마 고전을 읽고 공부하기 시작한 것이다. 플라톤과 아리스토텔레스, 키케로와 세네카, 카이사르의 라틴어 저술들이 다시 읽혔다. 루뱅의 에라스뮈스에서 옥스퍼드의 토머스 모어Thomas Moor에 이르기까지 300년을 피렌체에서 메디치가의 도움으로 시작된 인문학과 예술의 르네상스 운동이 전 유럽으로 확산된다.

중세 유럽의 과학은 숨을 죽이고 있어야 했다. 갈릴레오가 목숨을 유지했지만 지동설은 위험한 발언이었다. 과학과 종교의 경계를 오가는 위험한 발언이지만 자신의 내면의 문제로 이해되게 하는 발언으로 데카르트는 생각하고 있는 자기 자신의 존재만은 부정할 수 없어 'cogito ergo sum'이란 말을 남겼고 뉴턴은 교구 순회 목사로 설교하면서 '절대 시공간이 있을 수 없다'는 것을 깨닫고는 '신이 있어야 할 우주 속의 절대 시공간'이 있을 수 없다는 것에 많이 괴로워했다. 그것을 함부로 발설하지는 않았지만 글로는 남겨 두었다. 유럽 전역에 세워진 많은 수도원에서 교부 신학자들에 의해 많은 교리들이 만들어졌다. 초기 기독교의 《성서》가 기록될 당시 과학 수준을 이해하면 '종교적 권위'와 '과학적 사실' 사이의 엄청난 거리를 깨닫게 된다.

신이 세상에 들어오는 방식을 교부 신학자들은 자연법을 무시하고 2,000년 전의 자연과학의 수준으로 교리화한다. 신은 자연법칙에 예속될 수 없기 때문에 초월의 방식으로 죄의 문제를 비켜간다. 죄가 없는 무흠의 순수한 하늘의 존재라야 세상을 구원할 수 있기 때문에 신의 아들이 자연법칙을 초월해 '신성령의 잉태'의 방법으로 이 세상에 내려온 것이 동정녀 잉태와 아기 예수의 탄생이라는 크리스마스 이야기인 것이다.

기독교의 핵심의 진리인 죄가 없이 이 세상에 오신 아기 예수의 탄생 신화는 오랫동안 기독교를 지탱해온 교리였지만 성서학자들의 본문 비평과 편집사 비평 등의 성서해석학에 의해 많은 신화적 내용이 재해석된다. 신의 아들을 잉태한 마리아의 원죄 문제는? 이스라엘의 인간 이해에서 아이와 여자는 인구 조사에서 셈하지 않은 것으로 보아 여자를 아이 낳은 그릇 정도로 이해했다면 마리아 역시 예수를 낳은 그릇으로밖에 여기지 않았을 것이다. 그런 예수의 어머니 마리아를 하늘로 승천시킨 교리를 바티칸이 결정해 통과시킨 것이다. 현재까지 가톨릭 주에서는 성모 승천일 Mariahimmelfahrt이 공휴일이다.

그러면서 21세기 전 세계 곳곳에서 동성애자들에게 불이익을 주지 않아야 한다는 법이 제정되고 있고 미국에서도 동성애자의 결혼을 합법화했지만, 자연법을 어기면서까지 주어진 '인간의 자유'는 위험할 수 있다.

예수와 그의 제자들이 최후의 만찬에 사용했다는 그 잔 '성배'와 골고다의 십자가 처형에서 흘린 예수의 피를 담았다고 전해지는 '성배'도 전설로 내려오는데, 아무튼 성배를 찾는 모험담을 그린 바그너R. Wagner의 오페라 〈파르지팔Parsifal〉과 영화 〈다빈치 코드Davinci code〉는 기독교 문화가 되었다. 달을 가리키는 손가락을 숭배하는 격인데 거룩한 피를 담은 그릇이 무슨 의미가 있는가? 그 그릇을 찾기 위한 중세 유럽의 오랜 전설과 설화들과 무용담은 오페라와 영화를 만들기에 좋은 소재인 것은 사실이다.

칸트는 기독교가 "이성의 한계 안에서의 종교Die Religion innerhalb der Grenzen der blossen Vernunft"가 되었으면 했고 스피노자Benedictus de Spinoza는 《신학정치론Tractatus theologico-politicus》으로 '사유생각의 자유'를 주장했다. 라이프니츠G. W.

Leibniz는 단자론Monaden Theorie으로 양자론의 기초를 놓은 사유를 했다. 사회 현상의 문제에 대한 카를 마르크스의《자본론》과《공산당 선언》은 전 유럽으로 공산주의 사상을 확장시켰고, 결국 러시아에서는 공산혁명이 레닌에 의해 주도되어 러시아 혁명이 일어난다. 마르크스 사상으로 세계가 자유 세계와 공산 세계로 나뉘게 되고 1차 세계 대전에서 패한 독일 역시 공산혁명의 소용돌이에 휩쓸리게 되지만 1919년 바이마르 헌법으로 가까스레 민주주의가 시작된다.

마르크스의 사상은 세계를 70여 년 동안 자유 서방과 동유럽 공산주의 국가로 나누어놓았다.

과학은 막스 플랑크의 '양자가설'이 1900년 발표되고 곧 이어 아인슈타인의 일반상대성이론1905년과 특수상대성이론1915년이 발표되면서 본격적으로 새로운 차원의 우주세계와 자연 이해의 장을 열게 된다. 더욱이 아인슈타인조차 받아들이기 어려웠던 양자론이 1927년에 발표되면서 세계는 더욱 놀라운 물리의 세계를 알게 된 것이다. 양자론 80년이 지난 현재까지 새로운 것이 별로 나오지는 않았다. 더 작은 미시 세계를 찾는 인류의 탐구는 계속되고 있다.

빅뱅의 초기 상태를 연구한 스티븐 와인버그의《최초의 3분》에서 이제는 거의 태초 그 자체에 근접한 빅뱅의 상태를 설명하고 있지만, 여전히 형이상학신학은 1) 신은 자연법칙에 구속되지 않는 전지전능자이자 스스로 존재하는 자, 2) 어디에도 있는 무소부재하는 편재자, 3) 모든 것을 먼저 아는 자, 4) 모든 것을 먼저 예정하는 자의 네 가지 속성이 있고 나머지는 인격적 신의 속성^{사랑, 인내, 자비, 용서, 축복 등}으로 이루어진 도그마를 만들어냈다.

빈의 과학철학자 헬무트 쿤이 최초의 과학철학으로 《과학혁명의 구조》를 발표한다. 철학에서는 20세기 중반까지 존재와 인식의 우선 인식 대상의 문제에 대해 하이데거의 《존재와 시간》과 사르트르의 《존재와 무》로 대표되는 철학의 주류 사상에 실존주의란 명칭이 주어질 정도로 존재가 인식을 우선하는 입장의 철학 사상이 팽배해 있었다. 하이데거와 사르트르 이 두 철학자의 형이상학은 아인슈타인의 상대성이론^{특수상대성이론 1905년, 일반상대성이론 1915년}과 닐스 보어를 중심으로 한 코펜하겐 해석으로 선포된 1927년 '양자론' 이후 형이상학의 독점적인 사유 영역이라고 자신하고 있었던 '존재'의 정의가 달라지게 되기까지 통용된 형이상학이다. 최근 알랭 바디우의 《존재와 사건》이 현대 과학의 형이상학적 사유를 어느 정도 이해한 관점을 보여주기는 하지만 여전히 고전적 형이상학의 존재론에 머물렀다. 집합과 확률도 논리학과 분석철학의 범주 안에서 통용되는 개념이기 때문에 알랭 바디우가 인용한 집합과 확률의 사상이 현대물리학의 새로운 존재와 사건 이해와는 거리가 멀기 때문이다. 니콜라이 하르트만과 가브리엘 마르셀의 존재론도 고전 형이상학의 존재론에 머물렀다.

만물 속에 불성^{佛性}이 있음을 인간이 깨닫는 것이 세계와 자연을 존재로 이해하는 것이다. 화엄 세계^{華嚴世界}를 우주의 유기적 초생명체로 보는 만물의 생명 존중 사상을 통해 인간 중심의 세계관에서 벗어나야 한다. 그렇게 우주와 자연 세계를 인간 중심으로가 아닌, 인간이 자연과 세계의 관찰자가 아니고 우주와 자연에 포함된 객체적 존재로서 동시에 관찰자이면서 관찰대상인 인간으로서 세계와 우주, 자연을 객관적으로 보자는 것이 바로 '인간 원리'의 관점이다.

세계의 기원, 즉 존재의 시작에 대한 기록들 가운데 가장 오래된 것으로 보이는 수메르 문명이 남긴 〈에누마 엘리시Enuma Elish〉라는 창조의 서사시The Creation Epic 제1막에는 다음과 같은 내용이 있다.

> 그때 높은 곳에는 아직 하늘의 이름이 없었고
> 아래에는 딱딱한 땅지구의 이름이 없었다.
> 아무것도 없었고 단지 태고의 압수APSU, 그들의 아버지와 뭄무MUMMU,
> 그리고 모든 것을 품고 있던 티아마트TIAMAT만이 있었고 그들의 물은
> 하나로 섞여 있었다.
>
> 갈대도 없었고, 습지도 없었다.
> 어떤 신도 나타나지 않았다.
> 아무도 이름이 없었고, 운명도 정해지지 않았다.
> 그때 그들 중에서 신들이 태어났다.
> 그들의 물이 하나로 섞여 있었다.
> 그 안에서 신들이 태어났다.
> 라흐무LAHMU와 라하무LAHAMU가 태어났고
> 그 이름이 불렸다.

그것들의 나이가 얼마 되지 않아

그리고 제대로 크기도 전에

안샤르ANSHAR와 키샤르KISHAR가 태어나

그들보다 더 커진다.

날이 가고 해가 지난 후에

아누ANU가 그들의 아들이 되었고, 그는 자기 조상들의 경쟁자가 된다.

안샤르의 장남인 아누는

자기와 같은 누딤무드NUDIMMUD를 낳았다.제카리아 시친 저/이근영 역, 《수메르, 혹은
신들의 고향》, 258~261쪽

  여기서 태양은 압수, 수성은 뭄무, 금성은 라하무, 화성은 라흐무, 그
리고 지구를 가르키는 것으로 보이는 티아마트, 목성은 키샤르, 토성은
안샤르, 천왕성은 아누, 해왕성은 누딤무드, 명왕성은 가가이다.

  이어 창조의 서사시 제2막에서는,

신성한 형제들이 모두 모였다.

그들은 왔다 갔다 요동치면서 티아마트지구를 불안하게 했다.

그들은 기괴한 행동으로 하늘의 거처에 있는

티아마트의 '배Belly'를 불편하게 했다.

압수Apsu, 태양도 그들의 소란을 잠재울 수 없었다.

티아마트는 그들의 길 앞에서 말을 잃었다.

그들의 행동은 불쾌한 것이었다.

그들의 길은 위험한 것이었다.제카리아 시친 저/이근영 역, 《수메르, 혹은 신들의 고향》, 266쪽

창조의 서사시 제3막에서는,

운명의 방에서, 신의 뜻의 장소에서

신들 중에 가장 현명하고 유능한 신이 태어났다.

깊은 곳의 가슴에서 마르둑Marduk이 태어난 것이다.제카리아 시친 저/이근영 역, 《수메르, 혹은 신들의 고향》, 267쪽

등의 내용이 기술되어 있다.

기원전 4세기경 플라톤은 《티마이오스》에서 세계 창조를 거론한다. 하이델베르크 대학 신학부인문학부도 마찬가지로 고전어를 해야 한다에서 박사 과정을 하기 위해 고전어를 마스터해야 한다. 독일의 보수적인 두 주 바이에른과 바덴뷔르템베르크Baden-Württemberg 주에서는 여전히 전통을 고수한다. 동양 학생을 위해 라틴어를 한자로 대체해주는 북독일의 주가 많다. 라틴어는 문법만 하면 되는 초급 라틴어 다스 클라이네 라티눔Das kleine Latinum이 있고, 중급 라틴어인 다스 라티눔Das Latinum, 그리고 고급 라틴어인 다스 그로세 라티눔Das grosse Latinum이 있다. 키케로를 읽으려면 고급 라틴어를 해야 한다. 카이사르 암살 계획을 사전에 감지해 카이사르를 한 번 살려놓기도

한 키케로의 라틴어 명문장이나 〈국가론〉, 시칠리아의 총독을 지낸 부패한 권력자이자 동료 정치가인 가이우스 베레스Gaius Verres를 고발한 〈법정 송사문Die Reden gegen Verres〉 같은 정의의 문제를 다룬 키케로의 명문장들을 읽고 독일어로 번역했다.

프랑스 영화 〈랑페르L'Enfer〉는 유럽 예술 영화 거장 감독 크쥐시토프 키에슬로프스키의 생애 마지막 작품이다. 단테의 《신곡》 3부작 프로젝트 중 두 번째 영화인데 그리스의 비극 작가 에우리피데스Euripides의 〈메디아Media〉 신화를 현대적으로 재해석한 것이다. 〈마농의 샘Jean de Florett〉의 에마뉘엘 베아르, 〈라빠L'Appat〉의 마리 질랭Marie Gillain 등이 출연한 영화다. 그 영화 가운데 안 역을 맡은 마리 질랭이 프랑스어 구두시험 보는 장면이 나온다. 바로 소르본 대학 불문과국문과에서다. 수도원이 대학으로 발전된 파리의 소르본 대학은 토마스 아퀴나스와 마이스터 에크하르트가 교수로 각각 교의학과 설교학을 가르쳤던 곳이다. 고풍스런 구두시험 강의실에 나타난 안이 받은 문제는 〈메디아〉 신화를 해석하는 것이었다. 자기 나라 말로 하는 구두시험이야 뭐가 어렵겠는가? 이에 비해 라틴어와 그리스어 구두시험을 본 사람들은 그게 얼마나 고통스럽고 어려운 것인지 잘 안다. 더구나 독일어로 번역해 해석해야 한다. 프랑스 학생이 한국 대학에서 시험을 보면서 공자를 일본어로 번역하면서 우리말로 시험을 보는 셈이다. 또 〈라붐〉의 소피 마르소Sophie Marceau가 발렌틴 역을 맡은 영화 〈유 콜 잇 러브You Call It Love〉에서 소피 마르소가 작곡가이자 이혼남인 에드워드와의 사랑의 밀당 와중에 프랑스어와 고전어문학 교사 자격증을 따기 위해 치르게 된 라틴어, 그리스어, 프랑스어 구두시험에서 마지막 프랑스어 구두시험 문제로 '몰리에르의 비극과 희극으로 본 사랑과 자기애'를 받는다. 구두시험에서 발렌틴의 '사랑과 자기애의 해석'은 몰리에르 것을 넘어선 에드위드와 자신과의 사랑을 절규하듯이 쏟아놓은 것이었다. 독일에서는 프랑스와 달리 구두시험을 공개하지 않는다. 유럽 대학의 인문학의 단면을 볼 수 있는 영화 장면이다. 고전을 읽고 배우는 것은 중요한데, 유럽의 고전은 바로 그리스와 로마의 철학과 기독교의 성서다.

얼마 전 유명을 달리한 로빈 윌리엄스Robin Williams의 〈죽은 시인의 사회Dead Poests Society〉의 핵심 사상이 '모든 현재의 시간에 최선을 다하라carpe diem''라면 비슷한 분위기의 미 동부 명문 인문계 고등학교의 라틴어 경연대회를 배경으로 인간의 정직과 책임 윤리를 다룬 영화 〈엠퍼러스 클럽The Emperor's Club〉의 주제는 "결과는 시작에 달려 있다finis origine pendet"인데 모든 일에 시작을 어떻게 하느냐에 따라 그 결과가 나타난다는 의미의 인생 길잡이를 말해주는 청소년 영화이다.

논문을 제출하고 나서 이혼의 어려움 가운데 한국에서 온 유럽 여행객 가이드 일을 해 IMF도 넘기면서 생활비를 벌어서 나머지 과정을 마칠 수 있었다. 한 여행객이 민족사관고등학교 설립자 최명재 씨의 비서를 지냈다고 하길래 몇 마디 조언을 최 회장에게 전해주라고 했다. 민족사관고 역시 미 동부 아이비리그 대학과 서울대 입학에 초점을 맞춘 교육 시스템과 커리큘럼만 고집하지 말고 유럽의 명문 대학옥스퍼드, 케임브리지 하이델베르크, 뮌헨, 소르본 대학에 민족사관고 출신들이 인문학을 배우러 오기 위해 라틴어와 그리스어, 그리고 철학과 종교와 문화사를 배워야 한다고 말해주었다. 실지로 독일과 프랑스의 인문계 고등학교에선 7년 가량 라틴어를 배우거나 그리스어를 배우고 대학에 들어간다. 철학 역시 7년 가량 배우는데, 소크라테스부터 자크 데리다^Jacques Derrida까지 2,500년 인류 문화사와 사상사를 다 배우고 대학에 가는 셈이다.

유럽 학생들은 기본적으로 고전어인 라틴어, 그리스어를 하고 제2 외국어로 프랑스어와 영어, 독일어, 그리고 일어와 중국어를 하는 추세이다. 자기 모국어로 보는 구두시험이 뭐가 어려울까? 그러나 동양 학생이 라틴어와 그리스어를 독일어로 번역하면서 문법 체계를 정리하고 해석해내며 역사적 배경을 설명해야 하는 구두시험은 정말 어렵다. 독일 학생들도 얼마나 어려우면 눈물을 흘리기도 하고, 시험에 떨어지면 주를 옮겨 다른 대학에 가서 시험보기도 한다. 그런 키케로를 거의 다 읽고 독일어로 번역했다. 1985년 독일로 유학 가서 10년 만인 1995년에 논문을 제출하고 그때부터 고전어를 준비해 1997년 마치게 된다. 히브리어, 그리스어, 그리고 라틴어를 그것도 대라틴어^Das grosse Latinum를 했는데 필기시험에 합격하면 보통 2주 후에 구두시험을 보게 된다. 필기시험 합격 통보를 받은 후 나흘 정도 라틴어 시험을 준비하고는 여행 가방을 챙겨들고 이탈리아, 스위스, 오스트리아로 여행을 떠났다. 이탈리아의 가다제^Gadasee, 코모제^Comosee, 그리고 베니스와 밀라노를 둘러보고 스위스 루체른과 취리히에서 자동차 실은 페리선을 타고 거대한 바다 같은 보덴지^Bodensee를 건너 10일에 걸쳐 시험장인 슈투트가르트의 쉴러김나지움^Schillergymnasium으로 가면서도 머릿속은 온통 키케로의 문장들로 꽉 차 있었다. 드디어 라틴어 구두시험 문제지가 배부되었는데 받아보니 바로 키케로의 〈De re publica〉, 즉 독일어로는 '국가Der Staat 또는 공화국' 속의 총 여섯 개의 장이 있는데 그중 4장의 라틴어 문장이 시험에 나온 것이었다. 기분 좋게 합격했다.

그리스어 시험은 플라톤의 《티마이오스》 전체를 다 읽고 독일어로 번역하고 해석하는 것이었는데 도대체 이런 황당무계한 내용의 세계 창조에 대한 에세이를 왜 읽고 배우는지 이해가 안 갔다. 실지로 플라톤의 사상을 읽다보면 실망하게 되는 부분이 많다. 이게 그 위대한 그리스의 철학자 플라톤의 사상이란 말인가? 반문하게 된다. 그래서 우주 창조에 대한 플라톤의 《티마이오스》에서는 인용할 것이 별로 없다. 보기 좋게 첫 시험에서 떨어지고 한 학기 후 다시 본 그리스 시험에서 이번에는 플라톤의 《소크라테스의 변명Apologie》이 시험 문제였다. 전체를 읽고 번역하고 해석하는 준비를 한 학기 동안 한 후 치룬 시험에 합격했다. 어느 부분에서 나올지 모르기 때문에 《소크라테스의 변명》 전체를 다 읽고 문법분석을 하고 해석하느라 힘들었지만 《티마이오스》를 읽을 때보다는 보람이 있었다. 히브리어 시험Das Hebraicum은 〈전도서〉를 읽고 번역하고 해석하는 시험이었는데 〈구약성서〉 가운데 신의 섭리가 인생에게 어떻게 관여하는지와 삶의 철학과 인생의 지혜가 가장 잘 담긴 부분이다. 세 개의 고전어 시험에 합격하고 나니 한국에서 IMF가 터졌다.

인간이 이해할 수 있는 시간 개념으로 우주와 세계와 지구의 창조를 기록한 것이 〈창세기〉이다. 독일 바이에른의 스타른베르크의 호수가에 '평화연구소'를 운영한 세계적인 물리학자이자 평화 운동가인 칼 프리드리히 폰 바이츠재커는 탁월한 알레고리적 해석으로 〈창세기〉를 설명하고 있다. 바이츠재커는 〈창세기〉를 '글라이히니스레데Gleichnisrede', 즉 '그랬으면 하는 동일성 묘사'의 의미로 해석한다. 하이든F. J. Hayden의 오라토리오 〈천지 창조Schöfung〉는 표제음악이라 할 수 있는데, 천지 창조 자체가 아니라 천지 창조를 묘사한 악보와 음향일 뿐이지 천지 창조가 그 음악이 연주될 때 일어나는 것이 전혀 아니지만 제목은 천지 창조다.

137억 년 전의 특이점에서 시작된 빅뱅을 통해 우주와 세계가 존재하게 되었는데, 목격자는 있을 수도 없고 137억 년 후인 〈창세기〉 기록자가 기원전 1400년경의 중동 지방의 창조 설화들을 바탕으로 편집한 것이다. 캐런 암스트롱Karen Amstrong이 쓴《신의 역사A History of God》 제1장 〈태초에〉에서 '유일신의 개념'을 이렇게 정리한다. "태초에 인간은 만물의 제일 원인이자 하늘과 땅의 통치자인 신을 창조하였다. 그 신은 형상으로 표현될 수 없었고 그를 섬기기 위한 신전이나 사제도 없었다. 그는 부족한 인간의 경배를 받기에는 너무나 존귀하였다. 그러나 점차 신은 사람들의 기억에서 가려져 갔다. 신이 너무 멀어졌기 때문에 사람들은 자신들이 더 이상 신을 원하지 않는다고 단정하게 되었다. 결국 신은 완전히 사라졌다고 전해지게 되었다."캐런 암스트롱,《신의 역사 1》, 28쪽

이 말은 원래 독일 종교학자 빌헬름 슈미트 신부의《신 관념의 기원The Origin of the Idea of God》에서 제기된 이론인데 슈미트가 "인간이 많은 신들을

섬기기 시작하기 전에 어떤 원초적인 유일신관primitive monotheism이 존재하
였을 것"캐런 암스트롱, 《신의 역사 1》, 28쪽이라고 한 것을 캐런이 인용한 내용이다.
전 세계의 신 이해에 대한 더 오래된 오리지널 문서의 존재 여부에 관계
없이 최초의 인간의 신 이해는 유일신이었다는 것은 인정할 수 있다. 캐
런 암스트롱의 《신의 역사》가 시사해주는 바는 국가의 종교 정체성과 문
화에 따라 다양한 신 이해와 신 관념이 존재해왔다는 것을 알게 해준다.
세계 창조에 더 오래된 문서와 기록들이 존재하는지 여부도 인류는 아직
모른다. 어느 문서나 설화가 가장 오래된 오리지널인지 명확하지 않고 또
가장 오래된 오리지널 문서에 기록된 창조 설화가 현대 과학에서 말하는
양자형이상학적 창조 설명에 가까운 것인가는 검증해야 한다. 이 말은 나
중에 발견된 후대의 창조에 관한 문서일지라도 현대 과학이 빅뱅을 세계
기원으로 인정하고 있고 바티칸도 공식적으로 인정한 그러한 양자형이
상학적 세계 기원 설명에 가까운 사상일 경우 연구할 만한 가치가 있다는
것이다. 그 외 현재의 과학과 형이상학이 납득하기 어려운 세계 기원 설
명에는 아리스토텔레스와 플라톤도 포함된다.

　　현대 과학에서도 정상우주론을 주장한 아인슈타인 역시 자신이 제시
한 '우주 상수'를 나중에 큰 실수였다고 후회한다. 우리 시대의 위대한
과학자인 아인슈타인조차도 자신이 틀린 것으로 인정한 '우주 상수' 도
입과 '정상우주론' 주장이 바로 존재하지도 않은 빛의 매질로 '에테르'를
도입한 것처럼 실수였던 것이다.

　　아일랜드가 감자 기근으로 어려웠던 1845년에 100만 파운드의 사재를
들여 길이 16.5미터의 거대한 망원경을 세운 사람이 있었다. 바로 로스

Rosse의 세 번째 백작이 된 윌리엄 파슨스W. Parsons 경이었는데 그는 자신의 거대한 장원 버Birr 성에 거대한 망원경을 설치해 우주의 별을 관측했다.

'파슨스 타운의 바다 괴물'이란 별명이 붙은 망원경으로 로스 경과 조수가 발견한 M51 성운이 나선형 구조를 가진 물음표 성운이라고 불리기도 했다. 이 성운 그림이 유럽에 널리 알려지면서 빈센트 반 고흐에게도 영감을 주어 〈별이 빛나는 밤〉이란 그림이 나왔다고 한다. 지금은 빛은 입자와 파동의 상호 보완의 관계로 존재하는 것이지 매질을 통한 빛의 전달은 없다는 것으로 정리되었다.

종교와 과학은 각각 우주 기원과 존재 기원에 대해 서로 다른 관점으로 사유해왔지만 과학에서는 새로운 과학적 발견과 해석을 통해 새로운 이론이 나타나면 옛것은 사장되고 새 이론이 잠정적 진리로 인정된다. 종교는 유일신에서 시작되어 다양한 신관을 가진 많은 종교들이 만들어졌다. 종교는 새로운 종교적 사실을 수용하기보다 그것을 배격하였고, 새로운 세계관과 자연관으로 과학에 의해 달라진 자연 이해와 해석을 수용하기까지는 많은 시행착오를 거쳤고 많은 시간이 걸렸다. 결국 종교는 유일신관에서 다양한 신관의 범신론과 범재신론으로 확장되었다.

기원전 6세기의 그리스의 핀다르Pindar는 올림픽 경기 찬가에서 이렇게 신을 노래했다.

하나의 종족이어서,

인간과 신들은 하나라네.

한 명의 어머니에게서 우리는 같이 숨을 이끌어 내었지,

그러나 모든 것에 있어 힘의 차이가 우리를 갈라놓나니,

그 하나는 거의 아무것도 아닌 듯한데,

놋쇠처럼 단단한 하늘은 영원히 정해진 주거지를 지키고 있구나.

그러나 우리도 이 심성의 위대함, 혹은 육체의 위대함에서

불멸하는 이들과 같을 수 있으리라.캐런 암스트롱, 《신의 역사 1》, 38쪽

〈구약성서〉의 신 이름이 야훼Jahweh인 '존재 자체인 자', '스스로 존재하
는 자causa sui'의 의미를 가진 신은 야훼이스트가 기록한 J야훼 문서 문서에 나
타난다. 기원전 1400년경에 기록된 J가 들어 있는 〈창세기〉의 창조 설화
가 기원전 4000년경에 기록된 수메르 문명의 기록인 〈에누마 엘리시〉와
거의 같다.

J 문서의 창조 기록은,

주 하나님이 땅과 하늘을 만드실 때에, 주 하나님이 땅 위에 비를 내리지
않으셨고, 땅을 갈 사람도 아직 없었으므로 땅에는 나무가 없고, 들에는 풀
한 포기도 아직 돋아나지 않았다. 땅에서 물이 솟아서 온 땅을 적셨다. 주
하나님이 땅의 흙으로 사람을 지으시고, 그의 코에 생명의 기운을 불어넣
으시니, 사람이 생명체가 된다.〈창세기〉 2 : 5~7.

함석헌이 주석한 《바가바드 기타》의 "당신은 맨 처음이시며, 한 옛적
의 으뜸이시며, 이 온 우주의 궁극의 쉴 곳입니다. 당신은 아시는 이요,

또 알려질 것이며, 그 모든 것의 돌아갈 곳입니다. 끝이 없는 형상을 가지신 이여, 당신으로 이 우주는 꿰뚫려 있다", "만유밖에 계시면서 또 그 안에 계시고, 부동不動이면서 동動이시다. 너무나 미묘하기 때문에 알 수가 없고, 멀리 계시면서도 그는 가까이 계시다"라는 구절을 인용하면서 자연과 자연을 섭리하는 자를 존재 그 자체로 보는 이시우와 같은 관점이 바로 인간 원리의 관점이고 바이오로고스의 섭리이다.

과학의 언어는 '화산이 폭발했다'의 경우 폭발한 그 현상을 과학적으로 설명해 그 폭발 자체를 과학적 언어로 전해준다. 동일본 화산 폭발과 인도네시아의 쓰나미, 그리고 러시아에서 일어난 유성 폭발의 경우들이 그렇다. 실제 사건이 되고 피해를 입게 되는 현상이다. 형이상학의 언어로 직관된 우주와 존재의 기원에 대한 추상적 관점에 머문 것이 전통적인 형이상의 존재론이라면 양자형이상학은 모든 존재 현상을 그 자체로 보고 해석하는 과학의 언어와 통섭의 언어를 통해 규명하는 존재론이라는 점이 다르다.

> 일체유심조는 법성을 바르게 보는 마음이므로 있는 그대로 실제와 이치에 맞게 보고 아는 것, 즉 여실지견如實知見이 필수적이다. 여실지견이 올바르지 못하면 '내 마음이 바로 부처다卽心是佛'라는 말을 할 수 없다.이시우, 《천문학자, 우주에서 붓다를 찾다》, 105쪽

1세기 《영지주의자들의 성서》에서 말하는 '세계 창조'는 '알다바옷의 출현과 세상의 창조'가 전해준다.

'우주의 창조'를 보자.

그^{알다바옷}는 모든 것을,

존재한 첫 번째 에온들의 모습대로

질서 정연하게 꾸몄다.

그리하여 그는 그들을 불멸의 형상으로 만들 수 있었다.

이는 그가 불멸의 존재들을 보았기 때문이 아니다.

그의 어머니에게서 받은,

그 안에 깃든 힘이 질서 정연한 우주의 모습을 그 안에 낳았던 것이다.

알다바옷과 오만

그는 자기를 둘러싼 피조물과

자신으로부터 생겨난

자기를 둘러싼 수많은 천사들을 보고

그들에게 말하였다.

"나는 질투하는 신이다.

그리고 나 이외에 다른 신은 없다."

그러나 그가 이 말을 선포함으로써

자기 앞에 있는 천사들에게

다른 신이 존재한다는 것을 알릴 뿐이었다.

사실 다른 신이 없다면

이스라엘의 신 야훼는 질투하고 타민족을 멸하고 벌 주는 유대 민족의 신으로 유대교로 발전해 배타적인 종교가 되었지만, 예수의 사랑과 자유를 통해 온 세계 민족의 신으로 승화된다. 로마가 유럽을 지배하면서 500여 년 동안 유럽 각 국가의 토착 신앙을 말살했고, 밀라노 칙령313년 이후 기독교 문화가 전 유럽으로 확산되면서 자연스레 기독교가 유럽의 종교가 된 것이다. 언어와 종교, 이 둘이 동질성을 가지고 전 유럽이탈리아를 시작으로 서유럽, 프랑스, 스페인, 독일, 영국 그리고 러시아와 동유럽이 11세기경 기독교화된다이 기독교 문화화된다. 질투하는 이스라엘 민족의 신 야훼가 보편타당한 온 세계적어도 유럽, 미국 그리고 일부 아시아와 아프리카의 신으로 승화되기까지는 많은 시간이 소요됐다.

세계 기원에 관한 과학사에서 객관적이고 보편타당한 이론을 제기한 과학자의 본격적인 출현은 20세기가 되어서야 가능해진다. 아인슈타인의 상대성이론1905년, 1915년과 닐스 보어와 코펜하겐 해석의 양자론1927년부터 본격적으로 미시 세계관과 거시 세계관이 전개된다. 1929년 허블이 우주의 팽창을 증명했고, 1947년 러시아의 가모프는 빅뱅이론을 제기한다. 1970년 펜로즈와 호킹이 '특이점 정리'를 발표한다. '왜 우주세계는 그 특정한 시점에 시작하게 되었는가?'를 해석하는 이론이다. 1988년 《시간의 역사》는 전 세계에 큰 반향을 일으키는데 하이데거는 형이상학의 고유 사유 영역이라고 생각했을 '시간'에 대한 에세이를 물리학자 스티븐 호킹이 쓴 것이다.

벨기에 신부 르메트르와 러시아 출신 프리드만 Alexander Friedmann 은 우주 팽창 모델을 제시했다. 빅뱅이론이 정상우주론을 파기하는 순간이었다. 사이먼 싱은 "역사의 어느 시점에서는 우주의 모든 은하가 아주 작은 지역에 모여 있었을 것이라는 점이다. 이것은 우리가 빅뱅이라고 부르는 사건을 암시하는 최초의 관측 증거였다. 또한 창조의 순간이 있었음을 나타내는, 최초로 발견된 단서였다"라고《우주의 기원 빅뱅》272쪽에서 말한다. 허블은 자신의 이름을 딴 허블 법칙에서 '우주가 밀도가 작았던 지점에서 출발해 폭발한 후 팽창하고 있다'는 것을 알아냈다. 빅뱅이론을 제기한 러시아의 가모프는 '가모프의 창세기'로 빅뱅의 열기 속에서 가벼운 원소가 만들어지는 것에서부터 초신성에서 무거운 원소가 형성되는 것까지 원자핵 합성을 훌륭하게 요약해 놓았다.

가모프의 창세기

태초에 하나님이 복사선과 아일럼 Ylem 을 창조하셨다. 그러자 아일럼은 모양이나 숫자를 가지고 있지 않았으며, 핵자들은 흑암 속에서 맹렬히 돌아다녔다.

하나님이 말씀하셨다. 2의 질량이 있으라, 그러자 2의 질량이 있었다.
그 중수소가 하나님 보시기에 좋았다.

또한 하나님이 말씀하셨다. 3의 질량이 있으라, 그러자 3의 질량이 있었다. 그 삼중수소가 하나님 보시기에 좋았다. 하나님은 우라늄에 이르기까지 숫자를 부르셨다. 그러나 하나님이 하신 일을 뒤돌아보시고 좋아하지 않으셨다. 숫자 세기에 정신이 없으셨던 하나님이 5번을 부르는 것을 잊으셨던 탓이다. 따라서 더 무거운 원소는 만들어지지 않았다. 처음에 하나님은 매우 실망하셔서 우주를 다시 뭉치고 처음부터 다시 시작하려 하셨다. 그러나 너무 단순했다. 전능하신 하나님은 이 실수를 가장 불가능한 방법으로 수정하기로 결정하셨다. 그리고 하나님이 말씀하셨다. 호일이 있으라, 그러자 호일이 있었다. 하나님은 호일을 보시고 그에게 좋아하는 방법으로 무거운 원소를 만들라고 말씀하셨다. 호일은 별에서 무거운 원소를 만들어 초신성 폭발을 통해 그것을 주변에 흩어놓기로 했다. 그러자 아일럼에서 하나님이 5번을 잊어버리고 만들었던 것과 같은 양의 원소들이 만들어졌다. 하나님의 도움으로 호일은 무거운 원소를 만들었다. 그러나 그 방법이 너무 복잡해 그 후에는 호일도, 하나님도 그리고 어느 누구도 어떻게 만들었는지 알 수 없게 되었다. 아멘.^{사이먼 싱, 《우주의 기원 빅뱅》, 417쪽}

호일의 도표를 이해해야 되는데 호일은 별의 각 단계에서 원자핵 합성이 어떻게 일어나는지를 계산했다. 이 표는 태양 질량의 25배 정도 되는 질량을 가진 별에서 일어나는 원자핵 합성 반응을 보여준다. 이렇게 질량이 큰 별은 전형적인 별들보다 일생이 매우 짧다. 이 별은 초기 구백만 년 동안을 수소를 헬륨으로 바꾸면서 보낸다. 일생의 마지막 단계에서는 온도와 밀도가 올라가 산소, 마그네슘, 실리콘, 철과 같은 다른 원소들을 합

성할 수 있다. 너무 무거운 원소들은 최후의 가장 격렬한 단계에 만들어
진다.

단계	온도(℃)	밀도(g/cm³)	지속 기간
수소 → 헬륨	4×10^7	5	10^7년
헬륨 → 탄소	2×10^8	7×10^2	10^6년
탄소 → 네온 + 마그네슘	6×10^8	2×10^5	600년
네온 → 산소 + 마그네슘	1.2×10^9	5×10^5	1년
산소 → 황 + 실리콘	1.5×10^9	1×10^7	6달
실리콘 → 철	2.7×10^9	3×10^7	1일
핵의 붕괴	5.4×10^9	3×10^{11}	0.25 초
핵의 반발	23×10^9	4×10^{14}	0.001초
폭발	약 10^9	변화함	10초

사이먼 싱, 《우주의 기원 빅뱅》, 407쪽

마커스 초운Marcus Chown은 별 연금술에 대해 《마법의 용광로The Magic Fur-
nace》에서 "우리가 살기 위해서는 수십 억, 수백 억, 심지어는 수천 억 개
의 별이 죽어야 한다. 우리 피 속에 흐르는 철, 뼈 속의 칼슘, 숨을 쉴 때
마다 우리 폐를 채우는 산소는 모두 지구가 태어나기 훨씬 전에 죽어간
별의 용광로 속에서 만들어졌다"사이먼 싱, 《우주의 기원 빅뱅》, 406쪽고 말했다.
  자연 자체인 신이 인간을 위해 해놓은 그 엄청난 오랜 작업137억 년의 빅 히
스토리 전체의 과정들에 비하면 인간 문명의 역사6,500년는 한 줌 먼지도 되지 않
아 보인다. 인간이 우주 속에 그리고 지구 위에 현재의 모든 우주 조건과
자연 조건으로 존재할 수 있게 된 것 자체를 인간 원리 외에 달리 설명한

방법이 없어 보인다. 스티븐 호킹이 《시간의 역사》에서 밝힌 바대로 바티칸에서 열린 1981년 우주과학학회에서 당시 교황 요한 바오로 2세가 "대폭발은 우주 창조의 순간이므로 하나님의 일이니 대폭발^{Big Bang} 그 자체를 알아보려고 하지 말아 달라"고 과학자들에게 부탁했다. 호킹은 이미 학회에서 "시공간은 유한하지만 경계가 없고 따라서 시공간의 시작, 우주 창조의 순간이 없다는 가능성을 교황이 모르고 있었다는 것을 다행스레 생각한다"^{스티븐 호킹, 《시간의 역사》, 176쪽}는 것을 고백하기도 했다. 그러나 이미 과학은 빅뱅 직후 1초 이내까지도 설명하고 있었다. 그보다 앞서 바티칸은 1951년 11월 22일 교황 비오 12세가 '현대 자연과학에 의한 신의 존재 증명'이라는 제목의 교황청 과학아카데미 연설에서 빅뱅 모델을 〈창세기〉의 과학적 설명이자 신의 존재를 증명하는 것으로 생각한다고 말했다.

모든 것은 물질적 우주가 적당한 시기에 시작되었다는 것을 나타내고 있습니다. 엄청난 에너지의 축적에서 출발한 우주의 시작은 처음에는 빠르게 그리고 다음에는 느린 속도로 현재의 상태로 진화해왔습니다. …… 실제로 오늘날의 과학은 수백만 세기를 뒤로 돌아가 창조의 순간에 행해진 최초의 말씀을 증명하는 데 성공했습니다. 아무것도 없었던 빛과 복사선의 바다에서 물질이 만들어지고 화학 원소들은 분리되어 수백만 개의 은하를 형성했습니다. …… 따라서 창조자는 존재합니다. 신은 존재합니다! 아직 확실하거나 완전한 것은 아니지만 이것이 우리가 과학으로부터 듣고 싶어했던 대답이었습니다. 현대 과학으로부터 듣고 싶어 했던 바로 그것입니다.^{사이먼 싱, 《우주의 기원 빅뱅》, 377~378쪽}

빅뱅이론이 창조론이 되는 비약적 해석이다. 거기에다가 더 나간 지적 설계론을 들고 나오는 일부 과학자와 신학자들은 인격신에 대한 미련을 버리지 못하기 때문일 것이다.

가모프와 앨퍼R. Alpher와 허먼R. Herman이 주장한 우주팽창론이 확실하게 증명된 사건은 펜지어스와 윌슨이 일하던 벨 연구소에서 일어났다. 1948년 가모프와 앨퍼, 허먼은 우주 배경 복사를 예측했지만 그 주장은 잊혀졌다. 1946년 펜지어스와 윌슨이 우주 배경 복사를 발견했다. 그러나 그것이 무엇인지 처음에는 몰랐다. 프린스턴 대학 연구팀의 디키Robert Dicke와 피블스James Peebles가 1948년 우주 배경 복사 예측을 내놓았다. 그러나 벨 연구소의 펜지어스와 윌슨이 프린스턴의 로버트 디키와 제임스 피블스를 제치고 우주 배경 복사 전쟁에서 승리하게 된 것은 펜지어스와 윌슨의 논문이 1965년 《천문학회Astrophysical Journal》에 실렸기 때문이다. 이 사건, 즉 우주 배경 복사 발견은 수백억 년 전에 있었던 빅뱅으로 우주가 시작되었다는 것을 증명하는 것이었다. "500년 현대 천문학사에서 가장 위대한 발견을 했다"고 나사NASA의 로버트 재스트로Robert Jastrow는 흥분했고 애드워드 퍼셀Edward Purcell은 "그것은 모든 사람들이 지금까지 본 것 중에서 가장 중요한 것이다"라고 칭찬했다.사이먼 싱, 《우주의 기원 빅뱅》, 451쪽

현재 서울 이화여자 대학교 우주기원연구소에서 교수로 강의하며 연구하고 있는 조지 스무트George Smoot 교수는 버클리 대학에서 우주 배경 복사를 찾는 일에 몰두했다. 스무트의 연구 결과는 1977년 11월 14일자

《뉴욕타임스》 1면에 "우주에서의 은하의 속도는 시속 100만 마일^{160만 킬로}^{미터}이 넘는다"라는 제목으로 실렸다. 그러나 우주 배경 복사 탐사에는 별 도움이 되지 않는 연구 결과였다. 나사는 코비 즉 우주 배경 복사 탐사 위 성^{Cosmic Background Explorer Satellite}이라는 이름의 연구 프로젝트를 가동시켰다. 조지 스무트는 우주 배경 복사의 변화를 측정하도록 설계된 세 번째 검출 기인 차별 마이크로파 전파 측정기^{DMR}를 책임졌다. 15년 후 우여곡절 끝 에 1989년 11월 18일 코비 위성이 발사되었다. 코비가 보낸 자료로 7,000 만 번의 측정 끝에 1991년 12월에 하늘 전체의 지도를 작성하게 된다. 우주 배경 복사 최고점 파장을 코비가 어느 방향을 보고 있느냐에 따라 0.001퍼센트 차이를 보이고 있었던 것이다. 아주 적긴 하지만 우주 배경 복사의 변화가 존재하고 있었다. 그것은 초기 우주에 밀도의 파동이 있었 다는 것을 증명하기에 충분했고 그 후에 우주에서 일어났던 연속적인 사 건의 씨앗이 되기에 충분했다. 이 내용을 조지 스무트가 1992년 4월 23 일 워싱턴에서 열리는 미국물리학회에서 발표하게 됨으로써 펜지어스와 윌슨이 주장한 우주 배경 복사 50년 역사의 종지부를 찍는 중요한 발표 는 12분 안에 이루어졌다. 빅뱅은 이제 은하의 형성을 설명할 수 있는 유 일한 이론이 된 것이다.

코비의 업적은 창조의 순간부터 대략 30만 년이 흐른 후 10만 분의 1 정도로 작은 밀도의 변화가 있었다는 증거를 발견했고 그 변화로 시간 이 흐름에 따라 우리가 보는 은하가 되었다는 것이다. 스무트는 기자들 에게 "우리는 지금까지 보지 못했던 가장 오래된 초기 우주의 구조를 관 찰했습니다. 은하나 은하단 등과 같이 오늘날 우리가 보는 구조의 원시 씨앗이 실제로 존재했습니다"사이먼 싱, 《우주의 기원 빅뱅》, 481쪽라고 말했고, 계속해서 "만일 여러분이 신앙이 있는 경우라면 이것은 신의 얼굴을 본 것과 같은 것입니다"라고 했다. 이 사건을 《뉴스위크Newsweek》는 "신의 필체"라는 제목으로 다루었다. 〈구약성서〉에 야곱이 "당신의 이름이 무엇인지 가르쳐 주십시오"라고 신에게 묻자 신은 "어찌하여 나의 이름을 묻느냐?" 하면서, 그 자리에서 야곱에게 축복하여 주었다. 야곱은 "내가 하나님의 얼굴을 직접 뵈옵고도, 목숨이 이렇게 붙어 있구나" 하면서, 그곳 이름을 브니엘Peni-El, 엘의 얼굴이라고 하였다〈창세기〉 32 : 29~30는 내용이 기록되어 있다. 〈창세기〉의 창조의 신, 엘로힘은 단수가 아닌 복수의 신들Ellohim이다. 이는 고대 근동의 신들을 의미하며 〈창세기〉는 고대 근동 창조 설화 문서를 참조해 편집해 기록한 것이다. 신의 이름을 엘로힘이라고 부르는 엘로히스트의 신 엘로힘보다 신의 이름을 야훼유일신라고 부르는 야훼이스트의 신 야훼가 유일신의 이름이라고 말할 수 있다.

프랜시스 콜린스는 자신의 중요한 저서 《신의 언어》에서 2,000여 명의 동료들과 14년 동안 연구한 '인간 게놈'을 해독하면서 신의 언어Biologos를 읽었다고 주장했다. 신의 언어와 신의 얼굴이 이렇게 해독된 것이다. 조지 스무트가 '신의 얼굴'을, 프랜시스 콜린스가 '신의 언어'를 21세기 우리 시대에 찾아낸 것처럼, 모세는 기원전 1300여 년 전 이스라엘의 신 야훼 '스스로 존재하는 자'를 만났다고 성서가 전하고 있고, 야곱에게 나타난 신이 자신의 얼굴브니엘을 보여 주었다고 성서는 역시 말하지만 모세와 야곱에게 나타난 신 존재와 신의 얼굴은 '신앙의 언어'로 표현된 것이다. 우리 시대에 와서 구체적으로 조지 스무트와 프랜시스 콜린스에 의해 '신의 언어'와 '신의 얼굴'을 발견한 과학의 언어를 인정하는 것이다. 신의 얼굴을 본 스무트가 서울에 있다니! 한국의 기독교인들이 열광해야 할 일이 아닌가!

사이먼 싱은 형이상학이 할 일은 빅뱅 이전의 존재에 대한 질문뿐이고 나머지는 과학이 다 밝혀냈다고 했다. 그렇다면 그리스의 형이상학자들로부터 중세의 교부 신학자 토마스 아퀴나스, 그리고 우리 시대의 형이상학자 하이데거도 다 헛물을 켠 것이 아닌가! 여전히 남은 두 개의 질문, 즉 창조의 순간과 무엇이 이런 일을 일으켰는가 하는 문제가 남는다.

2002년 새로 취임한 하이델베르크 대학 총장 페터 홈멜호프^{Peter Hommel-hoff} 교수가 하이델베르크 대학의 연구 목표로 정한 것이 바로 '우주의 기원'이라고 선포했고 케임브리지 대학 등 세계 유수의 대학들이 연구 목표를 우주의 기원으로 정했다는 뉴스가 보도됐다.

수메르 문명에서 시작된 세계 기원에 대한 설화들이 종교적 신화와 설화 들로 인류 문명에 중요한 '형이상학^{종교, 철학, 신학}'적 기여를 한 셈이라면 자연과학은 "모든 질량과 에너지는 한 점에 집중되어 있었고, 그다음에 빅뱅이 있었다"를 통해 '양자형이상학^{상대성이론, 양자론, 끈이론, 빅뱅과 우주 배경 복사 증명 등}'적 서술로 정리했다.

인간에게 가장 필요한 것은 산소이며, 인간은 대기권 안에서 살 수밖에 없는 존재이다. 이러한 인간과 동물에게 절대적으로 필요한 산소를 누가 발견했으며, 산소가 인간 생존에 기여한 놀라운 업적을 추적한 연구자를 찾는 것은 마치 누가 빅뱅을 증명했으며, 누가 우주 배경 복사를 발견했는가를 찾는 것만큼 복잡하고 긴 이야기이다. 각 단계에서 업적을 이룬 영웅들이 있었다. 실지로 처음 산소를 합성하고 분리한 사람은 스웨덴의 약사 빌헬름 셸레이고, 산소의 발견을 처음으로 발표하고 연구의 상세한 부분을 공개한 사람은 영국의 목사 조지프 프리스틀리이며, 산소가 공기플로지스톤이 제거된 공기가 아니라 전혀 다른 원소라는 것을 밝혀내어 최초로 산소를 제대로 이해한 사람은 프랑스의 화학자 앙투안 라부아지에Antoine Lavoisier이다.

빅뱅과 우주 배경 복사의 영웅은 각 단계마다 존재했다. 아인슈타인이 우주 상수를 설정하며 정상우주론을 주장하긴 했지만 그의 상대성이론이 있었기에 우주 모델이 가능했다면, 본격적으로 빅뱅 모델이 제기된 것은 프리드만과 르메트르부터이다.

그들의 공로는 우주가 팽창하고 있다고 주장한 것이지만 허블의 관측이 그것을 증명했다. 또 정상우주론자인 프레드 호일의 원자핵합성 이론의 공헌이 없었다면 진정한 빅뱅모델이론은 완성되지 못했을 것이다. 가모프, 앨퍼 그리고 허먼의 이론적 연구와 라일과 펜지어스, 윌슨 그리고 코비 팀의 관측으로 인류가 오랫동안 질문해왔던 우리의 기원, 즉 세계와 우주의 기원 문제가 완결된 것이다.

현대물리학은 존재와 시간을 시공간으로 해석하면서 분리되어 이해될 수 없는 상보 상존적 관계로 본다. 빛이 파동과 입자의 상보성 안에 존재하듯이 우주에는 반물질과 암흑 물질이 있고, 인간이 인지하는 물질은 20퍼센트도 채 안 된다. 우주 속에는 무한한 정보와 실체가 존재한다. 아인슈타인이 양자론을 수용하기 어려웠던 것도 서양의 2,000년 기독교 사상의 역사와 서양 형이상학의 통념에서 온 물질과 정신의 이분법적 사고와 존재와 무의 대별, 존재와 시간의 간극을 늘 전제한 사유에서 벗어나기 어려웠기 때문이다.

태허太虛, 영겁의 시간 등 인간이 인지하기 어려운 존재와 시공간의 세계의 실제는 마초Macho, massive compact halo objects라고 불리는 거대하고 밀도가 높은 영역인 헤일로 천체가 암흑 물질의 후보이고, 또 다른 암흑물질 후보로는 "약하게 상호 작용하는 무거운 입자weakly interacting massive particles"의 머리글자를 딴 윔프WIMP를 찾고 있다.

아직은 확실하지 않지만 우주를 달아나게 하는 힘이 암흑 물질에서 온다?는 이론이 있다.

최근의 입자물리학 이론에 의하면 인간은 "우주의 나이가 10^{-43}, 온도가 10^{32}도였을 때까지 해명할 수 있다고 주장한다.

노자는 2,500년 전《도덕경》에 '존재와 무'라는 양자의 관계를 통합하는 통섭적 사유를 남겼고, 석가는 정각의 체험을 통해 해탈을 말했다. 인간 존재 체험을 통해 열반을 체험하는 인간 존재의 본질을 헤르만 헤세는《싯다르타》에서 고타마와 싯다르타의 대화 속에서 진리를 찾도록 배려한 글을 남겼다. 20세기에 헤르만 헤세는《데미안》과《싯다르타》에서 인간 존재 본질을 체험한 인간의 표식을 말한다. 니체는 이 세상에 '선과 악'으로 처음부터 지정된 그런 실체는 없다는 것을 고뇌한 사유로《선악의 저편》을 썼고, 고흐는 인간이 어떻게 색깔을 인지하는가를 빛과의 관계에서 발견하고 자신의 그림에 그것을 반영했다. 그 작품들이 인상파의 그림으로 대별되는 그림들이다. 니체의《안티 크리스트》도 기독교의 본질을 나름 이해한 해석의 글이고,《차라투스트라는 이렇게 말했다》에서 초인이 가르치고자 한 것은 바로 인간 존재 본질이었다. 그것을 더 일찍 설파한 코펜하겐의 키르케고르는 '존재 전달'이야말로 기독교의 본질이라고 말했다.

양자론 이전의 고전적 세계관의 카테고리 안에서 나올 수 있었던 그나마 자유스러운 양자론적 이해에 접근한 형이상학자들로는 노자, 예수, 마이스터 에크하르트, 키르케고르, 니체, 고흐, 헤세가 있다. 그리고 현대 과학자 가운데 양자형이상학을 위한 전제로 이해되어져야 할 사상으로 마틴 리스의 '여섯 개의 수', 프랜시스 콜린스의 '바이오로고스' 그리고 스티븐 호킹의 '인간 원리'가 있다. '여섯 개의 수'를 이해했다면 빌 브라이슨의《거의 모든 것의 역사》역시 이해를 돕는 데 필요하다. 왜냐하면 언론인이 쓴 과학서 치고는 진짜 거의 모든 것을 다루었기 때문이다. 그것도 우아하고 낭만적인 문체로 빅뱅부터 현재까지 대부분의 역사를 잘 그렸다. 그리고 빅뱅 이후 137억 년에 걸쳐 우주와 세계가 어떻게 정착되었는지 알게 해주는 마틴 리스의 '여섯 개의 수'를 이해해야 하고, 또 인간 존재가 어떤 생태학적, 생물학적 과정을 통해 현재의 인간으로 존재하게 되었는지를 알게 해주는 '인간 게놈'을 해독해낸 프랜시스 콜린스의 '바이오로고스'를 이해해야 '양자형이상학'이 추구하는 인간과 자연 우주와 세계의 본질 이해에 접근할 수 있게 된다. 왜냐하면 적어도 현재까지 나온 과학과 종교의 세계 이해에서 양자형이상학이 가장 객관적이고 보편적인 관점을 제공하기 때문이다.

한국에서 형이상학과 물리학, 소위 종교와 과학이 서로를 이해하기 위해 시도한 저술들을 찾아보았다. 소광희의 《자연 존재론》, 장회익의 《과학과 메타과학》과 《물질, 생명, 인간》, 《삶과 온생명》, 이시우의 《천문학자, 우주에서 붓다를 찾다》, 김용준의 《과학과 종교 사이에서》 등이 비교적 양자의 통섭의 언어를 찾아가는 저술들이라면, 입문서 수준으로는 정진석의 《우주를 알면 하느님이 보인다》가 있다. 그 외 기존의 형이상학자^{철학자}들은 여전히 고전적 이해에 머물고 있다. 정의채의 《형이상학》과 《존재의 근거문제》, 신상희의 《하이데거와 신》, 윤구병의 《있음과 없음》, 탁월한 형이상학서이긴 하지만 이수정의 《본연의 현상학》 역시 고전적 형이상학의 전통에 머문 존재 이해를 보여주고 있었다.

우리말로 소개된 형이상학서로는 토마스 아퀴나스의 《존재자와 본질에 대하여》, 스피노자의 《신학정치론》과 《에티카》, 이마누엘 칸트의 《윤리형이상학》, 짐 홀트^{Jim Holt}의 《세상은 왜 존재하는가》, 호세 오르데가 이 가세트^{Jose Ortega y Gasset}의 《형이상학 강의^{Unas lecciones de metafisica}》, 하이데거의 《형이상학이란 무엇인가》와 김종엽의 《하이데거의 『형이상학이란 무엇인가』 읽기》와 파울 틸리히의 《조직신학》, 조지프 오웬스^{Joseph Owens}의 《존재해석^{An Interpretation of Existence}》, 니콜라우스 쿠사누스^{Nikolaus von Kues}의 《다른 것이 아닌 것^{De non-aliud}》, 레오 엘더스^{Leo J. Elders}의 《토마스 아퀴나스의 형이상학^{Die Metaphysik des Thomas von Aquin}》, J. P. 모어랜드와 W. L. 크레이그의 《형이상학》, 존 폴킹혼의 《쿼크, 카오스 그리고 기독교》, 《양자물리학 그리고 기독교신학》과 위르겐 몰트만의 《과학과 지혜^{Wissenschaft und Weisheit}》 그리고

한스 퀑의 《신은 존재하는가》와 《한스 퀑, 과학을 말하다》 등이다. 메를로
퐁티Merleau-Ponty의 《보이는 것과 보이지 않는 것》, 부르크하르트 모이지슈
Burkhard Moisisch의 《마이스터 에크하르트》 등이 있다.

양자형이상학 이해를 위한 번역서들로는 화이트헤드의 《과정과 실재》
와 《과학과 근대세계》, 일리야 프리고진의 《있음에서 됨으로》와 데이비
드 봄D. Bohm의 《전체와 접힌 질서》, 스티븐 호킹의 《시간의 역사》, 프리초
프 카프라의 《현대물리학과 동양사상》과 《새로운 과학과 문명의 전환》,
《신과학과 영성의 시대》, 프랜시스 콜린스의 《신의 언어》와 《생명의 언어》
, 마틴 리스의 《여섯 개의 수》와 《태초 그 이전Before the Beginning》, 하이젠베
르크의 《물리학과 철학》, 폴 데이비스P. Davies의 《현대물리학이 발견한 창
조주》, 에르빈 슈뢰딩거의 《생명이란 무엇인가》, 짐 배것의 《퀀텀스토리
– 양자역학 100년 역사의 결정적 순간들》, 그리고 딘 해머Dean H. Hamer의
《신의 유전자》, 브라이언 그린의 《우주의 구조》, 스티븐 와인버그의 《최초
의 3분》과 《최종 이론의 꿈》, 개리 주커브의 《춤추는 물리》, 마커스 초운
의 《현대과학의 열쇠 퀀텀 유니버스Quantum Theory Cannnot Hurt You A Guide to the
Universe》, 사이먼 싱의 《우주의 기원 빅뱅》, 폴 스타인허트Paul Steinhardt와 닐
투록Neil Geoffrey Turok의 《끝없는 우주 – 21세기에 시작된 우주론의 혁명, 빅
뱅이론을 넘어서》, 게르하르트 뵈르너Gerhard Börner의 《창조자 없는 창조Schö-
fung ohne Schöfer》, 닐 디그레스 타이슨의 《우주 교향곡》, 이언 바버Ian Barbour
의 《과학이 종교를 만날 때》, 피터 러셀Peter Russell의 《과학에서 신으로》, 프
랜시스 크릭Francis Crick의 《인간과 분자Of Molecules and Men》, 리사 랜들의 《이
것이 힉스다》, 라이오닐 타이거Lional Tiger와 마이클 맥콰이어Michael McGuire의

《신의 뇌God's Brain》, 오머추의 《양자신학》과 네일 맨슨Neil A. Manson이 편집한 《신과 디자인God and Design》, 이브 파칼레의 《신은 아무것도 쓰지 않았다》 등이 있다. 그 외에 지식의 대통합The Unity of Knowledge을 주장한 《통섭》을 쓴 에드워드 윌슨과 종교와 과학의 상생을 주장한 존 호트John F. Haught의 《과학과 종교, 상생의 길을 가다》, 마티유 리카르Mattieu Ricard와 찐 쑤언 투안Trinh Xuan Thuan의 《양자와 연꽃Quantum und Lotus》, 스테판 바우베르거의 《세계란 무엇인가?》와 리처드 스윈번Richard Swinburne의 《과연 신은 있는가?》와 필자가 독일에서 쓴 《신과 시간 – 스티븐 호킹의 인간 원리와 과학신학》 등이 있다.

이 책을 쓰면서 가장 최근에 발견한 것으로는 김대식의 《김대식의 빅퀘스천Big Question》과 프랭크 클로즈의 《보이드 – 빅뱅 직전의 우주》가 있다.

우주의 기원에 대한 연구는 세계 유수의 연구소에서 거의 다 밝혀낸 것 같다. 제네바의 세른에서도 미시 존재에 대한 연구가 활발히 이루어지고 있는데 힉스 입자 발견과 강입자 충돌 실험도 성공했다. 인류가 문명을 이룬 이래 우주에서의 인간의 존재에 대해 막스 셸러가 《우주에서의 인간의 위치》로 철학적 인간학을, 테야르 드샤르댕은 《자연 안에서 인간의 위치》를 통해 생태학적 인간학을 제시했다. 인간 자신의 존재의 기원이 밝혀진 것은 아무래도 프랜시스 콜린스의 "인간 게놈" 해독이라고 봐야 한다. 인간 존재 본질에 대한 질문의 답이 주어진 것처럼 우주와 세계 존재의 기원과 본질에 대한 답도 거의 다 찾아진 것 같다. 그 과정에 인류가 만든 '종교'는 절대자신를 찾는 질문에, 철학과 형이상학은 존재자존재 자체를 찾는 질문에, 과학은 우주와 존재의 기원을 밝히려는 질문 속에 '우주를 있게 한 우연과 필연의 존재자 또는 창조주에 대한 질문들을 수학과 방정식으로 설명하는 이론들'로 만들어졌다.

이스라엘을 이집트 노예 생활에서 젖과 꿀이 흐르는 가나안 땅으로 이끈 이스라엘의 민족의 신 야훼는 모세에게 자신의 현현을 타는 떨기나무 속의 불꽃으로 드러냈다. 그 이스라엘을 자유와 해방으로 이끈 신 야훼가 바로 존재 자체의 신이다. 왜냐하면 그 신이 자신을 스스로 존재하는 자라고 했기 때문이다. "신의 현존"을 목격한 모세의 형이상학은 존재 자체인 존재자 야훼 하나님을 만난 것이다. 모세의 신의 현존 목격 이후 1,400년이 지난 2,000년 전 예수의 형이상학은 이렇다. 예수가 다윗의 〈시편〉 82편 6절을 인용해 말하기를 "너희는 신들이며 다 지존자의 아들들이다." 그리고 〈요한복음〉 10장 35절에서는 "신의 말씀을 깨달은 자가 신이다"라고 선포했다.

모세는 존재 자체인 야훼 신의 의미를 스스로는 깨닫지 못한 것 같고, 예수는 스스로의 실존 체험을 통해 신의 말을 깨달은 자가 곧 신이기 때문에 신이 되는 것은 누구에게나 열려 있고 해답이 찾아질 수 있음을 제시한 것이다. 이런 질문에 대해 기독교는 스스로의 실존 체험을 통해 해답을 찾기보다는 바울에 의한 기독교라는 종교 시스템으로 발전한다. 유럽의 기독교는 이런 모세와 예수의 형이상학적 신 이해와 달리 종교적 계율과 윤리에 더 의미를 둔 시스템과 제도로 발전해왔다. 바티칸과 가톨릭 교회가 그렇고, 루터와 칼뱅에 의한 종교 개혁 이후의 개신교회의 신 이해도 아리스토텔레스의 최초 원인자[causa sui]의 신 이해를 벗어나지 못한 채 전통을 이어가고 있다.

밀라노 칙령 이후 유럽 국가들이 기독교화되면서 기독교적 형이상학 사유가 발전하게 된다. 성 아우구스티누스는 400년경의 《고백록》에서 신과 존재자의 본질에 대한 문제와 신과 시간과 영원의 관계를 질문했다. 13세기 파리 대학의 교수였던 마이스터 에크하르트에 와서 신과 인간의 신비한 합일에 이르는 길로 "빛 체험을 통한 신 존재 체험"을 제시한다. 본래의 형이상학을 에크하르트가 되찾은 것이다. 모세와 예수의 형이상학적 존재자의 의미대로 말이다. 19세기와 20세기 초의 철학자들 가운데 니체가 《선악의 피안》을 통해 '그 어떤 존재라도 미리^{이미} 선 혹은 악으로 결정된 것은 없다'는 것을 알고 신의 징벌의 부당성에 대해 고뇌한 것은 신의 정의 문제에서 모순에 가득 찬 중세 유럽 사회를 비평한 것이다.

하이데거와 사르트르에 이르러서도 존재자 문제는 아리스토텔레스의 최초 원인자의 범주를 벗어난 신 이해를 찾기 어려웠다. 단지 언어에 함몰된 고전적 형이상학 전통에 충실한 존재 이해를 보여주었다. 그 사이의 철학자들로서는 데카르트, 라이프니츠, 칸트, 헤겔 등이 있었지만 역시 고전적 형이상학 전통을 벗어나지 못했다. 에크하르트와 그의 친구들이 자신들을 가리켜 "신의 친구들"이라 했듯이 양자론 이해를 통해 새롭게 제시된 양자형이상학적 존재자 이해라야 진정한 현대적 신 이해자라 말할 수 있다. 그들을 범재신론자라고 분류하는 신학자들도 있지만 유대교의 야훼신이 우주와 세계의 모든 사람들의 신이 되기 위해서라도 우주적 신이며 범재신론적^{Panentheism} 신 개념으로 정리되어야 한다. 범재신론자 중 선구자적 자연 이해자는 "신 즉 자연^{Deus, sive Natura}"이라고 말한 스피노자이다.

형이상학은 현대 과학이 밝힌 존재 자체의 본질에 대한 이해를 수용하기를 주저했지만, 이제 양자형이상학은 양자론 이후 통섭의 언어로 정리된 존재와 시간, 그리고 시공간과 미시적 쿼크의 세계와 무한유외無限有外이자 유한무외有限無外인 거시적 우주에 대한 이해의 과정 속에 있는 인간 현존을 발견하고 있다. 지금까지 인류는 형이상학과 과학을 통해 우주의 기원과 존재 탐구에 대해 거의 다 밝혀낸 것 같다. 종교는 형이상학에서 신앙의 언어와 구조로 시스템화하고 교리를 창출해 교단과 교세를 넓혀갔다. 교부 신학자들이 그렇게 했고 20세기 카를 바르트에 이르기까지 기독교 교리는 언어로 체계를 잡아놓았다. 거대한 교리서가 문학 작품이 될 정도이다. 불교는 본질을 말하는 수도승이나 선사의 가르침에 미치지 못한 과정의 언어와 의미에 함몰되어 있거나 극히 일부 각성한 열반을 체험한 인간 존재자들이 가끔 발견된다. 이슬람은 《코란》이 재해석되어 현대적 언어와 의미로 가르쳐지지 못한다. 항상 7세기나 13세기의 세계관에 머물러 《코란》이 가르쳐지고 있는 것 같다. 너무나 종교의 본질에서 거리가 멀어져 있다. 현재에도 IS 테러에 대한 서방의 공습이 이어지고 있다. '제로니모Geronimo'라는 코드명Cod Name은 실제 존재했던 인디언 전사의 이름을 딴 작전명인데, 그 목적은 오사마 빈라덴을 제거하는 특수 공작이다.

이 모든 세계의 근본주의적 종교와 교리에 의한 일어날 필요가 없는 사건들의 근본적인 사상적 배경은 바로 신, 절대자, 하나님, God, Gott,

알라 등 신에 대한 이름과 그 본질에 대한 잘못된 이해에서부터 비롯된다. 형이상학은 자기 원인자를 가장 오랫동안 신, 절대자의 의미로 정의해왔다. 프랑스 혁명 직전 1770년대 프랑스 왕궁에서 왕과 귀족들이 재치 있는 입담으로 목숨까지 내놓고 승부를 거는 살롱 문화를 그린 영화 〈리디큘Ridicule〉에서 파리의 한 수도원장이 '신이 존재할 수밖에 없는 이유'를 '자기 원인자'로 논증하고 나서 왕에게 역설적으로 '신이 존재하지 않을 가능성'도 증명할 수 있다고 말했다가 곤욕을 치루는 장면이 나온다. 언어논리로 '신이 있다'와 '신이 없다' 둘 다 증명이 가능하다면 그런 존재의 신은 없다는 것이다. 형이상학과 신학의 논리이다. 서양 기독교는 윤리로 전락해버린 교리와 예전으로 기독교의 본질에서 멀어진 지 오래다. 포이어르바흐의 《기독교의 본질》이 다시 한 번 유럽과 세계 기독교에 설파되어야 할 것 같다. 존 맥퀴리John Macquarrie가 《하이데거와 기독교》에서 하이데거의 말을 인용한 두 구절을 통해 서양 기독교가 본질을 향한 오솔길을 갈 수 있는 길을 제시한다면 다음과 같다.

세계 내 존재로서 현존재에 대한 존재론적인 해석을 통해 긍정적이냐 부정적이냐에 대한 결정 없이 신을 향해 있는 가능한 존재에 관해서 이루어진 것이다. 그러나 우리가 현존재와 신과의 연관이 어떻게 존재론적으로 규정되어 있는지, 이제 물어질 수 있는지와 관련하여 초월의 조명을 통해 최초로 현존재의 상응 개념에 도달한 사실이 그 경우이다.
존재 진리로부터 오로지 거룩함의 본질이 사유될 수 있다. 거룩함의 본질로부터 오로지 신성의 본질이 사유될 수 있다. 신성의 본질의 빛으로부터

오로지 '신'이란 단어가 무엇을 징표하는지가 사유될 수 있다고 말해질 수 있다.《근거의 본질에 대하여(Vom Wesen des Grundes)》

논리실증주의의 언어분석철학을 제기한 비트겐슈타인에겐 세계가 사건의 집합일 뿐이고 언어 게임일 뿐이다. 실제 말은 사건이 되기도 하고 전혀 되지 않기도 한다. 방정식을 한 방 가득히 채워놓은 방 안에서는 아무 일도 일어나지 않는다. 원자 폭탄이 가능한 수학 공식과 방정식이라 할지라도 물질을 실제로 합성해야 사건이 일어나는 법이다. 그러나 법정에서는 판사의 판결로 사건이 발생한다. 구속이든 집행 유예든 법정에서 판사의 선고에 따라 그 판결의 언어가 사건이 되는 것이다.

신 존재에 대한 종교와 형이상학, 철학의 개념과 정의가 과연 실제 신 존재를 드러내는가? 비트겐슈타인의 말처럼 단어들의 집합일 뿐인가? 아니면 근본주의적 믿음을 가진 자들처럼 문자대로 믿는 것이 바른 것인가?

1927년 이미 "양자 세계는 존재하지 않는다. 오직 추상적인 양자물리학적 서술만이 존재할 뿐이다. 물리학의 본분은 자연의 실체를 알아내는 것이 아니라 '자연에 대해 우리가 무슨 말을 할 수 있는지'를 알아내는 것이다"라고 했던 양자론자 닐스 보어의 고백에서 더 이상 벗어나지 않는다.짐 배것, 《퀀텀스토리》 181쪽. 과연 신 존재에 대한 인간의 언어가 자연에 대한 과학자의 진술과 다를 수가 있을까? 자연의 실체를 알아내는 것이 아니라 자연에 대해 무슨 말을 할 수 있는지를 알아내는 것이라는 양자론의 주장처럼 신학과 형이상학이 2,500여 년간 진술한 신 존재와 최초 원인자에 대한 솔직한 고백은 바로 신의 실체를 알아내는 것이 아니라 신에 대해 무슨 말을 할 수 있는지를 알아내는 것이라는 것이다.

이에 대해 영국의 실증주의 철학자 앨프래드 줄스 에어A. J. Ayer는 '알 수 있는 것'이 아닌 '말할 수 있는 것'에 의존하는 형이상학은 불가능하다는 입장이 논리적 실증주의의 특징이라고 언급했음을 《퀀텀스토리》의 저자 짐 배것이 서술하고 있지만, 이것이 현재까지의 일반적인 형이상학자들이 형이상학에 대해 이해하고 있는 현실이다.

양자론 이후 형이상학이 계속 존재를 고전적으로 이해하고 정의하는 한 양자론과 전혀 존재 이해에서 관계를 가질 수가 없다. 양자론에 의한 새로운 존재 이해, 새로운 자연 이해와 세계 이해의 역사는 이제 곧 100년이 다 되어간다. 그런데도 형이상학은 옛 존재론적 사고에 머물러 언어 작업만 해온 것 같다. 하이데거도 사르트르도 전 세계의 철학자와 형이상학자들도 전 근대적 사고에 머물러 있었다.

실지로 양자가설1900년을 주장한 막스 플랑크를 새로운 자연 이해와 세계 이해, 즉 존재 이해의 시발점으로 본다면 100년이 넘는다. '플랑크 영역Planck's era'이 모든 문제의 시발점이다. 플랑크 영역이란 시간적으로 10^{-43}초1조 × 1조 × 1조 × 1,000만 분의 1초 이내, 공간적으로는 10^{-35}미터1조 × 1조 × 1,000억 분의 1미터 이하의 작은 영역을 말한다. 이것은 에너지가 양자화되어 있다는 막스 플랑크의 이론이다. 300년 전 하노버의 라이프니츠가 주장한 단자론의 실제적인 모델로 양자론이 탄생한 것이다.

알랭 아스페Alain Aspect는 '양자적 실체'에 대해 "우리는 양자역학이 자연현상을 정확히 설명한다는 사실을 알고 있으며, 실체에 대한 우리의 어설

픈 상상과 일치하지 않는다는 것도 잘 알고 있다. 또한 우리의 실험에서 알 수 있듯이, 양자역학은 매우 비정상적인 상황에서도 여전히 실험 결과와 정확히 일치한다. 그러므로 이제는 과거의 자연관을 버리고 양자역학에서 말하는 자연관을 수용해야 할 때라고 본다"라고 말했다. 그러나 존 벨John S. Bell은 "…… 아스페 덕분에 물리학자들은 하던 일을 잠시 멈추고 실체의 본질에 대해 다시 한 번 생각해보게 되었다. 그러나 나는 이것으로 논쟁이 끝나지 않기를 바란다. 양자적 실체를 중요하게 생각하든 또는 그렇지 않든간에, 양자역학의 의미를 탐구하는 작업은 계속되어야 한다. 지금의 추세를 보면 내가 군이 바라지 않더라도 그렇게 될 것 같다. 궁극적 실체는 많은 사람들에게 여전히 '풀리지 않는 의문'으로 남아 있기 때문이다.짐 배것, 《퀀텀스토리》, 488쪽

미시 세계의 입자계에서는 물질과 에너지가 상호 교환되며 생성 소멸한다. 그러나 거시 세계에서는 물체가 물질의 형태로 존재한다. 이것은 우리의 인식과 무관하게 존재하며 진화한다. 미시 세계의 경우는 인간의 인식 행위가 실험계에 직접 영향을 미칠 수 있으므로 인식 대상이 그대로 실재한다고 볼 수 없다. 그리고 여기서는 확률적 상태가 언급될 뿐이다. 그러므로 일반적으로 외부의 물질적 대상은 분명히 의식으로부터 독립하여 별개로 존재한다. 즉 의식이 물질보다 먼저 존재하는 것이 아니다.이시우, 《천문학자, 우주에서 붓다를 찾다》, 105쪽

이 말을 곧 《퀀텀스토리》에서 짐 배것의 '소리'의 본질에 대한 이해와

비교해 하이젠베르크의 말을 음미해 볼 수 있다.

형이상학이 말하는 '존재의 본질'이 물리학이 밝혀내는 '존재의 본질'이나 '실체의 본질'과 과연 무관할 수 있을까? 2007년 4월 《네이처》지에 실린 '레깃의 부등식'과 '벨의 부등식'을 동시에 검증하는 실험을 한 빈의 물리학자들이 그 실험 결과를, "우리의 실험은 '미래의 양자역학이 어떤 식으로 확장되든 간에, 그것이 실험과 일치하려면 실제적인^{realistic} 서술의 일부를 포기해야 한다'는 관점을 강하게 지지하고 있다"라고 발표했다.[짐 배것, 《퀀텀스토리》, 526쪽]

안톤 차일링거[A. Zeilinger]의 "양자역학은 매우 근본적인 이론이다. 우리가 알고 있는 것보다 더 근본적일 수 있다. 그러나 실존주의적 관점을 완전히 포기하는 것은 잘못된 선택이다. 아인슈타인이 말한 대로, 달의 실체를 부인하는 것은 말도 안 되는 발상이다. 그런데 양자적 규모로 가면 실존주의적 관점을 포기할 수밖에 없다"는 이 말은 과연 무슨 뜻일까?[짐 배것, 《퀀텀스토리》, 526쪽]

소리를 들어줄 사람이 단 한 명도 없는 울창한 숲속에서 커다란 나무가 쓰러진다. 과연 소리가 날 것인가? 사람이 없어도 나무의 갑작스러운 움직임은 주변 공기에 파동을 일으킬 것이고, 그중에는 가청 주파수 대역에 속하는 파동도 있을 것이다. 만일 그 근방에 사람이 있었다면 어떤 신호가 귀에 전달될 것이고, 녹음 장치를 설치해두었다면 나무와 잎이 부대끼면서 발생한 신호가 테이프또는 하드 디스크에 저장될 것이다. 우리는 이 신호를 '소리'라고 부른다. 그런데 우리는 이 '소리'라는 단어를 두 가지 의미로 사용하고 있다. 첫째는 우리가 그것을 듣건 못 듣건 간에 가청 주파수 영역 안에 있는 음파를 통칭하여 '소리'라고 부른 경우인데, 이런 의미라면 소리는 물리적 현상을 일컫는 용어가 된다. 둘째는 귀에 직접 들리는 신호만을 '소리'라고 일컫는 경우로서, 이것은 물리적 현상보다 인간의 경험에 중점을 둔 용어라 할 수 있다. 즉, 두 번째 의미의 소리는 공기의 진동이 고막에 전달된 뒤 신경막과 뇌의 분석을 통해 인식된 결과이다. 넓은 의미에서 보면 인간의 감각 기관도 일종의 관측 장비로 해석할 수 있다. 예를 들어 사람의 청각 기관은 하나의 물리적 현상공기의 진동을 다른 현상전기 신호으로 바꿔서 뇌로 전송하는 역학적 장치이다. 이런 식으로 생각하면 모든 것은 물리학으로 설명될 수 있다. 그러나 뇌에 도달한 전기 신호가 우리에게 인지되고 마음 속의 경험으로 남는 과정은 완전히 수수께끼로 남아 있다. 그렇다면 소리, 색, 맛, 냄새, 촉각 등 이른바 오감이라는 것은 마음속에만 존재하는 '이차적 속성'인가? 철학자들은 이 문제를 놓고 오랜 세월 동안 논쟁을 벌여왔다. 이들이 어떤 결론을 내리든, 우리가 느끼는 이차적 속성이 실체와 똑같다고 주장할 만한 근거는 어디에도 없다. 플라톤이 말한 동굴 거주자처럼, 둔탁한 관측 정비밖에 사용할 수 없는 세계에 살고 있는 우리는 동굴 벽에 드리운 어설픈 그림자를 실체로 착각하고 있는지도 모른다. '소리'를 물리적 현상이 아닌 인간의 경험으로 해석한다면, 사람이 없는 숲에서 나무가 쓰러지면 아무런 소리가 나지 않는다.

'레깃의 부등식'은 바로 이 점을 검증하는 수단이었다. 이제 우리는 스핀과 편광, 위치 등 양자적 입자가 갖고 있는 물리적 특성들이 관측을 통해 나타난 결과일 뿐, 실체와는 아무런 관련도 없다는 것을 사실로 인정할 수밖에 없게 되었다. 우리가 관측한 입자의 특성이 실체를 반영한다는 가정은 더 이상 설 자리를 잃게 된 것이다. 이 시점에서 과거에 하이젠베르크가 했던 말을 다시 한 번 음미해보자. "…… 우리가 관측하는 것은 자연 자체가 아니라 우리의 관측 방식에 따라 나타나는 자연의 한 단면에 불과하다."짐 배것, 《퀀텀스토리》, 527~528쪽

물리학에서 존재의 본질은 '경험적 실체'로서 '양자적 입자'에 존재 의미를 부여할 수 있다는 말이다. 광자와 전자와 같은 양자적 입자들은 관측을 하기 전에도 물리적 법칙을 따르고 있지만 결정되지 않은 상태이다. 입자는 스핀이나 편광 등 그들의 성질을 가지고 내포하고 있다가 관측에 의해 입자가 존재로 결정된다. 개리 주커브는 그런 양자적 입자의 세계를 "존재하려는 경향"과 "존재하지 않으려는 경향"의 결합이 존재가 된다고 말한 바 있다.

거시적으로 양자적 우주를 말하는 "코펜하겐 학파의 해석은 관측과 관련된 어떤 질문도 제기될 수 있는 고전적 단계가 존재한다는 것을 기본 가정으로 깔고 있다. 그러나 탐구 대상이 우리 전체인 경우에는 다른 관점보다 유리한 고전적 관점이라는 것이 존재하지 않기 때문에, 모든 질문과 해석은 처음부터 다시 논의되어야 한다."짐 배것, 《퀀텀스토리》 546쪽

이 말의 의미는 "모든 만물이 우주 안에 존재한다고 가정하면, 우주의

파동 함수를 관측하여 붕괴시킬 수 있는 '외부의 관점'이라는 것이 존재하지 않는다. 따라서 우주는 영원히 '실체가 아닌 그 무엇'으로 남을 수밖에 없다"^{짐 배컷, 《퀀텀스토리》, 546쪽}라고 짐 배컷이 주장한다.

인간은 우주가 '유한무외'인지 '무한유외'인지 아직은 모르고 지구 위에 살고 있는 과정의 존재 속에 있는 과정의 존재이다. 우리 자신도 팽창하는 우주 속에 과정으로 있고 그 모든 인간의 앎도 과정 속에 있는 것이다. 시공간에 경계가 없다는 것은 우주에 '시작이 없다'는 것을 뜻한다. 우주가 시작한 그 시점이 존재와 시간의 시점이 되는데 만약 우주에 경계가 없다, 즉 무한유외도 아니고 유한무외도 아니라면, 모든 것이 처음부터 이렇게 있었고 앞으로도 있을 것이라면, 존재의 기원의 문제는 존재의 현상이 바로 존재라고 말하는 영원한 현재의 현상이라고 봐야 한다. 이수정의 《본연의 현상학》의 의미로 설명될 수 있을 것이다.

중력양자이론에서 말하는 '고리'는 공간의 양자에 해당하는데, 로벨리_{Carlo Rovelli}는 이렇게 말했다.

고리는 중력장의 양자적 들뜬 상태에 해당하며, 이것이 바로 물리적 공간 그 자체이다. 따라서 고리가 공간에서 이동한다는 것은 개념적으로 맞지 않는다. 중요한 것은 고리들 사이의 거리이다. 주변 공간에 대한 고리의 상대적 위치는 다른 고리와의 교점에 의해 결정되며, 공간의 상태는 서로 교차하는 고리의 망^{net}에 의해 서술된다. 결론적으로 말해서 '망의 위치'라는 개념은 없으며, '망 위에서의 위치'만이 정의될 수 있다. 고리는 공간속에 존재하는 것이 아니라 다른 고리 위에 존재한다.^{짐 배것, 《퀀텀스토리》, 586~587쪽}

공간은 고리의 매듭의 연결 상태가 낳은 결과이며, 이들이 서로 엮여 우주라는 직물이 탄생한다. 자연의 역할은 우주라는 무대 위에서 배우처럼 오락가락하며 시간을 소비하는 것이 아니었다. 자연은 배우가 아니라 연극이 진행되는 배경과 소품이었던 것이다.^{짐 배것, 《퀀텀스토리》, 587쪽}

스몰린^{Lee Smolin}은 "우주의 양자 상태^{공간의 기하학적 구조와 은하 및 블랙홀의 중력에 의해 휘어진 공간 등}를 그림으로 표현한다면, 대략 만 184개의 마디로 이루어진 복잡하고 방대한 스핀 네트워크가 될 것이다."라고 우주 존재를 설명한다. 우주에 대한 과거의 해석 중 휴 에버렛 3세^{Hugh Everett Ⅲ}가 주장한 '다중 우주'의 개념인 '여러 개의 우주가 공존한다'를 약간 수정한 것이다. 짐 배것은 이것을 "지금의 우주는 여러 개의 가능한 과거를 갖고 있다"로 이해해야 한다고 주장했다.^{짐 배것, 《퀀텀스토리》, 596쪽}

이 스몰린에게 깊은 영향을 미친 것은 1994년 더럼 대학교에서 열린 '양자중력학회'에서의 페이 다우커^{Fay Dowker}와 에이드리언 켄트^{Adrian Kent}의 발표인데 스몰린은 그것을 이렇게 평가했다.

입자들이 명확한 위치를 갖고 있는 고전적 세계는 이론에서 얻은 해^解로 서술되는 일관된 세계들 중 하나일 것이다. 다우커와 켄트는 이것 외에 다른 세계가 무수히 많이 존재하며, 지금 이 순간에는 고전적으로 보이지만 5분 뒤 완전히 다른 세계로 변하는 '일관된 세계'도 무수히 많다는 것을 입증했다. 우리를 더욱 심란하게 만든 것은 과거에 존재했던 고전적 세계들이 마구 섞여서 지금의 세계가 될 수도 있다는 것이다. 다우커와 켄트는 "지금 화석에서 공룡의 뼈가 발견되었다고 해서 수천만 년 전에 공룡이 지구에 살았다고 단정 지을 수는 없다"라고 말한다.짐 배것, 《퀀텀스토리》, 597쪽

고고학적 발굴이 갖는 의미는 수십만 년 전 또는 수만 수천 년 전의 문화재적 가치가 있는 유물을 발굴해낸다는 것이지만 보석다이아몬드, 금, 사파이어, 백금 등이 생겨난 배경을 이해한다면 지구에 존재하는 지구보다 더 나이가 많은 보석과 철광석 등 수많은 물질들은 과연 어떻게 고고학적으로 이해할 것인가? 수십억 년 전 행성이 지구와 충돌했을 때 생성된 지구 나이보다 많은 광석과 운석과 기껏 수천 수만 년 전의 유물로 발굴되어 세상에 드러난 고고학적 유물과의 시간의 관계를 생각한다면 과연 무엇을 고고학적 발굴의 의미라고 말할 수 있는지 모르겠다. 우리 인간은 46억 년 전 생성된 지구와 그보다 더 오래 전에 생성되었다가 지구에 충돌한 운석과 함께 살고 있다. 짐 배것은 "간단히 말해서, 자연의 법칙으로부터 초래된 '올바른 과거'는 존재하지 않는다는 이야기다. 이들의 이론에 따르면, 모든 가능한 과거는 똑같이 옳으며 우리의 과거는 어떤 질문을 하느냐에 따라 달라진다. 그렇다면 이론을 이해하는 우리의 능력은 '올바른 질문을 하는 능력'에 의해 좌우되는 셈이다"라고 말한다.

존재의 기원을 추적하는 인류의 오랜 노력 가운데 존재의 가장 작은

것을 우주의 기원의 근거로 연구하기 시작한 힉스 입자를 찾으려는 실험이 2008년 9월 10일 오전 10시 28분 제네바 근교의 세른에서 거대 강입자 충돌기^{LHC- Large Hadron Collider}가 가동됨으로 시작되었다. 힉스가 37년 전에 발표한 이론을 이제 실제로 찾는 작업인 것이다. 가장 작은 존재^{입자}를 인간은 컴퓨터 모니터로 볼 수밖에 없다. 그것은 고에너지 양성자가 영하 271도^{절대온도 2K}로 냉각된 둘레 27킬로미터짜리 고리형 기계 속에서 계획대로 움직이고 있다는 신호를 모니터가 포착한 것이다. 필자는 1991년 하이델베르크 대학 철학부와 신학부 그리고 물리학부의 공동 세미나가 열린 학기에서 입자물리학을 공부하고 제네바의 세른을 버스 두 대를 타고 단체 방문해 직접 바로 그 모니터를 통해 그 당시의 가장 작은 존재 입자를 볼 수 있었다.

과학은 철학이 물론 아니다. 그러나 실험이 동반되지 않은 과학 이론은 사변일 뿐이다. 바로 이 사변의 문제에 머문 사유의 결과물들이 철학과 형이상학의 진술로 전개된다. 철학과 형이상학이 언어 구사와 놀라운 논리를 이론적으로 표현하긴 하지만 실제의 문제에 들어가면 그것들은 단지 언어 작업으로서 언어 편집이거나 형용사와 명사들의 집합에 지나지 않게 된다. 실제의 '존재와 시간'의 문제에 대해 하이데거의 《존재와 시간》과 사르트르의 《존재와 무》와 알랭 바디우의 《존재와 사건》 속의 글들은 단지 그 책 속의 언어일 뿐이다. 장회익은 자신의 저서 《삶과 온생명》에서 '생명이란 무엇인가?'를 새롭게 정의한다. 1933년 노벨 물리학상을 수상한 에르빈 슈뢰딩거가 1943년 더블린 고등학술연구소 후원으로 더블린 트리니티 칼리지에서 한 강연이 "생명이란 무엇인가?"인데 슈뢰딩거가 내린 생명의 정의는 이미 옛 이론이 되었다. 슈뢰딩거의 1943년 강연의 핵심 주제는 "살아 있는 유기체^{생명체}라는 공간적 울타리 안에서 일어나는 '시공간상의' 사건들을 과연 물리학과 화학으로 설명할 수 있을까?"였다. 슈뢰딩거는 당시 더블린 트리니티 칼리지의 청중들에게 네 가지 질문을 던졌다.

❶ 유기체^{생명체}는 스스로의 구조를 파괴하려는 경향에 대해 어떻게 저항하는가?

❷ 유기체^{생명체}의 유전 물질은 어떻게 불변인 채로 유지되는가?

❸ 이 유전 물질은 어떻게 그리도 충실하게 그 자체를 재생산해낼 수 있을까?

❹ 의식과 자유 의지의 본질은 무엇인가?

MBC의 〈일밤 – 아빠! 어디가?〉와 시청률을 나누다가 독보적인 시청률을 확보한 KBS2의 〈해피선데이 – 슈퍼맨이 돌아왔다〉가 1주년 특집에서 남긴 한 마디는 "아이를 키우려면 한 마을이 필요하다"였다. 생물과 무생물의 관계를 장회익은 '온 생명'으로 설명한다. 무생물은 없다는 것이다. 단지 생물과 관계를 맺어 생명을 이룬다는 것이다. 아이 하나가 부모만으로 성장할 수 없는 것과 같다. 마을과 동네 사람, 가게와 유치원과 학교와 상하수도와 청소부도 필요하고, 무엇보다도 이웃이 필요하고, 사회와 국가가 필요하다. 장회익은 기존의 생명의 개념은 "생명이란 우주 내에 형성되는 지속적 자유 에너지의 흐름을 바탕으로, 기존 질서의 일부 국소 질서가 이와 흡사한 새로운 국소 질서 형성의 계기를 이루어, 그 복제 생성률이 1을 넘어서면서 일련의 연계적 국소 질서가 형성 지속되어 나가게 되는 하나의 유기적 체계"^{장회익, 《삶과 온생명》, 178쪽}라고 정리한다. 이것은 개체 생명을 정의한 것이라 할 수 있다. 이런 개체 생명들이 생명을 가능하게 하는 전체로서의 개념인 장회익의 '온 생명'은 "생명을 구성하는 그 어떤 개체라도 자유 에너지의 원천인 태양 – 지구계를 벗어나 존재할 수 없음은 물론이며, 주변의 여건 또한 비교적 안정적으로 유지되는 상황 아래서만 그 지속적인 생존이 가능하다. 특히 복제를 통해 전해지는 정보 자체도 주변 상황이 이러한 특정 여건을 구비하고 있을 때에 한하여 발현 가능하다. 따라서 생명 현상이 자족적으로 지속될 수 있는 최소한의 기본 단위로 우리는 "기본적인 자유 에너지의 근원과 이를 활용할 물리적 여건을 확보한 가운데 이의 흐름을 활용하여 최소한의 복제가 이루어지는 하나의 유기적 체계"를 상정하지 않을 수 없으며, 이것이 바로 앞에서 언급한 진정한 의미의 생명의 단위, 즉 '온 생명'이라고 말한다.^{장회익, 《삶과 온생명》, 227쪽}

2012년 ICHEP^{International Conference on High Energy Physics}에서 놀라운 발표가 이루어졌다. 힉스 보손 입자^{Higgs boson}의 발견이다. 이것은 스티븐 호킹도 실패할 것이라는 내기에 돈을 걸기도 한 세기의 사건이다. 기존의 존재를 구성하는 입자 세계는 이렇게 정의된다. 물질의 가장 기본적인 구성 요소는 쿼크와 렙톤^{lepton, 물질을 이루는 입자들 중 하나로 강한 핵력, 즉 강력에 반응하지 않는 입자들을 통틀어 일컫는 용어이다. 전자 등의 입자가 여기 속한다. '경입자'라고도 한다.}, 그리고 중력을 제외한 세 가지 힘 – 전자기력, 약한 핵력^{약력}, 강한 핵력^{강력} – 을 말한다. 대부분의 표준 모형 입자들은 질량이 0이 아니며, 이것은 여러 실험을 통해 잘 확인된 사실이다. 표준 모형은 입자들의 질량을 포함해서 지금까지 알려진 모든 입자 물리학적 현상들에 대해 1퍼센트 이하의 정밀도 수준에서 완전히 옳은 예측값을 준다. 그러나 표준 모형은 입자가 가진 질량이 어디서 왔는지는 제대로 설명하지 못한다. 만약 입자가 질량을 태초부터 가지고 있었다고 한다면, 표준 모형은 이론적 모순을 야기하고 의미 없는 예측값을 내놓게 된다. 표준 모형에는 입자에 질량을 부여하는 뭔가 새로운 구성 요소가 필요한 것이다.

이 새로운 구성 요소가 바로 힉스 메커니즘이다. 이번에 발견된 입자는 힉스 메커니즘이 존재한다는 것을 알려주고, 힉스 메커니즘이 어떻게 구현되는지를 말해줄 힉스 보손일 가능성이 매우 높다.리사 랜들, 《이것이 힉스다》, 11쪽

'신의 입자God particle'라고 불린 힉스 입자의 발견은 과연 현대인에게 무슨 의미를 줄 것인가? 세른이 공헌한 것 중 하나를 현대인이 실제적으로 매일 매순간 일상적으로 경험하고 있다. 그것은 바로 WWWWorld Wide Web이다. 과연 표준 입자 모형을 위해 꼭 필요했던 힉스 입자 발견의 의미를 리사 랜들은 '빈 공간의 힘'에 관해 말해준다고 말한다.리사 랜들, 《이것이 힉스다》, 61쪽

리사 랜들은 '힉스 메커니즘Higgs Mechanism'과 '힉스 장Higgs Field'의 개념을 "힉스 메커니즘 없이는 고에너지에서 의미 있는 예측값이나 입자의 질량을 얻을 수 없다. 이 두 가지는 모두 올바른 이론이 갖춰야만 하는 핵심적

인 요소이다. 해답은 자연법칙에는 대칭성이 존재하지만 0이 아닌 힉스 장의 값 때문에 대칭성이 자발적으로 깨지는 것이다. 진공에서 깨진 대칭성은 표준 모형 입자들이 0이 아닌 질량을 가지도록 허용한다. 그러나 자발적 대칭성 깨짐은 에너지_{혹은 길이} 스케일과 관련이 있기 때문에, 그 효과는 오직 기본 입자의 질량 스케일이나 그것보다 작은 저에너지에서만, 혹은 약한 상호 작용의 길이 스케일이나 그보다 큰 스케일에서만 의미가 있다. 이런 에너지의 질량에 대해, 중력의 영향은 무시할 만큼 작고 표준 모형_{질량을 포함한}은 입자 물리학의 실험 결과를 정확히 기술한다. 하지만 자연법칙에는 대칭성이 여전히 존재하기 때문에 고에너지에서 의미 있는 예측을 할 수 있다. 여기에 더해서 보너스로, 광자는 우주에 퍼져 있는 힉스장과 상호 작용하지 않기 때문에 질량이 0이라고 힉스 메커니즘은 설명한다"라고 설명한다._{리사 랜들, 《이것이 힉스다》, 108-109쪽}

필자의 독일 논문 〈신과 시간 - 스티븐 호킹의 인간 원리와 과학신학〉에서 '존재의 가장 작은 것'과 '존재의 가장 큰 것'은 인간이 결코 찾아내지 못할 것이라고 쓴 바 있다. 인간이 의식과 인식을 통해 이해하려고 하는 메커니즘을 가진 존재인 이상 존재의 가장 작은 것을 찾아가는 과정 속에 있을 것이라고 말했고, 시간 이해 역시 시간의 가장 시간적 의미는 시간 안과 시간 밖의 어떤 존재처럼 시간의 의미가 신의 존재 의미와 마찬가지로 정의되어 왔다는 것을 밝힌 바 있다. 아인슈타인의 상대성이론 이후 시간만 따로 독립해 존재할 수도 정의할 수도 없다는 것을 알게 되면서 시공간콘티눔^{Zeit-Raum-Kontinuum}으로 말할 수밖에 없게 되었다.

우주 존재의 시작을 말하는 인간의 언어가 수학적 언어인 방정식이건 그냥 문학적 서술 언어이건 그것이 사건이 되는 경우는 극히 일부이다. 세계의 대부분의 존재 시작^{세계 기원}에 대한 설화는 과학적 이해도 근거도 거의 없다. 21세기 우리 시대에 와서 비로소 형이상학^{종교, 철학}과 과학이 같은 공감의 언어를 통해 우주와 세계의 본질과 기원과 그 의미를 말하게 되었다. 여기에 가장 크게 기여한 것이 상대성이론과 양자론이다. 양자론 이후 호킹의 《시간의 역사》와 그가 주장한 팽창 우주와 빅뱅이론과 《특이점이론》과 《인간 원리》는 물리학의 실제 언어로 존재와 시간을 말하고 있다. 반면에 《존재와 시간》의 하이데거와 《존재와 무》의 사르트르의 언어는 이해하기 어려운 문학적이고 철학적인 형용사와 동사, 명사 단어들의 집합이다.

하이데거의 《존재와 시간》에서 중요한 현존의 개념에 대한 그의 진술은, "우리들 자신이 각기 그것이며, 여러 다른 것 중 물음이라는 존재 가능성을 가지고 있는 존재자를 우리는 현존재^{Dasein, 거기 있음}라는 용어로 파악하기로 하자"와 "현존재의 본질은, 그 존재자가 각기 자신의 존재를 자기의 것으로 존재해야 하는 거기에 있기에, 현존재라는 칭호는 순전히 이 존재자를 지칭하기 위한 순수한 존재 표현으로서 선택된 것이다."^{하이데거, 《존재와 시간》}이다.

사르트르의 '잉여 존재^{l'être de trop}'와 '여분의 존재^{l'être surnuméraire}', 그리고 '무상의 존재^{l'être gratuit}'라는 말은 과연 무엇을 말하는 것일까?

본질적인 것, 그것은 우연성이다. 원래 존재는 필연이 아니라는 말이다. 존재란 단순히 '거기에 있다'는 것뿐이다. 존재하는 것이 나타나서 '만나도록' 자신을 내맡긴다. 그러나 그것을 결코 '연역할' 수 없다, 그러나 그것을 이해했다는 사람들이 있다. 다만 그들은 필연적이며 자기 원인이 됨직한 것을 고안해냄으로써 이 우연성을 극복하려고 해보았던 것이다. 그런데 그 어떤 필연적 존재도 존재를 설명할 수 없다. 우연성은 가장假裝이나 지워버릴 수 있는 외관이 아니라 절대이다. 그러므로 완전한 무상성인 것이다. 모든 것이 무상성이다. 이 공원, 이 도시, 그리고 나 자신도 무상성이다.사르트르, 《구토》, 178쪽

《존재와 무》에서 사르트르는 《즉자 존재》에 대해 다음과 같이 말했다.

'즉자 존재'는 결코 가능하지도 불가능하지도 않다. 이것은 '있다', 이것은 존재가 '남아돌고' 있다고 말함으로써 의식이 인간 형태적 용어로 표현하는 일체다. 다시 말해서 의식은 다른 어떤 존재나 가능성, 또는 어떤 필연적 법칙에서든, 어느 사물에서라도 존재를 끌어낼 수 없다는 말이다. 창조되지 않았고, 존재할 하등의 이유도 없으며, 다른 존재와 아무런 연락도 없는 '즉자 존재'는 영원히 '남아돌고' 있다.사르트르, 《존재와 무》, 85쪽

도대체 그래서 어쨌다는 것인지? 그들의 언어《존재와 시간》, 《존재와 무》속에 과연 존재와 시간과 존재와 무가 통째로 얌전히 들어 있기나 한 것인 양 기술했다.

다행히 우리 시대에 자연과 우주에 대해 거의 모든 것이 밝혀졌다.

'무'에 대해 현대물리학이 내린 정의를 다음에서 살필 수 있다. "'무'를 직관적인 정의에 가까운 아무것도 없는 빈 공간이라고 생각해보자. 루크레티우스Titus Lucretius는 무에서 유가 만들어질 수가 없다고 생각했지만, 플랑크 크기의 '무'에 가까운 공간에서도 양자 파동을 통해 우주의 모든 존재들이 충분히 형성될 수 있다. 하지만 아무리 작은 플랑크 크기의 빈 공간에 가까운 '무'에도 여전히 공간과 양자역학이라는 자연의 법칙들이 작용한다. 호킹은 한 단계 더 나아가 양자우주론과 양자중력학을 이용하면 공간 그 자체가 양자 파동적으로, 다시 말해 아무 이유 없이 랜덤으로 생산될 수도 있다는 것을 보여줬다."김대식, 《김대식의 빅퀘스천》, 19쪽 이런 사실을 알 수가 없었던 시절의 사르트르가 한 진술은 사유의 무한한 상상력의 산물이라고밖에 볼 수 없다. 마찬가지로 사변으로 꽉 찬 하이데거의 존재와 시간에 대한 서술 역시 현대 과학이 정의한 존재와 시간과는 너무 거리가 멀다.

일리야 프리고진과 데이비드 봄 같은 탁월한 과학자가 우주와 자연의 본질을 더 실제적으로 밝혀냈다. 그렇지만 세계와 존재, 빅뱅이론과 그 것을 가능하게 설명한 마틴 리스의 '여섯 개의 수'는 그 '여섯 개의 수'가 적힌 순간 실제 사건으로 일어나지는 않는다 하더라도 세계의 본질을 밝혀주는 언어라고 본다. 그래서 아리스토텔레스의 형이상학 이후 2,500여 년 동안 인류가 정의하고 개념해온 신, 하나님, 절대자, 도, 알라, 근원자, 자기 원인자, 절대정신…… 등 그 의미를 양자형이상학을 통해 밝히고자 한다. 여기에 필요한 3가지 중요한 개념과 원리는 1) 스티븐 호킹의 인간 원리, 2) 프랜시스 콜린스의 바이오로고스, 3) 마틴 리스의 "여섯 개의 수"이다. 마틴 리스의 "여섯 개의 수"를 요약해 설명하고 프랜시스 콜린스의 "바이오로고스"를 설명한다. 그리고 스티븐 호킹의 '인간 원리'와 필자 이성휘의 '인간 개념'을 근거로 '양자형이상학'을 제시한다.

2,600년 전 노자가 이해한 우주와 존재의 기원을 설명하는 형이상학 언어를 이수정은 《본연의 현상학》 195쪽에서 "만물은 작作하나 시始하지 않고, 생生하나 유有하지 않고, 위爲하나 시恃하지 않고, 공功을 이루나 거居하지 않는다. 무릇 거居하지 않음으로 이로써 떠나지 않는다不居"라고 인용했다. 그리고 이 구절을 "만물의 만듦작作-낳음生生-위함爲爲-이룸功功과 같은 현상을, 그리고 그러함에 대한 저항하지 않음-소유하지 않음-기대하지 않음-눌러 앉지 않음을 노자는 본 것이다. 즉, 그는 만물의 그러함이 오직 자연스럽게 무조건적으로 그렇게 되어갈 뿐, 그러함에 대한 어떤 자기 주장을 하지 않는다는 것을 주목하는 것이다. 만물의 이러한 모습은 곧 '본연'의 모습이 아닐 수 없다. 본래 그런 것은 그저 다만 그러할 뿐이며, 그러함에 대해 군말이 없다. 혹은 설명이 없다. 그러한 성격을 노자는 '무위無爲'와 '불언不言'이라는 말로 표현했다"라고 해석한다.

노자적 이해에는 충실했지만 현대 과학의 양자론 이후 주장된 양자형이상학의 시각에서 볼 때는 여전히 고전적 형이상학적 해석일 뿐이다.

《소피의 세계》는 한 여자아이의 눈을 통해 세계의 사상을 쉽게 만나게 해 주는 철학 여행서로, 북유럽 노르웨이의 철학자 요슈타인 가아더Jostein Gaarder가 쓴 것이다. 덴마크의 쇠렌 키르케고르와 이름이 비슷한 쇠렌 오버가르와 공저자 폴 길버트^{Paul Gilbert}, 스티븐 버우드^{Stephen Burwood}의 《메타철학이란 무엇인가?^{An Introduction to Metaphilosophy}》는 실용철학을 말하고 있는데 우리 시대에 나올 만한 제목이라고 생각한다. 실용철학과 현대 과학의 관계를 설명하면서 '메타철학'을 정의하기를 '메타피직스^{Metaphysics} 형이상학와 피직스^{Physics}물리학의 통합된 관점이 바로 '실제로 존재하는 철학'으로 '메타철학'이 되어야 한다고 주장했다. 스튜어트 햄셔^{Stuart Hampshire} 가 분류한 그리스와 서양의 '철학의 여섯가지 문제 제기' 즉 지식^{know}, 참^{true}, 존재^{exist}, 동일성^{same}, 원인^{cause}, 선^{good}'이 고전적 전통을 따르는 수준이라면, 현대 양자형이상학은 이 여섯 가지의 문제 제기 자체를 질문에 놓고 새롭게 형이상학의 가치를 제시한다는 점이 다르다. '존재와 무, '존재와 시간'의 양자형이상학적 관계에 대한 문제 제기만 남는다. 나머지 지식, 참, 동일성, 원인, 선의 문제는 부차적인 문제일 뿐이다. 무엇에 대한 지식, 무엇에 대한 참, 무엇에 대한 동일성, 무엇에 대한 원인, 무엇에 대한 선의 그 무엇을 양자형이상학이 질문하는 데 비해, 고전적 전통속의 형이상학은 그 무엇이 먼저 실재하고 있는 것으로 전제하고 정의하려는 차이가 있다. 그러나 현대물리학이 밝혀낸 우주와 자연, 미시와 거시 세계의 본질을 이해한다면 메타철학은 적어도 과학과 철학이 함께 동일한 대상을 말하는 관점으로 실제적 철학을 주장하려는 것이다. 결국 철학의 쟁점도 형이상학의 존재 추구에 귀속된다. 물리학과 철학이 쟁점으로 해석해온 존재 문제를 현대의 존재 이해에 따른 더 근사치와 객관성으로 접근한 '메타철학' 역시 '양자형이상학'의 존재론의 논리에 귀속된다.

1999년 리고로즘^{Rigorosum} 시험을 끝으로 보쿰 대학에서 학위를 받게 되었고 2000년 독일 피터 랑^{Peter Lang} 출판사에 의해 논문이 독일어로 출판되었다. 나의 책을 읽고 전 독일 수상 헬무트 슈미트와 해석학자 한스 게오르그 가다머 교수, 세계적 물리학자 칼 프리드리히 폰 바이츠재커 박사, 튀빙겐 대학의 한스 큉 교수와 몰트만 교수, 이런 분들이 편지를 보내주었다.

지도 교수인 하이델베르크 대학 신학부 디트리히 리츨 교수와 부심 교수인 에노 루돌프 교수는 각각 논문 평을 해주었고, 새 지도 교수가 된 보쿰 대학 신학부 크리스티안 링크 교수 역시 논문 평을 써 주었다. '수반의 형이상학'을 주장한 브라운 대학의 김재권 교수에게 편지를 보내 답장을 받았고, 버팔로 대학의 조가경 교수로부터도 답신을 받았다. 소광희 교수의 《자연 존재론》을 읽고 나의 논문 번역 요약본을 보내주었더니 서신을 보내주었다.

하버드 대학의 하비 콕스 교수가 초청장을 보내 주었지만 뉴욕의 유니온에서 2000년에 한 학기만 박사 후 과정 연구를 하고 다시 독일로 돌아가 논문 출판을 위해 하이델베르크에 머물던 어느 날, 일 년 전 방문했던 뉴욕의 세계무역센터^{WBC} 그 쌍둥이 건물이 붕괴되는 9·11 테러를 TV 뉴스로 보게 된다. 그 당시 유니온에서도, 하버드와 프린스턴, 예일에서도 아직 "과학신학 혹은 양자형이상학"에 대한 이해가 전혀 없었다. 1년 예정의 연구를 6개월 만에 철수하고 독일로 돌아간 것이다.

하이델베르크 대학 초빙 교수로 두 학기 동안 '양자물리학과 기독교'를 강의한 폴킹혼 교수의 초청을 받아 케임브리지 대학의 퀸스칼리지 대학에 박사 후 과정을 하기 위해 케임브리지를 방문했다. 400여 년 전 에라스뮈스가 바로 이 퀸스 대학에서 연구 생활을 했다. 지금도 남아 있는 매스매티컬브리지Mathematical Bridge라는 목조 다리가 캠 강을 가로질러 캠퍼스 건물과 연결되어 있다. 어마어마한 케임브리지 생활비에 그만 포기하고 하이델베르크로 돌아왔다. 뮌헨의 철학대학원대학교에 등록해 철학부 박사 과정 논문을 쓰기로 하고 지도 교수를 만났다. 《세계란 무엇인가?》를 쓴 예수회IHS 신부이다. 원래 예수회 수도원이었는데 철학대학원대학교가 된 것이다. 뮌헨 대학이 있는 루드비히스트라세Ludwigstr.와 나란한 카울바흐스트라세Kaulbachstr.에 있다. 역시 양자형이상학을 더 심화시키는 논문을 준비한 참이었다. 가이드를 하면서 생계를 이어나갔는데, 그만한 직업이 없다. 아름다운 도시와 자연을 돈 벌면서 여행하는 셈이 아닌가? 22년 독일 유학 시절 유럽을 거의 다 여행해 안 가본 곳이 없을 정도로 여행광이었다.

그러다가, 2007년 뮌헨 대학 도서관에서 연구하던 중 노벨 물리학상을 받은 뮌헨 대학교 물리학부에 내 걸린 현수막을 보면서 '오랜 만에 독일에서 노벨 물리학상이 나왔구나'하고 감탄했다.

한국은 언제나 노벨 물리학상을 받으려나? 궁금해 하면서 늘 메일을 체크하는 인터넷 카페에 들렀다. 한국으로부터 온 팩스는 가을 학기부터 강의해달라는 내용이었다. 후배 철학 교수인 국립군산대 철학과 권순홍 교수가 보낸 것으로, 부산 경성대 신학부에서 강의해달라는 부탁을 전해주는 내용이었다. 늘 마음에 걸렸던 것은 부모님을 모시는 일이었는데, 22년 나그네 생활을 정리하고 돌아가야 할 때가 된 것이라 여겨 부모님의 마지막 여생을 내가 돌봐드려야겠다고 다짐하고 짐을 싸 귀국했다. 그해 여름 연세대학교 신과대학에서 열린 한국조직신학회에서 발췌한 내용을 요약 번역해 발표했고, 《기독교사상》 2007년 9월호에 실었다.

2012년 부산 벡스코에서 열린 세계인문학포럼에 강사로 온 장회익 교수를 만나 잠깐 대화를 나누었다. 하이델베르크 대학에서 스티븐 호킹에 대한 논문을 쓸 당시 서울대 물리학과 장회익 교수에게 편지를 보낸 적이 있었다. 친절하게 독일로 답신을 보내준 그분을 이제 20여 년 만에 부산 벡스코에서 만나게 된 것이다. 감사의 말을 전했지만 기억을 잘 못 하신다. 아무튼 준비해간 독일어로 된 논문과 우리말로 번역된 논문 요약본을 드렸다. 2001년 케임브리지의 스티븐 호킹에게도 독일어로 된 나의 논문을 보냈는데, 아직도 읽어보았다는 답신이 없다. 그가 독일어를 읽을 수 있는지 모르겠다.

2013년 겨울 7년 만에 독일을 방문해 하이데거가 《존재와 시간》을 쓴 흑림^{Schwarzwald}의 토트나우베르크^{Todnauberg}의 하이데거 산장^{Heideggerhütte}을 찾아갔다. 2013년 12월 크리스마스트리가 점등된 화려한 대학 광장의 하이델베르크 대학 인문학부 대강당에서 케임브리지 대학 교수를 지낸 로저 펜로즈 교수의 강연 '빅뱅 이전에 과연 시간은 존재했는가?^{Gab es die Zeit vor Urknall?}'를 들었다. 현대 형이상학자들의 언어 작업은 과연 문학적 형용사와 메타포에 충실한 문학 작품에 가깝다고 본다. 양자론 이후 적어도 과학의 언어에 관심을 가져야 했을 것임에도 불구하고 형이상학의 고고한 영역에서 내려오길 거부한 형이상학자들이 대부분이다. 물리학자 스티븐 호킹이 시간을 논하는 전혀 과학서 같지 않은 형이상학적 테마를 다룬 책인 《시간과 역사》가 전 세계 언어로 번역되어 초등학생들까지 호킹을 알고 있을 정도인데 형이상학자들은 관심 밖이었다. 사르트르가 《존재와 무》를 썼지만 아무리 이해하려고 읽어보아도 문학 에세이로밖에 읽히지 않는다. 알랭 바디우는 하이데거의 존재론 《존재와 시간》도 시적이라고 평가한다._{알랭 바디우, 《존재와 사건》, 36쪽}

가령 《신의 역사》의 저자 캐런 암스트롱이 이해한 사르트르에는 사르트르가 "인간의 의식 속에는 '신 모양의 구멍God-shaped hole'이 – 그곳에는 신이 늘 잠재해 있었다 – 있다"고 말했으며 그럼에도 불구하고 설령 신이 존재한다 할지라도 인간은 신을 부정하는 것이 필요하다고 주장했다고 한다. 사르트르의 무신론은 신 부재에 따른 공포적 세계에 대한 변론적 위안문이 아니라 신 부재야말로 인간의 해방을 성취시킨다는 공격적 포고문이었다고 주장한다._{캐런 암스트롱, 《신의 역사》, 650쪽.}

유니온 신학대학의 조직신학자 파울 틸리히 교수는 신을 '존재의 근거Ground of being'라고 했고 그의 조직신학에서 신Gott을 존재 자체Sein Selbst라고 표현했다. 틸리히는 인격신God-as-person의 개념은 틀린 것이 아니라 무의미하다고 말하기도 했다. 현대 양자론에 근접한 이해라고 생각된다. 양자론적 이해에서 볼 때 가장 신의 의미에 가까운 존재는 시간과 무이다.

사르트르의 '무'와 틸리히의 '존재 자체' 가운데 현대 양자론적 신 이해에 가까운 쪽은 틸리히이다.

미국의 신학자 다니엘 데이 윌리엄스Daniel Day Williams는 신과 세계의 통일성을 강조한 '과정신학Process theology'을 제기했는데 영국 철학자 화이트헤드의 영향으로 보인다. 윌리엄스는 "나는 신이 늘 지속적인 삶의 사회적 과정 속에 참여해 고통받고 있음을 믿는다. 세계 고통에 대한 그의 참여는 세계 내 모든 고통당하는 자들을 이해하고 인정하며 변화시키는 그의 사랑에 대한 최고의 예증이다. 나는 신의 감정적 예민성을 믿는다. 그것이 없는 신적 존재는 내게 아무런 의미가 없다"라고 말했는데 화이트헤드의 과정철학에서 제시한 신 이해와 전혀 다른 인격적 신 이해에 가까운 전통적인 기독교 신학의 신 이해로 보인다. 이슬람 신학자들 가운데 스위스의 수피 프리초프 슈온FrithJof Schuon은 '존재의 통일성'이란 사상을 주장했다. 이것은 신이 유일한 실재이므로 신 이외는 아무것도 존재하지 않고, 세계 자체가 곧 신이라는 신 개념을 제시한 것이다. 이 사상 또한 역사적인 변화 순서로 나타난 것으로 전혀 생소한 것도 특별한 것도 아닌 범신론적 신 이해이다.

마르틴 부버Martin Buber는 우리가 사용하는 '신'이라는 용어가 적절치 않다고 주장했는데, "왜 사람들이 잘못 사용되어 왔던 말들이 교정될 수 있도록 '최후의 사물'에 관해 입을 다물 것을 제안했는지 이해하는 것은 그리 어렵지 않다. 그러나 입을 다무는 것이 잘못된 말의 표현을 고칠 수 있는 최선의 방책은 아니다. 우리는 신이라는 말을 정화시킬 수도 없고 교정할 수도 없다. 아무리 때가 묻고 흠이 났다 할지라도, 우리는 그것을 집어 들어 애통의 시간 위로 올려 놓아야 한다"는 의미 있는 그의 진술은 캐런 암스트롱이 인용한다.캐런 암스트롱, 《신의 역사》, 663~664쪽

　여기서 말하는 '최후의 사물'은 현대 양자론에서는 두 가지뿐이다. 빅뱅을 가능하게 한 최초의 존재와 그의 엄청난 에너지 두 가지 외에는 다 밝혀졌다. 하이데거도 일부 현대 양자론적 신 이해에 근접한 표현으로 '전적 타자'로서 신을 말했고 무無로서 다른 존재를 가능하게 하는 근거를 말했다. 교부 신학자들은 세계 창조를 무에서 비롯된 것이라는 'creatio ex nihilo'를 'ex nililo omne qua fit'라고 바꾸어야 한다고 말한다. 그런데 하이데거가 말기에 '오직 신만이 우리를 구원할 수 있다'는 이해하기 어려운 에세이를 발표했다. 여기서 말하는 신이란 누구 혹은 무엇을 말하는 것일까?

　《최종 이론의 꿈》을 쓴 스티븐 와인버그는 최종 이론을 '아름다운' 이론이라고 말한다. 스티븐 호킹은 궁극적 이론 또는 최종 이론인 '만물 이론Theory of Everything, T.O.E.'을 인간이 읽어낸다면 "…… 이때에야 비로소 우리는 신의 마음을 알게 될 것이다"라고 했지만 신의 이름 야훼를 알게 된 모세와 신의 얼굴을 본 야곱은 기원전 1,400년경 존재했던 이스라엘인이다. 더 이상 그 감동을 전해줄 수가 없다. 성서가 그것을 말해주고 있을 뿐이다. 우리 시대에 신의 얼굴을 본 조지 스무트는 현재 이화여대 교수로 있고, 신의 언어를 읽어낸 프랜시스 콜린스는 미국국립보건원장을 맡

고 있다. 최종 이론을 읽어낼 그 누군가도 지구를 떠나 존재할 수는 없을 것이다. 그 어디에 있는 누군가가 최종 이론을 밝혀낸다 할지라도 그것이 인류에게 마지막 신은 아니다.

양자형이상학의 기나긴 여정은 다시 뮌헨으로 이어진다. 한국의 출판사에서 1차 편집을 끝낸 원고를 독일로 송부 받아 지금 원고를 수정하고 있다.

어렵게 방을 구한 뮌헨 변두리 동네인 운터슐라이스하임^{Unterschleissheim}에서 에스반 S1을 타고 중앙역에서 다시 19번 전차로 갈아타고 뮌헨 시청 뒷길의 명품 거리를 거쳐 국립오페라좌를 지난다. 막시밀리안 거리를 따라 이자^{Isar}강을 건너 바이에른 주 의회 의사당을 끼고 돌아 뮌헨의 숲과 강을 보면서 이동해 오스트반호프^{Ostbahnhof}에서 내린다. 거기서 다시 100번 버스를 타고 국립박물관과 미술관 버스 정류장에 내리면 급물살을 이용해 도심의 강에서 서핑하는 모습을 볼 수 있고, 일본 찻집 지나 영국 공원을 가로질러 걸어가면 뮌헨 국립도서관에 이르게 된다. 이곳에서 54번 버스를 타고 뮌헨 전원주택가를 거쳐 영국 공원에서 중국탑이 있는 버스 정류장에서 내려 산책하면서 카울바흐^{Kaulbachstr} 거리에 있는 뮌헨 철학대학원 도서관에 이르게 된다. 이 두 길은 내가 사랑하는 뮌헨의 산책로이다. 세계에서 가장 살기 좋은 도시 5위에 선정되기도 한 뮌헨이다. 현재 이 원고를 수정하면서 공부하고 있는 곳은 바로 뮌헨 국립도서관이다.

이번 독일 방문에서 첫 일주일은 슈타른베르크 투칭Tutzing 호숫가에 있는 독일 개신교 아카데미에서 휴양을 즐겼다. 동행한 바이올리니스트 김 교수와 첼리스트 여학생, 그리고 여행객들과 함께 작은 음악회를 열어 3일간 매일 밤 레퍼토리가 다 떨어져 연주할 곡이 없을 정도가 될 때까지 음악회를 즐겼다. 이곳은 브람스가 어느 귀족 부인의 초청을 받아 3곡의 소품을 작곡한 곳이기도 하다. 투칭 호숫가에 브람스 동상이 서 있고, 바이에른의 왕 루드비히 2세가 죽은 반대편의 호숫가 베르크 근처에는 그의 추모비가 세워져 있다.

chapter

02

::

세계_{우주}를 지배하는 마틴 리스의
"여섯 개의 수"

세계^{우주}를 지배하는 마틴 리스의
"여섯 개의 수"

태초에 말씀^{Logos}이 있었다.

그 말씀이 하나님과 함께 있었다.

그 말씀이 하나님이다.〈요한복음〉 1:1

빅뱅이 로고스에 의해 시작되었다.〈창세기〉의 천지 창조보다 훨씬 설득력 있는 우주 창조를 알리는 말이다. 바티칸도 이미 빅뱅이론을 창조를 설명하는 것으로 수용했다. 로고스는 법이기도 하고, 도이고 신이기도 하다. 마틴 리스의 '세계를 지배하는 여섯 개의 수'는 바로 세계 창조의 로고스이다. 인류 역사에 존재하는 그 어떤 기록이나 문서에도 아직 존재, 즉 창조 자체를 시작한 절대자와 그 절대자가 어떤 에너지와 방법으로 빅뱅이 이루어지게 했는지에 대한 것은 없다.〈요한복음〉에 나오는 태초의 로고스에는 '여섯 개의 수'가 그 속에 있다.

기원후 90년경에 기록된 〈요한복음〉에 세계의 시작을 알리는 "태초의 로고스"는 가장 위대한 존재의 시작을 알리는 함성이다. 인류가 남긴 그 이전의 그 어떤 우주^{세계} 기원에 대한 기록보다 위대하고 보편타당하다. 그 후 1,900년이 지난 2000년에 마틴 리스가 발표한 '세계^{우주}를 지배하는 심오한 힘을 표시하는 여섯 개의 수'는 진정한 의미의 세계 창조 로고스이다. 그러므로 제목을 다시 정한다면 "여섯 개의 세계를 지배하는 로고스"가 된다.

노벨상 수상자이며 핵물리학자이자 케임브리지 대학의 킹스 칼리지 교수인 마틴 리스는 우주 진화와 블랙홀^{Black Hole}과 은하에 대한 연구로 인정받은 세계적인 과학자이다. 스티븐 호킹과 더불어 우리 시대의 과학자로서 인류가 상상력과 인지력으로 알려고 한 '우리는 어떻게 이렇게 존재하는가?', 또한 '우주와 세계 그리고 지구의 모든 존재와 모든 생명체가 어떻게 존재 가능한가?'를 "여섯 개의 수"로 설명하고 있다. 사이먼 싱은 자신의 제자이자 동료인 마틴 리스의 《여섯 개의 수》를 이렇게 평가하고 있다.

리스는 원자핵에서 양성자와 중성자를 결합시켜주는 힘인 강한 핵력의 세기를 나타내는 숫자를 E^{엡실론}이란 기호로 표시했다. ε의 값이 크면 클수록 강한 핵력은 더 강해진다. ε는 0.007이라는 값을 가지는 것으로 측정되었는데, 이는 놀라울 정도로 다행스러운 일이었다. 만일 다른 값이었다면 모든 것이 재앙이었을 것이기 때문이다. 만일 ε의 값이 0.006이었다면 강한 핵력의 세기는 약간 약했을 것이고, 그랬다면 수소가 융합되어 중수소를 만들지 못했을 것이다. 이것은 헬륨과 다른 무거운 수소로만 가득 차게 되었을 것이고, 어떤 종류의 생명체도 존재할 수 없었을 것이다. 그러나 만일 ε의 값이 0.008이었다면 강한 핵력은 약간 강했을 것이고 수소는 매우 빠르게 중수소와 헬륨으로 변환되었을 것이다. 따라서 우주 초기에 모든 수소가 사라져서 별들의 연료에 사용될 수소가 남아 있지 않게 되었을 것이다. 이 경우에도 생명체는 존재할 수 없게 된다.

리스는 다른 다섯 개의 숫자도 그중 하나의 값을 바꾸는 것이 우주의 진화에 어떤 영향을 주는지 설명했다. 이 다섯 가지 숫자 중에서 어떤 숫자의 변화는 ε값의 변화보다도 민감했다. 만일 이들의 값이 우리가 측정한 값과 조금만 달라도 우주는 불모의 장소가 되었거나 태어나자마자 파괴되었을 것이다. 결과적으로 이 여섯 가지 숫자는 생명체를 위해서 정교하게 조정되어 있었다. 우주의 진화를 결정하는 여섯 개의 다이얼이 우리들이 존재하는 데 필요한 조건을 만들어내도록 조심스럽게 맞추어져 있었던 것이다. 사이먼 싱, 《우주의 기원 빅뱅》, 504~505쪽

사이먼 싱은 '우주와 우주의 자세한 구조를 조사하면 할수록 우주는 이미 우리가 올 것을 알고 있었다는 더 많은 증거를 발견할 수 있다'라는 인간 원리 중 강한 인간 원리 쪽의 입장이라 할 수 있는 물리학자 프리먼 다이슨Freeman Dyson의 말을 인용한다.

하이데거의 '마지막에 우리를 구원할 신의 도래'는 기독교의 신을 넘어선 범재신론적 신이자 우주적 신으로서 137억 년 전 두 가지 불가해한 방

법^{빅뱅과 고에너지}으로 시간과 무를 통한 존재^{우주와 세계}를 있게 한 그런 신을 의미해야 할 것이다.

또한 리스는《태초 그 이전》이란 그의 탁월한 에세이에서 "우리 우주와 다른 우주들"을 말하면서 우주의 역사를 1부, 2부, 3부로 나누어 설명한다.

1. 첫 번째는 빅뱅 후 1밀리 초까지이다. 플랑크 시기(10^{-43}초)에서 시작해서 시간이 10의 40거듭제곱 배로 증가하는, 아주 짧지만 사건이 풍부한 시기이다. 이 시기는 수리 물리학자들과 양자우주론 학자들의 지적 활동 무대이다. 관련된 물리학은 아직 불확실하다. 실제로 우주론을 연구하는 동기 중 하나는 초기 우주가 극단적인 에너지에서의 물리 법칙에 대해 유일한 실제적인 단서를 제공할 것으로 보인다는 사실이다.

2. 두 번째 단계는 1,000분의 1초에서 백만 년 사이에 걸쳐 있다. 그것은 조심성 있는 경험론자들이 한결 편하게 느끼는 시기이다. 그 밀도는 원자핵의 밀도에 훨씬 못 미치는데, 모든 것은 여전히 상당히 순조롭게 팽창하고 있다. …… 우주에서의 헬륨과 중수소의 구성비, 배경 복사 등의 양호한 정량적인 증거들이 존재하며, 관련된 물리학은 실험실에서 쉽게 점검될 수 있다. 우주 역사의 제2부는 비록 그것이 아주 먼 과거에 속하긴 하지만 이해하기가 가장 쉽다.

3. 그러나 우주가 형태와 구조를 갖추지 않은 채로 남아 있는 동안만 그 진

화 과정을 제대로 추적할 수 있다. 중력에 의해 결합된 다양한 구조가 처음으로 형성되었을 때, 즉 항성, 은하, 그리고 퀘이사가 처음으로 빛나기 시작했을 때, 전통적인 천문학자들이 주로 연구하는 시기가 시작된다. 우리는 그때 잘 알려진 기본 법칙들이 복잡한 모양으로 나타난 것을 관측하게 된다. 우주 역사의 제3부는 기상학에서 생태학까지의 모든 환경과학이 어려운 것과 마찬가지로 알아내기 어렵다. 그것들은 간단한 법칙들이 극도로 복잡하게 나타난 경우를 취급해야 하기 때문이다.^{마틴 리스,}
《태초 그 이전》, 236~237쪽

    마틴 리스의 《태초 그 이전》과 브라이언 그린의 《우주의 구조》는 각각 '우주의 시작과 우주의 현재와 미래'를 탁월하게 설명해주었다. 종교적 형용사가 아닌 과학적 언어로 우리 인간과 우리가 살고 있는 지구와 자연과 우주에 대한 모든 것이 있게 된 근거를 설명하는 마틴 리스의 '여섯 개의 수'는 이렇다. 영어로 된 원문을 함께 소개한다.^{마틴 리스, 《여섯 개의 수》, 2~4쪽}

    1. 우주가 광대한 까닭은 1,000,000,000,000,000,000,000,000,000,000,000이라고 하는 대단히 중요하고 거대한 수 'N'이 있기 때문이다. 이 수는 원자들을 결합시키는 전자기력의 세기를 원자들 사이의 중력으로 나눈 값이다. 만약 N이 '0'이 몇 개 더 작은 수였다면 우리 우주는 커다랗게 성장하지 못하고 단명했을 것이다. 그러한 소형 우주에서는 어떤 생물도 벌레보다 크게 자랄 수 없고, 생물학적 진화를 거칠 시간도 없다. 즉, 우주와 인간 그리고 많은 생명체를 가능케 하고 생물학적 진화를 거

치기 위해 우주는 커야 하는데 '0'이 세 개씩 열두 개가 되는 수 N을 가져야 한다.

1. The cosmos is so vast because there is one crucially important huge number 'N' in nature, equal to 1,000,000,000,000,000,000,000,000,000,000,000,000. This number measures the strength of the electrical forces that number atoms together, divided by the force of gravity between them. If 'N' had a few less zeros, only a short-lived miniature universe could exist: no creatures could grow larger than insects, and there would be no time for biological evolution.^{Martin Rees,} *Just Six Numbers*, p. 2

2. 0.007의 값을 갖는 수 'ε'은 원자핵들이 얼마나 단단하게 결합되어 있으며 지구의 모든 원자가 어떻게 만들어지는지를 결정한다. 이 수는 태양의 능력을 결정한다.

정확하게 말하면, 별 내부에서 일어나는 핵융합 과정을 통해 수소가 주기율표의 모든 원자들로 변화되는 과정을 통제한다. 탄소와 산소는 흔한 반면 금과 우라늄은 드문 까닭은 별에서 일어나는 핵융합 과정에서 금과 우라늄이 적게 만들어지기 때문이다. ε이 만약 대략 0.006이나 0.008이라면 우리는 존재할 수 없다.

2. Another number, 'ε' whose value is 0.007, defines how firmly atomic nuclei bind together and how all the atoms on Earth were made. Its value controls the power from the Sun and, more sensitively,

how stars transmute hydrogen into all the atoms of the periodic table. Carbon and oxygen are common, whereas gold and uranium are rare, because of what happens in the stars. If ϵ were 0.006 or 0.008, we could not exist. Martin Rees, *Just Six Numbers* p. 2

3. 우주의 밀도 'Ω'는 은하, 흩어져 있는 기체, 그리고 '암흑 물질' 같은 우주 안에 있는 물질의 양을 측정한 것이다.

Ω는 우주 안에서 중력과 팽창 에너지의 상대적 차이가 가진 중요성을 말해준다. 만약 중력과 에너지의 비율을 나타내는 Ω가 특별한 '임계값'에 비해 너무 높았다면 우주는 오래 전에 붕괴했을 것이고, 너무 낮았다면 은하나 별이 형성되지 못했을 것이다. 우주 탄생 초기의 팽창 속도는 정교하게 조율되었던 것 같다.

3. The cosmic number 'Ω omega' measures the amount of material in our universe – galaxies, diffuse gas, and 'dark matter', omega tells us the relative importance of gravity and expansion energy in the universe. If this ratio were too high relative to a particular 'critical' value, the universe would have collapsed long ago; had it been too low, no galaxies or stars would have formed. The initial expansion speed seems to have been finely tuned. Martin Rees, *Just Six Numbers* pp. 2-3

4. 'λ람다, Lamda'의 측정은 '반중력'의 실재를 말해준다. 이 힘반중력은 10억 광년보다 작은 규모에서는 뚜렷한 효과가 없지만 우주의 팽창을 통제한

다. 우주가 훨씬 어두워지고 텅비게 되면 우주의 반중력이 중력보다 훨씬 더 우세해진다. 우리에게는 다행히 λ가 매우 작다. 그렇지 않았다면 그 효과 때문에 은하와 별이 형성되지 못했을 것이고, 우주의 진화는 시작하기도 전에 억제되었을 것이다.

4. Measuring the fourth number, 'λ', was the biggest scientific news of 1998. controls the expansion of our universe, – a cosmic 'antigravity' – controls the expansion of our universe, even though it has no discernible effect on scales less than a billion light – years. It is destined to become ever more dominant over gravity and other forces as our universe becomes ever darker and emptier. Fortunately for us (and very surprisingly to theorists), λ is very small. Otherwise its effect would have stopped galaxies and stars from forming, and cosmic evolution would have been stifled before it could even begin. Martin Rees, *Just Six Numbers* p. 3

5. 우주 안에 있는 모든 구조별과 은하와 은하단의 씨앗은 모두 대폭발 안에 포함되어 있었다. 우리 우주라는 직물은 'Q'라는 한 가지 수에 의존한다. Q는 기본적인 두 에너지의 비율로 1/100,000 정도다. 만약 Q가 훨씬 더 작다면 우주는 불활성이 되어 구조가 만들어지지 않았을 것이다. 반면에 Q가 훨씬 더 크다면 우주는 격렬한 장소가 되어, 그곳에서는 어떤 별이나 행성계도 살아남지 못하고 거대한 블랙홀들이 주도권을 쥐고 있었을 것이다.

5. The seeds for all cosmic structures – stars, galaxies and clusters of galaxies – were all imprinted in the Big Bang. The fabric of our universe depends on one number, Q which represents the ratio of two fundamental energies and is about 1/100,000 in value. If Q were even smaller, the universe would be inert and structureless; if Q were much larger, it would be a violent place, in which no stars or solar systems could survive, dominated by vast black holes. Martin Rees, *Just Six Numbers* p. 4

6. 이미 오래 전부터 알고 있는 수이다. 최근 다시 새로운 시각으로 관찰되고 있다. 'D'라고 표기하는 이 수는 우리 세계의 공간 차원을 나타낸다. 바로 3차원의 D이다. 만약 공간이 2차원이나 4차원이라면 생명체는 존재할 수 없을 것이다. 시간은 네 번째 차원이지만 화살표^{방향}를 내정하고 있다는 점에서 다른 것들과 뚜렷하게 다르다. 즉, 우리는 오직 미래를 향해서만 움직인다. 불랙홀 근처에서는 공간이 너무 많이 휘어서 빛이 원을 그리고 시간은 정지한다. 대폭발에 가까운 시간대나 극히 미세한 규모를 연구하다 보면 공간의 가장 심오하고 근원적인 구조를 발견할 수 있을지도 모른다. 10차원 세계에서 진동하고 있는 '초끈이론'의 '초끈'의 존재처럼^{6차원의 세계는 너무나 미세한 구조이기 때문에 무시해도 된다}, 그래서 10차원도 4차원의 시공간 구조 안에서 이해될 수 있다.

6. The sixth crucial number has been known for centuries, although it's now viewed in a new perspective. It is the number of spatial

dimensions in our world, D, and equals three. Life couldn't exist if
D were two or four. Time is a fourth dimension, but distinctively
different from the others in that it has a built-in arrow: we 'move'
only towards the future. Near black holes, space is so warped that
light movers in circles, and time can stand still. Furthermore, close
to the time of the Big Bang, and also on microscopic scales, space
may reveal its deepest underlying structure of all: the vibrations
and harmonies of objects called 'superstrings', ina ten-dimensional
arena. Martin Rees, *Just Six Numbers* pp. 3-4

이 여섯 개의 수는 서로 연관되어 있다고 봐야 한다. 어떤 수도 다른
수에 종속되거나 도출해낼 수 없다. 모든 것을 설명할 수 있는 '모든 것의
이론'인 이 수들의 상호 관계를 설명하는 공식이 나올지 모르겠다. 이 여
섯 개의 수는 지금까지 인류가 밝혀낸 우주의 본질에 가장 근접한 설명일
뿐 아니라 현재까지 인류가 찾아낸 가장 합리적이고 보편적인 우주가 이
렇게 있을^{존재} 수 있는 골디락스 존Goldilocks Zone-지적 생명체가 존재할 수
있는 조건을 갖춘 행성-이 가능한 수들이기 때문이다. 인간이 이 '여섯 개
의 수'를 인간 자신을 포함한 지적 생명체와 모든 생물이 우주와 지구 위
에 존재 가능한 조건으로 정의하고 있는 이것 자체가 바로 인간 원리를
통해 우리 인간이 이해할 수 있는 것이다. 우주의 탄생과 존재의 시원을
묻는 인류가 자신의 존재의 뿌리를 질문하게 된 것은 인간 개념이라고 말
할 수 있다.

프랜시스 콜린스가 전 세계의 2,000여 명의 동료들과 함께 밝혀낸 '인간 게놈'을 '신의 언어Biologos'라고 한다면 마틴 리스의 '여섯 개의 수'는 우주가 존재하게 된 '존재 로고스Beinglogos'라고 말할 수 있다. 다분히 문학적인 표현으로 낭만적으로 서술한 빌 브라이슨의 《거의 모든 것의 역사》 제1장 '우주의 출발'은 마틴 리스의 '여섯 개의 수'가 어떻게 존재하게현상화 되는가를 잘 보여준다. 빌 브라이슨은 《거의 모든 것의 역사》 제1장 〈우주의 출발〉에서 존재의 시작을 이렇게 설명한다.

양성자가 얼마나 작고, 공간적으로 하찮은 것인가는 아무리 애를 써도 제대로 이해할 수 없다. 양성자는 그저 너무나도 작기 때문이다. 양성자는 그 자체가 비현실적으로 작은 원자의 아주 작은 일부분이다. 양성자는 알파벳 i의 점에 해당하는 공간에 5,000억 개가 들어갈 수 있을 정도로 작다. 5,000억이면 5만 년에 해당하는 시간을 초 단위로 표시한 것보다도 더 큰 숫자이다. 그러니까 아무리 잘 표현하더라도, 양성자는 지나칠 정도로 작은 셈이다. 물론 불가능한 일이지만, 만약 그런 양성자를 10억 분의 1 정도의 부피로 축소할 수 있다고 생각해보자, 그렇게 하면 원래의 양성자는 거대한 덩어리로 보이게 될 것이다. 이제 그렇게 작고 작은 공간 속에 어떻게 해서든지 대략 30그램 정도의 물질을 채워 넣는다고 상상해보자. 훌륭하다, 이제 우주를 만들 준비가 된 셈이다."빌 브라이슨, 《거의 모든 것의 역사》, 21쪽

NO MATTER HOW hard you try you will never be able to grasp just how tiny, how spatially unassuming, is a proton. It is just way too small.

A proton is an infinitesimal part of an atom, which is itself of course an insubstantial thing. Protons are so small that a little dib of ink like the dot on this i can hold something in the region of 500,000,000,000 of them, rather more than the number of seconds contained in hals a million years. So protons are exceedingly microscopic, to say very least. Now imagine if you can (and of course you can't) shrinking one of those protons down to a billionth of its normal size into a space so small that it would make a proton look enormous. Now pack into that tiny, tiny space about an ounce of matter. Excellent. You are ready to start a universe. Bill Bryson, *A short History of Nearly Everything*, p. 9

형이상학의 영역은 사실 우주가 출발하기 전의 신의 존재와 신의 우주 설계에 대한 언어를 읽어내는 것이어야 한다. 두 가지가 남아 있다. 하나는 누가 우주를 창조했느냐는 '신'의 존재와 다른 하나는 최초의 빅뱅을 일으키게 한 '에너지'가 어떻게 온 것이냐에 대한 것이다. 그 외는 거의 다 과학이 밝혀냈다. 만약 신이 우주 창조 전에 자신의 창조 계획을 생각하고 있었다면 이제 마틴 리스의 '여섯 개의 수'를 전제해야 한다. 계속해서 빌 브라이슨의 말을 이어가자.

우리는 물론 팽창될 우주를 만들고 있는 중이다. 만약 그 대신에 더 오래된 표준대폭발빅뱅이론에 따른 우주를 만들고 싶다면 몇 가지 준비가 더 필요하다. 사실은 우주가 시작된 후로 지금까지 존재했던 모든 티끌과 물질을 구성하는 입자들을 모은 후에, 그것들을 너무나도 작아서 그 크기를 말할 수도 없는 작은 공간에 모두 집어넣어야만 한다. 그런 상태를 특이점 Singularity 이라고 부른다. 어쨌든 이제 우리는 정말 큰 폭발을 일으킬 준비를 갖춘 셈이다. 그런 후에 안전한 곳에서 눈앞에 펼쳐지는 장관을 보고 싶어하는 것은 당연하다. 그러나 특이점 바깥에는 아무것도 없기 때문에 안전하게 몸을 피할 곳은 어디에도 없다. 우주가 팽창하기 시작한다고 해서, 비어 있던 공간을 채우게 되는 것이 아니기 때문이다. 우리에게는 폭발이 일어나면서 만들어지는 공간만이 존재할 뿐이다.[빌 브라이슨, 《거의 모든 것의 역사》, 21~22쪽]

I'm assuming of course that you wish to build an inflationary universe. If you'd prefer instead to build a more old - fashioned, standard Big Bang universe, you'll need additional materials.

In fact, you will need to gather up everything there is - every last mote and particle of matter between here and the edge of creation - and squeeze it into a spot so infinitesimally compact that it has no dimensions at all. It is known as a singularity. In either case, get ready for a really big bang. Naturally, you will wish to retire to a safe place to observe the spectacle. Unfortunately, there is nowhere to retire to because outside the singularity there is no where. When the universe begins to expand, it won't be spreading out to fill a larger emptiness. The only space that exists is the space it creates as it goes.[Bill Bryson, *A short History of Nearly Everything*, pp. 9-10]

"창조 이전에 신을 무엇을 하고 있었는가?"라는 수도자의 질문에 대해 "신은 그런 질문을 하는 자를 위한 지옥을 만들고 있었다"라고 말한 성 아우구스티누스의 답변은 단지 우스갯소리일 뿐이다. 테네시 주의 데이튼 시에서 진화론을 가르친 죄로 생물학 교사를 법정에 세운 "원숭이 재판"이라 불리우는 스콥스^Scopes 재판에서 원고 측 증인으로 나온, 《성서》를 문자 그대로 믿고 있는 전 미 대법원판사 출신 마을 시장이 "하나님은 6,000여 년 전 월요일 아침 조반을 드신 후 의자에 앉아 천지를 말씀으로 창조했다"라고 증인 진술을 하는 것에 방청객이 술렁인다. 피고 측 변호사 역시 옛 대법원 판사 출신이었는데 증인에게 묻기를, "하나님께서 창조하기 전에 무엇으로 조반을 드셨는지? 의자에 앉아 창조하셨다는데 의자는 어디서 나온 건지?"하고 질문하자 쏟아지는 옛 친구 변호사의 질문에 마을 시장은 아무런 답변을 하지 못한다. 1925년 테네시 주에서 실제 있었던 사건이다.

다시 빌 브라이슨으로 돌아가자.

그런 특이점을 어둠에 잠긴 끝없는 허공 속에서 잉태한 점으로 나타내고 싶겠지만, 그런 표현은 틀린 것이다. 그런 공간도 없고, 어둠도 없다. 특이점 이외에는 "주위"가 존재하지 않는다. 특이점은 공간을 차지하지도 않고, 존재할 곳도 없다. 그런 특이점이 얼마나 오랫동안 존재했는가를 물어볼 수도 없다. 좋은 생각이 돌연 떠오르듯이 갑자기 존재하게 되었는지, 아니면 적절한 순간을 기다리면서 영원히 그곳에 있었는지도 알 수가 없다.

시간이라는 것도 존재하지 않는다. 특이점이 출현할 수 있는 과거는 없다. 즉, 우리의 우주는 아무것도 없는 그야말로 무無에서부터 시작된 것이다.중세 교부신학자들이 주장한 '무로부터의 창조(creatio ex nihilo)'는 맞는 말이다 특이점은 어떤 말로도 표현할 수 없을 정도로 짧고 광대한 영광의 순간에 단 한 번의 찬란한 진동에 의해서 상상을 넘어서는 거룩한 크기로 팽창한다.

격동하던 최초의 1초 동안에 물리학을 지배하는 중력과 다른 모든 힘들이 생겨난다.우주론 학자들은 평생을 바쳐서 그 최초의 1초를 더욱 자세한 조각으로 나누어 분석하고 싶어 한다 1분도 지나지 않아서 우주의 지름은 수천 조兆 킬로미터에 이르게 되지만, 여전히 빠른 속도로 팽창을 계속한다. 이제는 온도가 수백억 도에 이를 정도로 뜨거워서 원자핵 반응을 통해서 가벼운 원소들이 만들어진다. 주로 수소와 헬륨이 만들어지고, 리튬1억 개 중에 하나 정도의이 생겨난다.

최초의 3분 동안에 우주에 존재하게 될 모든 물질의 98퍼센트가 생성된다. 이제 정말 우리의 우주가 만들어진 것이다. 우주는 가장 신비스럽고 훌륭한 가능성이 존재하고, 아름답기도 한 곳이다. 그런 모든 일들이 샌드위치를 만들 정도의 짧은 시간에 완성되었다. 언제 그런 일이 일어났는가는 논쟁의 대상이었다. 우주론 학자들은 그것이 100억 년 전인가, 200억 년 전인가 아니면 그 중간이었는가에 대해서 오랫동안 논쟁을 벌여왔다. 이제는 대략 137억 년 전 정도의 숫자로 합의되어 가고 있는 것으로 보이지만, 앞에서 살펴보았듯이 이런 숫자로 알아내는 일은 엄청나게 어렵다. 실제로 우리가 확실하게 알 수 있는 것은, 아주 오래된 어느 순간에 알 수 없는 이유로 과학자들에게 t=0이라고 알려진 순간이 있었다는 것이다. 그때부터 우리의 길이 시작되었다." 빌 브라이슨,《거의 모든 것의 역사》, 22~23쪽

It is natural but wrong to visualize the singularity as a kind of pregnant dot hanging in a dark, boundless void. But there is no space, no darkness. The singularity has no "around" around it. There is no space for it to occupy, no place for it to be. We can't even ask how long it has been there whether it has just lately popped into being, like a good idea, or whether it has been there forever, quietly awaiting the right moment. Time doesn't exist. There is no past for it to emerge from. And so, from nothing, our universe begins. In a single blinding pulse, a moment of glory much too swift and expansive for any form of words, the singularity assumes heavenly dimensions, space beyond conception. In the first lively second (a second that many cosmologists will devote careers to shaving into ever – finer wafers) is produced gravity and the other forces that govern physics. In less than a minute the universe is a million billion miles across and growing fast. There is a lot of heat now, ten billion degrees of it, enough to begin the nuclear reactions that create the lighter elements – principally hydrogen and helium, with a dash (about one atom in a hundred million) of lithium. In three minutes, 98 percent of all the matter there is or will ever be has been produced. We have a universe. It is a place of the most wondrous and gratifying possibility, and beautiful, too. And it will was all done in about the time it takes to make a sandwich.

When this moment happened is a matter of some debate. Cosmolo-

gist have long argued over whether the moment of creation was 10
billion years ago or twice that or something in between. The consen-
sus seems to be heading for a figure of about 13.7 billion years, but
these things are notoriously difficult to measure, as we shall see fur-
ther on. All that can really be said is that at some indeterminate point
in the very distant past, for reasons unknown, there came the moment
known to science as t = 0. We were on our way.^{Bill Bryson, *A short History of*}
Nearly Everything pp.10

'우리의 길'은 실제로는 존재^{시공간}가 시작된 것이고 세계가 시작된 것이
다. 그 '우리의 길'이 137억 년 뒤 특이점이론^{Singularity}으로 우주와 세계 존
재의 시작을 묻게 된 시대가 우리 시대인 것임은 동시대 사는 인간으로서
다행한 일이 아닐 수 없다. 아인슈타인조차도 몰랐던 '마틴 리스의 여섯
개의 수'가 아니던가?

　신학과 형이상학은 고전적 의미에서 t＝0를 추적해 신이 왜 어떻게 우
주를 창조했는지를 밝히는 것부터 시작되어야 한다. 그것이 신학과 형이
상학의 몫이다. 양자형이상학은 바로 여기서부터 존재 이해를 시작한다.
현대 과학은 존재의 기원을 연 최초의 존재자와 그가 제공한 빅뱅을 가능
하게 한 폭발의 에너지 외의 것은 거의 다 밝혀냈다. 이제 나머지 우주 진
화 과정은 마틴 리스의 '여섯 개의 수'에 의해 존재하게 된 것이다. 물론
스티븐 와인버그의 《최초의 3분》이 설명하고 있는 빅뱅과 빅뱅 직후의 3

분 정도의 우주 변화를현재는 빅뱅 자체(거의 몇 초)에까지 설명이 가능해졌다 이후 세계가 마틴 리스의 '여섯 개의 수'로 정착되어가면서 다윈의 진화론도 극히 일부 생물의 세계의 변화를 설명하긴 했지만 빌 브라이슨의 《거의 모든 것의 역사》가 우주 역사의 나머지를 거의 다 설명하고 있다.

　모든 종교적 세계관에서 만들어진 교리와 관습이 현재까지도 남아있다. 신화적 스토리텔링을 문화로 이해할 수는 있지만 사실과 진실에 근거한 과학의 언어에서는 불가능하다. 미르체아 엘리아데Mircea Eliade와 아놀드 토인비의 종교 이해도 그렇다. 문학적 언어와 메타포로 세계가 이해될 수 있다면 그것은 신화의 세계일 뿐이다. 소크라테스 이전의 철학자로부터 유럽의 형이상학자들과 노자와 그 이후의 동양의 형이상학 사상도 변죽만 울리고 있었다. 상대성이론과 양자론 이후에 드디어 객관적이고 보편적인 시공간 이해와 우주의 기원과 존재의 본질 이해가 가능해진 것이다.

　모든 종교가 그들의 신이 세계를 운행하고 결정한다고 믿고 있지만 유아적 신뢰나 환상일 뿐이다. 인간이 정의한 개념과 의미가 인류 모두에게 보편적인 가치와 의미로 이해되기 위해서는 '인간 원리'와 '인간 개념'이 전제되어야 한다. "마틴 리스가 정리한 '여섯 개의 수'로 세계가 존재하게 된 배경과 근거를 설명한 것이 과연 모든 인류가 받아들일 수 있는 보편타당한 기준이 되는가?"라고 묻는다면 그렇다! 인류는 다른 해석의 방법을 가지고 있지 못하다. 문학적 서술로, 은유적 기술과 형용사로 설명하는 그 어떤 세계 기원과 존재의 본질도 마틴 리스의 '여섯 개의 수'만큼 객관적이고 실제적이지 못하기 때문이다. 노자의 언어도 그렇다.

마틴 리스의 '여섯 개의 수'는 과학의 언어로서 적어도 태양계와 은하계 그리고 우주 전체의 존재 현상을 설명하는 실제의 언어이다. 다른 우주, 다른 은하, 다른 우주 전체라는 말은 의미가 없다. 우리가 알고 정의하고 개념하는 현재의 우주가 우주 전체라고 이해한다.

이 개념을 받아들일 수밖에 없는 이유가 인간의 언어로 세계를 설명하는 방식이 가능하기 때문이다. 그 언어가 약속된 개념을 가져야 서로 이해되기 때문에 인간 원리를 통해 서로의 이해를 가능하게 하는 것이 바로 '인간 개념'인 것이다.

인류는 행성의 지구 충돌, 화산 폭발로 인한 자연 재앙과 극도의 자연 재해 그리고 지구 밖의 우주에서 일어나는 행성간의 충돌과 기후 변화, 별들의 충돌과 태양 흑점의 폭발이나 자기장의 극도의 변화 등 이루 말할 수 없는 많은 변수를 안고 살고 있다. 우주 속의 블랙홀의 어떤 별들의 탄생과 소멸이 지구에 어떤 영향을 줄 것인지 알 수 없으며 거시적 우주 세계가 지구에 미치는 영향은 너무나 엄청나다. 지구는 다행히 그런 많은 변수 속에 지금까지 운행하고 있다. 스티븐 호킹은 인류의 미래를 앞으로 800년 정도라고 주장하기도 했다. 인류는 슈퍼 박테리아와 새롭게 변종된 바이러스들이 지배하는 미시적 세계 안에서 일어나는 세력들로부터 지구 생명체를 지키기 위한 노력을 해야 한다. 유네스코가 지정한 세계 문화와 자연 유산뿐 아니라 지구 온난화의 영향으로 녹아내리고 있는 북극과 남극의 빙하 문제도 심각하다. 지구 위의 모든 생명체를 보존하기 위한 과학의 기여가 절실해졌다.

아이작 뉴턴$^{I\ Newton}$은 교구 목사이자 과학자로서 신이 자연법칙에 영향 받지 않는(?) 우주 속의 '절대 시공간'에서 우주와 지구를 운행하고 통제한다는 믿음을 깨야 했는데, 그 이유는 그런 절대 시공간이 있을 수 없다는 것 때문이었다. 절대 시공간이 존재한다면 그것 자체가 바로 모순이 된다. 뉴턴은 고민했지만 발설하지 않고 기록만 해두었다. 그가 만약 마틴 리스의 '여섯 개의 수'를 알았다면 얼마나 명확하게 자신의 주장을 펼쳤을까?

칸트는《이성의 한계 안에서의 종교$^{Die\ Religion\ innhalb\ der\ Vernunft}$》에서 중세 기독교의 신 이해가 피라미드 구조로 된 계급 사회, 즉 맨 아래층에 노예와 평민, 다음에 기사와 귀족, 왕, 그리고 신이 피라미드의 맨 꼭대기에 존재한다고 설정한 구조임을 지적하고 이러한 구조를 파괴해야 한다는 이성적인 주장을 했다. 그러나 칸트 역시 신 존재 이해에서 최초 존재자$^{causa\ sui}$의 의미를 벗어나지는 않았다.

헤겔이 '순수 존재^{有}는 순수 무존재^{無}와 같고 그 역도 마찬가지이다'라고 말한 것은 불교적 존재 이해와 같다. 화이트헤드는 모든 것이 유기체적 연관 속에 있으며 과정 속에 있다고 말했다. 이것 모두 다 현대 과학이 밝혀낸 '존재와 무', '존재와 시간' 이해 이전의 전 이해들이라 말할 수 있다. 마틴 리스의 '여섯 개의 수'는 우주^{세계}와 지구에 대한 인류의 모든 상상력을 수렴하는 거대한 담론적 이론이라 말할 수 있다. 신앙$^{(종교)}$의 언어로도 사실^{과학}의 언어만으로도 설명할 수 없는 우주와 세계의 존재에 대해 '여섯 개의 수'로 이렇게 간략하게 설명해 주고 있으니 말이다. 실지로 지구는 팽창하고 있는 과정의 운동 속에 있고 그 운동 속에 있는 우리 인류의 삶이 일상이다. 인류의 문명은 불과 6,500년 전 시작되어 현재의 IT 문명을 이루고 있다. 세계 어디에서든 인간은 인터넷과 크레디트 카드로 신의 편재^{Ubiquität} 같은 정보를 공유하게 되었다. 인류가 자신의 존재의 뿌리를 찾는 오랜 노력이 이제 거의 결실을 맺는 것 같다.

::

자연을 지배하는
프랜시스 S. 콜린스 의
"바이오로고스"

자연을 지배하는 프랜시스 S. 콜린스의
"바이오로고스"

"존재하는 모든 것은 신 안에 있다Quicquid est, in Deo est ."스피노자, 《에티카》

'신의 언어'는 마틴 리스의 우주세계를 지배하는 '여섯 개의 수'에 의해 우주가 체계를 잡게 된 이후 세계와 자연이 어떻게 형성되었는지를 설명하는 이론이다. 거의 모든 존재의 시작인 137억 년 전의 빅뱅 이후 46억 년 전에 지구가 탄생했고 30억 년 전에 생명이 탄생하게 된다. 2003년 '인간 게놈'을 해독해낸 미국의 과학자 프랜시스 콜린스와 그의 연구팀이 백악관 앞에서 발표한 신이 우주와 자연을 창조할 때 사용된 언어를 '신의 언어'라고 말한다.

"존재하는 모든 것은 신 안에 있다"라고 말한 스피노자의 신이야말로 자연신이며 콜린스의 신이라 말할 수 있다.

생명체의 유기체적 결합과 생명의 변이와 생태 현상을 설명하는 신의 언어, 즉 '바이오로고스'가 지배하는 존재 현상의 세계를 설명하게 된 것이다. 인간 게놈을 해독했고 하나님이 세계를 창조할 때 사용한 언어를 읽었다는 것이다. 인간의 언어로 읽어진 하나님신의 언어가 바로 바이오로고스이다.

지난 10년 동안 쏟아져 나온 과학과 신학의 대화와 통섭, 학문 간의 벽을 허무는 소통 작업의 결과들이 내놓은 많은 저술 가운데 결정적인 것은 프랜시스 콜린스의 《신의 언어》이다. 과학자이자 그리스도인으로서 인간 게놈을 해독했고 세계 영향력 4위의 물리 생물 의학자인 그가 창조론과 진화론으로 여전히 대결의 양상을 보이고 있는 한국과 미국의 세계 기원 이해에 대한 창조과학자들의 '젊은 지구 창조론'을 무색하게 했다. 《만들어진 신》의 저자 R. 도킨스나 《신은 위대하지 않다God is Not Great》의 저자 히친스 같은 무신론적 과학자의 주장이 아닌 독실한 기독교인으로서 정확한 과학적 자료와 근거를 가지고 주장한 "바이오로고스"는 금세기 최고의 화두가 되었다.

하나님의 말씀이라는 《성서》의 내용을 일점일획도 고치거나 다르게 해서는 안 된다는 맹목적인 문자적 믿음을 강요했던 중세 유럽의 기독교 신앙은 현대 과학이 밝혀낸 많은 새로운 우주와 자연에 대한 사실들에 의해 수정되거나 폐기되어야 했다. 신이 우주와 세계를 창조했다는 믿음도 21세기 현대 과학이 설명하는 새로운 이론인 '빅뱅'과 '여섯 개의 수'와 '바이오로고스'를 통해 우주를 창조한 '과학이 주장하는 창조자 신' 개념으로 바뀌어 이해되어야 한다. 세계를 운행하며 사람의 일거수일투족을 지배하고 통제한다는 중세적 세계관에서 온 신 존재의 의미가 다르게 해석되어야 하기 때문이다.

하나님은 신앙의 산물이라는 것과 우주 전체와 모든 인류에게 보편타당한 진리를 말하기 위해서도 기독교 신학이 말하는 세계의 시작과 세계의 통제運行에도 과학적 근거를 대야만 한다. 진리는 보편타당해야 하기 때문에 그러한 진리에 부응하여 과학신학이 주장되었고 〈창세기〉를 재해석해 빅뱅을 창조로 수용하면서 그 빅뱅의 폭발을 일으킨 절대자, 즉 신을 지적 설계자로 보는 지적설계론이 나왔다. 창조주가 세계를 창조한 목적이 인간의 행복한 삶을 위한 것이라며 그런 창조주 신을 경배하고 그의 명령에 따른 삶을 살아야 한다는 가르침이 중세에는 설득력이 있었을지 모르지만, IT 문화에 절대적으로 종속되어 있는 현대인에겐 전혀 설득력이 없다.

하이델벨르크 대학 신학부와 보쿰 대학 신학부 박사 학위 논문으로 제출된 필자의 〈인간 원리와 과학신학〉이 2000년 독일어로 페터 랑 출판사에서 출판되었다. 그 책을 읽은 몇 교수들과 사상가 정치인이 답신을 보내 주었다. 그중에는 칼 프리드리히 폰 바이츠재커 교수와 헬무트 슈미트 전 독일 수상, 그리고 몇 명의 교수들이 있다. 튀빙겐 대학 개신교 신학부 위르겐 몰트만 교수는 생소한 '과학신학'에 대해 "《성경》을 많이 읽고 기도 생활 많이 하라"고 키르케고르에게 조언해준 코펜하겐의 어느 경건한 목사처럼 나에게 작은 책자를 한 권과 함께 그림엽서에 쓴 편지를 보냈다. 그런 몰트만 교수가 2003년 《과학과 지혜》라는 과학과 기독교에 대한 책을 출판했고, 역시 짧은 답신을 보내준 튀빙겐 대학 가톨릭 신학부 한스 큉 교수는 2005년에 《한스 큉, 과학을 말하다》를 출판했다.

〈창세기〉가 세계 창조와 존재 기원을 말하는 이상 기독교가 우주와 세계의 시작과 생성 과정을 설명하는 근거를 가지고 있어야 하는데, 그 동안은 중세적 신앙의 권위로 그런 질문을 누르는 방식으로 기독교 교리를 만들고 가르쳐왔다가 다윈의 진화론과 아인슈타인의 상대성이론과 코펜하겐 해석의 양자론 이후 우리 시대 보수주의 기독교 과학자와 신학자들에 의해 창조론과 빅뱅이론의 절충으로 '지적설계론'을 들고 나왔다.

세계관은 사실 우주와 세계의 기원에 대한 이해에서 시작되는데, 각각 그 시대의 과학 수준과 자연 이해 정도에 따른 그 시대마다의 문화적 산물일 뿐이고, 그런 세계관이 사실과 실제에 얼마나 접근한 것이었느냐의 문제는 늘 후대의 새로운 발견과 발전으로 퇴출되거나 수정되는 역사를 이어왔다. 더 새로운 것이 나올 때까지 가장 근사치의 세계 이해로 존재하게 된다. 그것 과학의 열린 자세인데, 완성된 세계와 우주, 자연 이해는 여전히 없다는 것이다. 그러나 세계는 존재의 처음부터 양자역학적인 구조로 발전했고 지금도 그러하고 우주의 종말까지 그 방식으로 존재할 것이다. 수많은 세계관은 그 과정에서 알게 된 단편적 견해일 뿐이다. '과학과 종교가 각각 이해한 세계의 실제가 정말 그러한가?'라는 의문은 늘 지울 수 없었던 것이 사실이다. 그런데 종교가 절대적 언어를 가지고 있다는 듯 세계관에 대해 절대의 잣대를 들이대는 것은 무지와 오만이기도 하지만 과학의 세계관만이 절대적이라고도 할 수 없다. 중세 유럽에서 종교가 준 피해의 교훈은 절대적 진리가 없다는 것이다. 영국 왕립학술원의 제1 강령은 '눌라 독트리나nulla doctrina', 즉 "그 어떤 주장이나 학설도 절대일 수 없다"이다.

하이델베르크 철학부와 물리학부의 공동 세미나 참석자들은 이미 1991년 스위스 제네바 근교의 세른을 방문했다. 존재의 가장 작은 것을 보기 위해서였다. 당시 3,400여 명의 세계적 과학자들이 유럽 국가들이 막대한 비용을 출연해 운영하는 세계 최대 입자 가속기에 매달려 탈레스, 헤라클레이토스, 아낙시메네, 데모크리토스 등의 그리스 철학자들이 2,500년 전부터 물어온 만물의 기원과 존재의 기원에 대한 연구에 몰두하고 있었다. 2010년 2월 7일 KBS가 〈KBS 스페셜 - 도시의 탄생〉이란 제목의 방송을 '세종'시와 연관해 보도한 적이 있었다. 그 도시들은 망원경을 발명한 갈릴레오의 '피렌체'에서부터 금융 무역 도시이자 유럽 핵물리 도시인 '제네바', 그리고 독일의 첨단 과학 도시 '드레스덴Dresden'과 일본의 어느 핵물리 연구 도시도 함께 보도했다. 물리학과 형이상학이 나뉘기 전의 서양 철학 2,600년의 역사에 최초의 물질 이해자로 등장하는 탈레스의 물, 데모크리토스의 원자, 파르메니데스의 존재, 헤라클레이토스의 생성, 이들은 '전 소크라테스Vorsokrates 철학자'들로서 세계를 이해하려고 한 철학자이자 물리학자였다. 그 존재 본질 탐구의 역사는 현대물리학의 제네바의 세른에서 이어지고 있는 것이다. 서양이 동양보다 앞서게 된 "과학적 진보는 '톰슨Thomson의 전자'에서부터 비롯된 것"으로 이해하고 있는 오랜 친구인 치생물의학자 이석근 교수의 주장을 들으며 강릉의 맑은 동해 겨울바다를 쳐다보면서 해준 나의 답변은 "주 커브의 '존재하려는 경향과 존재하지 않으려는 경향'의 결합이 존재를 드러내는 것으로 동서양의 존재론이 결정적으로 만나는 것이 아닐까요" 였다.

나는 전자의 세계를 다시 쪼개고 쪼개서 더 이상 나눌 수 없는 소립자 와 쿼크의 세계 본질 규명에서 다시 존재와 무의 경계로 이해하게 된 현 대 소립자물리학의 입장을 말하고 싶었다. 따지고 보면 데모크리토스의 원자에서 더 나아간 것이 없어 보인다. 아무튼 나의 답변은 2,600년 전 자연에 대한 직관으로 설명한 동양의 존재론인 노자의 무위자연無爲自然과 서양의 존재론인 양자론을 말하는 것이다. 버클리의 물리학자들은 동양 의 노장 사상에서 물리학의 근원을 찾고 있기도 하니까. 세른의 입자 가 속기에서 인간의 눈으로 보게 되는 시뮬레이션이 바로 이 두 경향이 결합 해 존재를 드러내는 것이다. 실제 양자론 이후의 신물리학을 주장한 카프 라 같은 경우 물리학의 신비주의적 성향을 실제화하고 있다. 거시적으로 볼 때 우주에 대한 반우주가 있어서 우주의 존재를 가능하게 한다는 것과 물질과 반물질이 교직해 물질을 이룬다는 것은 이 세상의 모든 존재가 상 보성을 통해 존재하게 된다는 것이다.

세른의 입자 가속기는 양성자를 27킬로미터 원통 형태로 지하 100미 터에 설치되어 있는 입자 가속기에 쏘아 충돌 상태로 만들어 물질의 형 성을 보는 것이다. 컴퓨터 화면에 그 결과가 시뮬레이션으로 나타나는 것을 보는 것이지만 인체 구조상 인간은 그 인지의 범위를 벗어난 사실과 진실을 알 수가 없다. 이것이 바로 인간 원리라는 약속이 필요하게 된 것이며, 그 인간 원리에 따른 인간 개념이 제시된다. 우주와 세계와 자연을 우리 인간은 하나의 관점을 가지고 보는 것이다. 그 관점이 가장 객관적이고 보편적이며 사실적이라는 근거는 아직 없지만 현재까지 인간 원리만큼 탁월한 관점은 없다. 다만 현재까지 우주에 지적 생명체로 인간이 존재하고 있기 때문에 인간이 축적한 지식으로 관점을 설정하고 우주와 자연을 정의하고 개념하는 데 대해 다른 이의를 제기할 수는 없을 것 같다. 다만 '우리가 이해하고 정의하고 개념하는 우주와 세계, 자연이 과연 그러한가?'에 대한 해석들의 다양성은 인정해야 한다. 그래서 하나의 대상에 다른 많은 해석이 공존해온 것이 사실이다. 그러나 감히 필자 역시 콜린스처럼 더 이상 수정과 폐기가 없는 결정적인 우주와 세계와 자연에 대한 마지막 말을 하고 싶다. 그것은 콜린스가 주장한 세계와 우주, 자연이 바이오로고스에 의한 운행이라고 말하는 그 바이오로고스가 바로 법, 도, 진리인 로고스라는 것이다. 신의 존재 방식과 세계 운행 방식 또한 바이오로고스의 방식이다.

《신의 언어》의 저자 프랜시스 S. 콜린스는 세계적인 권위를 지닌 유전학자이자 과학자로서 오랫동안 생명의 암호가 숨겨진 DNA를 연구해왔다. 예일 대학에서 생화학을 연구한 후, 미시간 대학에서 의학유전학자로 활동하면서 낭포성 섬유증, 신경 섬유종증, 헌팅턴병과 같은 불치병을 일으키는 유전자 결함을 발견하는 데 기여해왔다. 1993년, 세계 6개국

2,000명의 과학자들이 참여하는, 인류 역사상 최초로 시도된 '인간 게놈 프로젝트'를 총지휘하여, 10년 만인 2003년 인간의 몸을 구성하는 31억 개의 유전자 서열을 모두 밝히는 게놈 지도를 완성했다. 대학 시절 무신론자였던 그는 의학으로 전공을 바꾸어 유전학의 중요성과 가치를 깨달은 후 종교적 신념의 진정한 힘을 알게 된다. 최첨단 과학자이면서 독실한 그리스도인임을 밝히고 있는 콜린스는 신이 인간을 돌보고 인간의 삶에 관여한다고 믿는다.

그 신의 존재와 관여 방식이 기존의 그리스도인들의 것과 다를 뿐이지만 사실은 그게 바로 그리스도교적인 것이다. 콜린스는 모든 생명체가 공통된 조상에서 나왔다고 주장하며 그것에 대한 많은 증거와 자료를 제시한다. 그러나 콜린스는 도킨스나 히친스 같은 맹목적 다윈주의자들의 주장인 유물론적, 무신론적 세계관을 반대한다. 또한 신에 대한 믿음과 과학에 대한 믿음이 조화를 이룰 수 있으며 성서와 게놈이 전혀 대립하지 않는다고 본다. 그의 바이오로고스는 '젊은지구창조론'과 '지적설계론', '불가지론'과 '무신론'을 다 극복하는 결정적인 세계관이다.

콜린스가 선택한 신학자는 영국 옥스포드 대학의 루이스^{C. S. Lewis} 교수이다. 과학자들이 우주와 자연에 몰두해 진리를 캐내는 것만큼 형이상학자, 신학자들도 오랜 전통과 역사 속에 진리를 찾는 노력을 해오고 있다. 토마스 아퀴나스가 두꺼운 사변적 저술《신학대전》을 내 놓은 그 시절 파리 대학의 신학부 동료 교수인 독일의 신비주의 신학자, 명상가, 수도사

마이스터 에크하르트는 그의 《설교Predigt》에서 '존재의 빛'을 가르쳤다. 이것은 콜린스의 바이오로고스를 13세기에 말한 것이라고 할 수 있다. 그외 많은 형이상학자들이 존재를 물었고 우주와 세계, 자연의 진리를 직관했고 존재자로 살았다. 본 논고는 콜린스의 《신의 언어》를 요약하고, 가장 중요한 '바이오로고스'에 대해 신학적, 형이상학적 이해와 해석을 하며, 결론에서 인류가 가져야 할 최종 세계관으로 콜린스의 여섯 개의 바이오로고스를 제시한다.

빌 클린턴 대통령이 2000년 6월 위싱턴에서 한 감동스런 연설은 1차 인간 게놈 해독 초안이 만들어졌을 때 행해진 것이었다.

> 오늘 우리는 하느님이 생명을 창조할 때 사용한 언어를 배우고 있습니다. 하나님이 내려준 가장 신성하고 성스러운 선물에 깃든 복잡성과 아름다움과 경이로움에 그 어느 때보다도 큰 경외심을 느끼게 되었습니다.
>
> Today, he said, we are learning the language in which God created life. We are gaining ever more awe for the complexity, the beauty, and the wonder of God's most divine and sacred gift.Francis Collins, *The Language of God*, p. 2

라고 클린턴이 감격스러워하며 연설을 했고 이어서 콜린스가 자신의 연설에서,

오늘은 전 세계에 경사스러운 날입니다. 지금까지 오직 하느님만이 알고 있던 우리 몸의 설계도를 처음으로 우리가 직접 들여다보았다는 사실에 저는 겸허함과 경외감을 느낍니다.

It's a happy day for the world. It is humbling for me, and awe-inspiring, to realize that we have caught the first glimpse of our own instruction book, previously known only to God. Francis Collins, *The Language of God*, p. 3

라고 그 감격을 세계에 전했다. 그런 감격이 정당한 것은 콜린스의 바이오로고스는 도킨스, 히친스 같은 무신론적 과학자와 유신론적 과학자 폴킹혼도 동의하게 만들었고 심지어 모리스H. Morris 같은 지적 설계론자도 동의하지 않을 수 없게 한 것이며 종교와 과학의 반목에 종지부를 찍는 주장이기 때문이다.

세계, 즉 우주는 137억 년 전140억 년 전 빅뱅과 더불어 창조되었고, 46억 년 전에 태양계에서 지구가 생성되었으며, 30억년 전 생명이 시작되었다. 5억 5,000만 년 전에 단세포 생물에서 무척추동물이 나타났고, 캄브리아기의 생물체들스티븐 제이 굴드Steven J. Gould의《생명, 그 경이로움에 대하여》참조을 거쳐 2억 3,000만 년 전부터 공룡 시대가 시작되어 6,500만 년 전 멕시코 유카탄 반도에 충돌한 소행성으로 공룡이 멸종되었다. 그 소행성의 지구 충돌이 없었다면 인류의 출현은 없었다. 호모 사피엔스Homo Sapiens 의 출현은 19만 5,000년 전이고, 그 종 가운데 독일 뒤셀도르프 북쪽의 골짜기 마을에서 발견된 네안데르탈인Neandelthaler은 3만 년 전까지 살았고 "호빗" 종인 자바인은 인도네시아에서 1만 3000년 전까지 살았다.

　인류 최초의 문명인 수메르 문명은 6,500년 전 티그리스 강과 유프라테스 강 사이에서 일어났고 〈창세기〉의 세계 창조는 기원전 1400년경의 기록으로 수메르 문명과 고대 근동 지방의 창조 이야기가 편집되어 기록된 것 가운데 하나이다. 다윈의 진화론은 불과 우주 전체의 역사 가운데 몇만 년의 생명체의 진화를 다룬 이론일 뿐이고 창조론과 양비론으로 대칭이 될 수가 없다. 더구나 문자적으로 창조를 받아들이는 기원전 6000년 전의 세계의 시작을 말하면서 공룡과 캄브리아기, 백악기와 아담과 이브, 노아의 홍수, 아브라함과 다윗 왕의 혈통에서 온 아기 예수 이야기와 세계현대사를 6,000년 자연사 박물관에 집어넣어 전시하고 있는 미국 애리조나 주의 '자연사 6,000년 박물관'은 기가 막히고 어이없는 것이 아닐 수가 없다. 유럽 언론이 이 사실을 보도하면서 미국 남부주의 근본주의 기독교 신앙에서 진화론을 반성서적이라고 배격하는 것을 말도 안 된다고 비판한 적이 있다. 성서해석학 없는 문자적인 이해와 해석이 얼마나 큰 죄악이며 잘못인지 그것조차 모르고 있다.

　필자가 지난해 서울의 모 대학 '현대신학' 강의에서 콜린스의 《신의 언어》를 소개하면서 기말시험의 한 문제로 제시한 문제가 독일 하이델베르크 대학 신학부 게르트 타이센 교수의 저서 《기독교의 탄생 — 예수 운동에서 종교로》에서 "1세기의 그리스도교의 패러다임 11개지혜 모티브, 회복 모티브, 심판 모티브, 기적 모티브, 창조 모티브, 아가페 모티브, 역전 모티브, 대리 모티브, 내재 모티브, 신앙 모티브"와 프랜시스 콜린스의 《신의 언어》에서 "여섯 개의 21세기 그리스도교의 패러다임"을 비교해 쓰는 것이었다. 아직 수용할 수 없는 학생들을 위해서 콜린스의 여섯 개 바이오로고스 패러다임 가운데 3, 4, 5번에 대해 다른 견해를 병행해 써도 좋다고 배려해주었다. 3번, 4번, 5번은 다음과 같다.

3. 지구 상에 처음 생명이 탄생하게 된 경위는 정확히 알 수 없지만, 일단 생명이 탄생한 뒤로는 대단히 오랜 세월에 걸쳐 진화의 자연 선택으로 생물학적 다양성과 복잡성이 생겨났다.

4. 일단 진화가 시작되고부터는 특별한 초자연적 존재가 개입할 필요가 없어졌다.

5. 인간도 이 과정의 일부이며, 유인원과 조상을 공유한다.

그러한 제안은 위의 3, 4, 5에 대한 다른 견해_{기독교가 지키고자 하는 견해}를 인정해주자는 것 때문이었는데 - 결국 콜린스의 견해에 귀결될 것이지만 - 현재 이해되지 않거나 수용할 수 없어도 결국은 콜린스의 견해를 받아들여야만 하기 때문이었다. 그 배려의 대상은 진화론을 인정하지 못하거나 않으려는 1) 젊은창조론, 2) 창조론과 진화론 사이의 간격을 없애보려는 지적설계론, 3) 도킨스 같은 무신론적 진화론 이 세 가지 입장이다.

오늘날 많은 기독교인들은 진화론 수용을 주저하는데 그 이유는 성서의 권위와 신의 위상을 훼손하게 된다는 것 때문이다. 사실은 그 반대이다. 잘못된 창조과학회의 젊은지구창조론과 무신론적 진화론만을 고집하는 양자 다 과학과 종교에 피해를 주고 있다. 반면에 콜린스가 주장한 3번, 4번, 5번에는 칸트의 요청된 신의 개념, 화이트헤드의 유기적 관계로 이해한 신 개념, 현대물리학이 발견한 창조주의 신에 대한 개념^{폴 데이비스, 일리야 프리고진}이 다 들어 있다.

지난 10년간 한국에서도 과학과 종교의 대화와 과학신학의 대학 강좌가 급증했고 학술 대회도 많이 개최되었다. 성공회대학에서 열린 도킨스를 비평한 《도킨스의 망상》, 《도킨스의 신》의 저자 앨리스터 맥그래스 옥스퍼드 대학 교수의 강연에서 맥그래스 교수의 기독교 호교론적 도킨스 비평은 청중들로부터 과학적, 신학적 근거가 너무 허약하다는 비평을 강하게 받기도 했다. 기독교 창조론을 증명하기 위한 호교론적 입장에서 과학의 정당한 우주와 자연 이해와 종교의 오류를 비평한 것에 대한 기독교의 근본주의적 신앙에서 온 근거가 허약한 반박과 주장은 창조과학회의 말도 안 되는 주장처럼 무가치하고 공허한 것이 되고 만다. 반면 콜린스의 《신의 언어》는 정확한 해석과 이해, 그리고 과학자이면서 그리스도교 신앙을 가진 자로서의 객관성을 잃지 않는 모습이 보인다. 우선 도킨스의 경우는 종교 이해부터 다시 해야 할 것 같다. 종교가 저지른 죄악 때문에 종교가 무가치한 것이고 없어져야 하는 것이라고 한다면 그런 것은 아직 종교가 아닌 종교 현상의 나쁜 증상에 대한 것일 뿐이라고 답하고 싶다.

11세기의 십자군 원정으로 인해 중동 국가들이 입은 피해를 두고 이슬람 근본주의자들은 아직도 그때의 원한과 감정을 드러내면서 9·11 뉴욕 테러 같은 대 기독교 국가에 대한 각종 테러에 정당성을 부여하고 있는 것과 다를 바 없다. 어느 종교나 근본주의적 맹신은 있기 마련이지만 여전히 인류는 종교에 대한 바른 정의를 가지고 있지 못하다. 세계 종교 사상사를 쓴 세계적 종교학자 엘리아데의 종교 이해의 경우도 그렇다. 모두가 종교 현상을 종교라고 정의하고 개념하고 있다. 그 외 도킨스의 주장은 거의 다 수용해도 될 것 같다. 거기에서 더 나아가 콜린스가 제시한 여섯 개의 21세기 세계관 패러다임을 종교와 과학이 함께 수용한다면 종교와 과학의 갈등과 대립은 존재할 이유가 없게 된다.

콜린스는 "우주론, 진화론, 인간 게놈을 말하는 요즘 같은 시대에 과연 과학적 세계관과 영적 세계관이 더없이 만족스러운 조화를 이룰 수 있을까?"라는 현대의 질문에 대해 단호하게 "있다!"라고 답한다.

즉, "엄격한 과학자가 되는 것과 우리 한 사람 한 사람이 하나님에게 관심을 갖게 하는 것 사이에 상충이 없다. 과학의 영역은 자연을 탐구하는 것이다. 신의 영역은 영적인 세계이며 과학적 언어라는 수단으로는 탐색할 수 없는 영역이다. 따라서 가슴으로, 머리로, 영혼으로 탐색해야 하며, 머리는 양쪽 영역을 끌어안을 방법을 찾아야만 한다"라는 것이다. 이것이 그가 제시한 방법이다. 그는 우주는 왜 생성되었는가? 인간 존재의 의미는 무엇인가? 우리 사후에 어떤 일이 일어날까? 이런 질문을 던지면서 그 자신이 무신론자에서 불가지론자를 거쳐 인간이기에 갖게 되는 도덕법과 과학자가 신앙을 갖는다는 것의 의미까지 제시한다. 아인슈타인이 이스라엘의 신 야훼를 부정하게 되었다는 의미를 콜린스는 오히려 지난 50년 과학의 발전, 즉 세른의 강입자 가속기와 DNA, RNA의 단백질의 원리가 디지털화된 것과 인간 게놈 지도 완성을 통해 "신이 존재하는가?"라는 질문을 더 심오하게 만들었다고 고백한다.

콜린스로 하여금 기독교 신앙을 붙잡게 했고 감동을 받게 한 루이스의 《순전한 기독교Mere Christianity》를 읽었다. 그리고 그의 생애 일부를 다룬 영화 〈섀도우랜드Shadowlands〉도 보았다. 이 영화는 실존했던 두 작가C.S. 루이스와 조이 데이빗먼(Joy Davidman)의 사랑과 결혼 이야기를 담고 있는 내용이다.

루이스의 사상은 "도덕법과 이타주의" 이 두 가지로 요약될 수 있다. 칸트도 "밤하늘의 별과 내 마음속의 도덕률"을 말한 바 있지만 도킨스가 《이기적 유전자》에서 밈Meme이론으로 유전자의 자기 사랑을 말한 것과 신의 인간에 대한 아가페 사랑은 비교할 수가 없다는 주장이다. 루이스의 다른 저서 《네 가지 사랑》을 인용한 콜린스는 이 질문 "신이 우주 만물을 통제하기 위해 어디에서절대 시공간에서 그런 통제를 할 수 있는가?"에 대해 뉴턴도 고민 끝에 "절대 시공간은 없다"고 조심스레 결론냈지만 발설하지는 않았고, 파스칼 역시 같은 문제를 고뇌했다. 그러나 신학자 카를 바르트는 "초월과 내재"라는 편리한 언어로 '무흠한 신의 아들 예수초월적 존재가 흠죄이 가득한 세계내재'로 내려오는 방식을 언어유희로 설명하고 있다. 1세기 기독교의 첫 패러다임이 만들어진 예수 탄생은 그리스 신화와 1세기의 자연관 세계관과 맞물려 있는 것이다. 죄 없이 탄생한 존재라야 인간의 죄를 대속할 수 있다는 논리에 충실하기 위해서 만들어진 교리인데 당시 상대성이론이나 양자론을 이해도 상상도 할 수 없었던 시대의 신화적, 편집사적 전승으로 내려온 세계관의 산물일 뿐이다.

과학자들 가운데는 이신론Deismus이 말하는 신에 대한 믿음을 인정하는 이들도 있다. 아인슈타인이 그렇다. '신은 창조하고 그 후는 자연에 맡겼다'는 것이다. 콜린스가 주장하는 '그럼에도 불구하고 신은 자상하고 관대하다'는 의미는 100년 전 니체가 고뇌했던 "선악의 피안"의 존재로서 신 존재를 이해한 것과 자연에는 선악의 구분이 있을 수 없다는 것과 같은 의미이다. 양자론적 이해로는 입자의 존재와 위치, 운동방향을 알 수 없다는 불확정성이론을 주장한 하이젠베르크의 말대로 세계는 윤리도덕적인 정의와 무관하게 세계 기원의 처음부터 양자론적이었고 상대적이었다는 것이다. 그러므로 〈코헬레트전도서〉의 신 존재도 예수의 산상 수훈도 양자론적으로 이해되어야 한다.

파울 틸리히는 "의심은 믿음의 반대가 아니다. 그것은 믿음을 구성하는 요소다", 터툴리안Tertulianus은 "불합리함으로 믿는다", 그리고 성 아우구스티누스는 '불합리하지만 믿는다'라고 말했다. 신의 존재에 대한 서양의 의심과 믿음 그리고 신에 대한 믿음의 상징을 찾아가는 문화의 특징은 '성배 숭배' - 《다빈치 코드》나 바그너의 오페라 〈파르지팔〉 그리고 《아서왕 이야기》 - 모두가 신 존재 자체가 아닌 신성을 담은 그릇을 찾아가는 이야기이다. 성혈이 담긴 성배를 숭배하고 찾아가는 기사들의 모험담이 기독교 신앙으로 치부되던 중세 유럽의 기독교에 대해 달을 가리키는 손가락 숭배를 버리고 "깨달음"을 통한 정각의 각성으로 자기 자신을 찾으라는 가르침이 13세기 마이스터 에크하르트에게서도 발견된다.

프로이트의 것이나 엘리아데 것이나 서양이 정의한 종교 이해는 토템Totem과 터부Tabu의 영역을 벗어나지 못하고 있다. 아멘드 니콜라이가 대별한 《루이스 VS 프로이트》에서 콜린스는 루이스의 신을 고상한 아버지 상의 프로이트의 신보다 '인간이 바라는 희망' 사항을 신으로 해석한 것을 받아들이고 있다. 콜린스에 대한 단편적인 루이스의 그런 신 이해 수용에 반해 성서가 기원전 1500년에서 기원후 100년에 걸쳐 기록된 신 이해 역사의 해석사를 먼저 이해해야 할 것 같아 보인다. 게르하르트 로핑크Gerhard Lohfink의 《당신은 성서를 어떻게 이해하십니까?Jetzt verstehe ich die Bibel》와 도올 김용옥의 《기독교성서의 이해》는 성서 이해를 돕는 탁월한 비평적 해석서이다.

화이트헤드는 근대의 신 개념의 세 가지 오류를 지적한다. 1) 황제적 개념의 신 개념, 2) 아리스토텔레스적 절대 원인자causa sui 신 개념, 3) 히브리의 예언자들의 초자연적 신 개념이다.

19세기 말 화이트헤드는 이런 신 개념에서 기독교가 벗어나지 못하고 있다고 말하면서 잘못된 구체성 오류 위에 정의된 기독교 교리와 도그마의 문제를 지적했다. 도킨스가 지적한 종교로 인한 피해의 역사를 볼테르도 당시 이렇게 말한다. "교회가 저렇게 혐오스럽게 구는데 세상에 무신론자가 생기는 것이 당연하다." 중세 기독교는 반신, 반인간, 반자연의 죄악의 역사였다. 독일 프로이센의 황제 프리드리히 대제 시절 군국주의 화한 권력의 정점에 놓여 있는 신을, 즉 국가의 권위와 황제의 권위 끝에 있다는 교회의 신 개념을 수용할 수 없었던 칸트의 인간 이성의 한계 안에서의 종교는 나름대로 현대적 신 개념을 설명하려고 한 노력이다.

유럽의 보통 사람들이 가장 고통을 받고 살아야 했던 시대에 '종교는 인민의 아편'이란 카를 마르크스의 주장도 당시에는 맞는 말이었다. 결국 부자와 권력자들을 대변해주는 신일 뿐이었기 때문이다. 현대에도 종교가 진화하고 있고 완성을 향해 나아가는 과정 속에 있다면 아직 '종교는 없다'는 말이 타당하다.

'신정론의 문제' 역시 콜린스는 자신의 대학생 딸이 당한 성폭행을 통해 600만 유대인이 당한 수용소 인체 실험과 학살을 이해할 수 있었다고 말한다. 천국의 아버지 같은 돌봐줌보다는 천국의 할아버지같이 더 인자하고 자상한 신을 말하는 콜린스의 신 이해에서 소박한 면을 발견하게 된다. 신의 정의는 양자론적 존재 방식처럼 인간 이해의 범주 밖이라고 본다. 부당한 고통에 이유가 있는 걸까?

1900년 막스 플랑크의 '양자가설' – 뜨거운 물체가 예측과는 달리 적외선, 가시광선, 자외선이 뒤섞인 빛을 방사하지 않는 이유를 밝혀내려다가 볼츠만의 열역학 제2 법칙에 기초한 수학 공식을 도출해냈다. 이 공식은 에너지가 연속적인 흐름으로 방출되는 것이 아니라 불연속적인 조각들로만 방출되는 것을 증명한 것이다. 이 조각 조각을 '양자'라고 불렀다 – 이 나오기 전 니체는 1886년 《선악의 피안Jenseits von Gut und Böse》으로 '윤리와 정의' 문제를 정리하고자 했다. 인간을 정신과 물질로 이루어진 이원화된 존재이며 선과 악의 쟁투 속에 선택하려는 의지의 권력적 존재로 이해한 당시의 유럽의 기독교적 선과 악으로 대별된 인간 이해에 대한 윤리 차원을 벗어난 존재론적 이해로 이해한 양자론이 그 이후 존재의 본질을 불확정한 것으로 정리하기 전에 사유해낸 것이다.

독일 속담에 "부당하게 고통을 주는 것보다 부당하게 고통을 받는 것이 더 낫다Unrecht leiden ist besser als Unrecht tun"는 말이 있다. 그러나 고통을 부당하게 받을 경우 '더 나은 것'은 부당하게 고통을 주지도 받지도 않는 것이라고 고백하게 된다. 디트리히 본회퍼D. Bonhöffer 목사의 행동하는 양심으로 인한 투옥과 처형은 거사에 실패하고 처형되었기에 아름다운 아쉬움?으로 후대에 남게 된 것이라는 모순과 역설이 있다. 수많은 무고한 희생을 줄이기 위해 악의 원흉인 히틀러를 죽이는 것이 보편적으로 타당하지만 역설적으로 암살 시도가 발각되어 오히려 처형당하는 경우 독일속담이 그대로 의미를 다한다. 부당하게 고통을 주는 것보다 부당하게 고통을 당하는 것이 더 낫다. 그러나 존재의 본질에서는 그런 윤리적인 밈 풀이 작용하지 않는다. 누가 고통을 주며 누가 고통을 받는가를 가려낼 수 없다는 말이다.

기적, 즉 히브리 예언자들의 초자연적 능력과 권위 – 모세의 홍해 가름과 여호수아의 낮의 길이 연장해를 멈추게 함– 에 대한 바른 이해를 콜린스는 스코틀랜드 출신의 목사이며 확률의 대가인 베이즈^{Thomas Bayes}가 '처음에 일정한 정보^{사전 확률}가 주어졌을 때와 추가 정보가 주어졌을 때^{조건부 확률} 어떤 사람이 특정한 사건을 관찰할 확률'을 계산하는 방식인 '베이즈의 정리'로 이해하려고 한 것에는 동의하기 어렵다. 이성적인 사람과 유물론자들은 기적을 믿지 않는다는 가정하에 '사전 확률'은 제로이다. 불치의 암이 치유되는 것도 그들에겐 기적이 아니다. 다만 희귀한 일이 자연에서 일어난다는 것은 인정한다. 신을 믿는 자는 불치의 암이 치유되는 기적이 일어날 사전 확률은 대단히 적지만 제로는 아니라고 생각한다. 자기만의 비공식적인 '베이즈식 계산'을 한 뒤 기적은 일어나지 않을 가능성보다 일어날 가능성이 더 많다에 결론을 내린다. 신이 우주를 창조했으나 자연에 내맡겼다는 이신론자에게, 또 신이 우주를 자연에 내맡겨 창조되게 했다는 유신론적 진화론자에게도 인간 삶에 관여하는 신과 존재^{자연} 자체에 내맡긴 것을 신의 개입으로 해석하는 것이 서로 다른 것이 아니다. 신에 대한 이해의 관점의 차이일 뿐이다.

일본 대지진이 일어난 센다이와 후쿠시마 현과 미야자키 현 등 일본 동북부 지역에서의 재앙의 시간에 신의 현존은 없다. 있었다면 이신론적인 신의 존재 방식인 무^無의 의미로 존재했다. 자연의 이^理와 기^氣의 현상이 일어난 것이다. 그것이 인류에게는 재앙이 된 것이다. 자연은 자연 그대로 자신의 길을 가고 있을 뿐이다. 기적은 사건 사후의 상황에서 해석된 현상들일 뿐이다.

기적에 대한 루이스와 폴킹혼의 이해는 '기적은 필요한 곳에 일어나고 역사의 중심축에서 일어난다. 자연법칙은 신의 의지의 표현이기 때문에 기적은 자연법칙을 어기는 것이 아니라 만물과 맺은 관계의 신성함으로 이해해야 한다'고 말하면서 '기적을 무조건 받아들이기보다는 이해해야 한다'고 말한다. '왜 그런 기적이 일어났으며 그 의미는 무엇인가?'를 말이다.

인류는 크게 여덟 차례의 세계관의 변화를 알게 되었다. 1) 갈릴레오의 지동설, 2) 뉴턴의 만유인력설, 3) 아인슈타인의 상대성이론, 4) 코펜하겐 해석의 양자론, 5) 빅뱅이론과 우주팽창론, 6) 인간 원리, 7) 마틴 리스의 '여섯 개의 수', 8) 프랜시스 콜린스의 '바이오로고스'이다. 이런 세계관의 변화를 인식하지 못하고 근본주의적 세계관에 머물러 과학과 종교에 피해를 주고 있다는 사실조차 모르고 있는 창조과학회와 젊은우주창조론자들의 문자적 이해가 주는 피해는 크다. 한국과 미국의 근본주의 기독교 신앙 때문에 21세기의 세계관 패러다임을 무시하고 거부하는 그들은 13~14세기의 세계관 패러다임을 붙잡고 있다.

러더퍼드A. Rutherford는 100년 전에 '바텐더가 이해하지 못하는 과학 이론은 쓸모가 없다'라고 말했지만, 이해하지 않으려고 기를 쓰고 거부하거나 세상의 거의 대부분의 사람들이 바텐더나 이발사의 지식 수준일 뿐이라고 해도 어쩔 수가 없다. 실제의 세계관은 처음부터 상대성이론과 양자론으로 정의된 세계관과 자연관이다. 실제 세상이 그렇게 이루어져 있고 돌아가기 때문이다.

1965년 펜지어스와 윌슨은 우주의 시작인 빅뱅의 순간에 물질과 반물질이 소멸하면서 생겨나는 잡음을 포착함으로써 우주팽창론을 증명하게 된다. 이것은 일종의 잔광 같은 것으로 대폭발 뒤에 전우주로 퍼지는 극초단파인 것이다. 스티븐 와인버그의《최초의 3분》과 마틴 리스의《여섯 개의 수》그리고 빌 브라이슨의《거의 모든 것의 역사》가 이 이론을 잘 설명하고 있다.

태초의 첫 10^{-43}초의 시간에 이루어진 빅뱅의 순간이 우주의 운명을 결정했다. 그 나머지는 마틴 리스가 어떻게 그게 지금까지 유지되고 있는지 '여섯 개의 수'로 설명하고 있고 빌 브라이슨은 인류가 나중에 어떻게 그것을 밝혀내는지《거의 모든 것의 역사》에서 설명하고 있다. 빅뱅으로 존재와 세계의 시작을 가능하게 한 신은 창조주로서 빅뱅의 에너지를 주었고, 인류가 나중에 문명을 일구어 자신을 알게^{신앙} 하기 위한 시공간을 열었다.

콜린스가 물리학자 재스트로의 말 "창조의 신비를 가린 커튼을 과학이 걷어올릴 수 있을 것 같아 보이지 않는다. 이성의 힘을 믿고 사는 과학자에게는 악몽으로 끝난다. 즉, 무지의 산을 오르던 과학자가 이제 막 정상을 정복하려고 마지막 바위를 짚고 서는 순간, 이미 수백 년 전부터 그곳에 앉아 있던 신학자들이 그를 반기기 때문이다"에 의미를 두는 것 같아 보이는 진술을 했지만 오히려 정반대라고 생각한다. 우주의 기원을 풀어낸 과학자가 그 무지의 산의 정상에서 만나게 되는 신학자는 거의 없다.

콜린스가 생각하는 신학자들이 토마스 아퀴나스나 카를 바르트일 것이라 생각하지만 사실은 신비주의자 마이스터 에크하르트나 야곱 뵈메, 타울러, 노자 같은 동서양의 초인들이나 신비주의 사상가를 만나게 될 것이다.

우주 기원에 대한 연구를 대학의 중심 프로젝트로 연구하고 있는 대학들이 많아지고 있다. 하이델베르크 대학, 이화여자대학^{스무트} 교수 등과 많은 유럽, 미국, 아시아의 대학들이 여기에 동참하고 있다. 적어도 드레이크^{F. Drake} 방정식이 내놓은 확률을 최소한 이해하기라도 한다면 우리가 사는 세계가 어떤 존재이며 인간이 이룬 문명은 얼마나 찰나적인 것임을 알게 된다.

- 우리 은하에 존재하는 별의 개수^{약 1,000억 개} 곱하기
- 주위에 행성을 거느리는 별의 비율 곱하기
- 별 한 개에 생명이 존재할 수 있는 행성의 개수 곱하기
- 그 행성 중에 실제로 생명이 발생하는 행성의 비율 곱하기
- 발생한 생명이 지능을 가진 생명일 비율 곱하기
- 그 생명이 실제로 교신할 능력을 지닌 생명일 비율 곱하기
- 그 행성이 존재하는 동안 그 교신 능력이 우리 교신 능력과 겹칠 비율을 곱하면?

137억 년 전에 우주가 시작되었고 지구의 나이는 45억 년이라는 계산이 나온다. 드레이크 방정식에 따르면 지구가 존재했던 전체 시간의 극히

찰나에 지나지 않는 0.000000022의 시간에 인류가 무엇을 한 것이다. 쉽게 이야기하여 우주의 나이를 하루 24시간으로 가정하면, 오후 1시쯤 지구가 탄생했고 인류는 23시 59분경 문명을 이루었다. 헤닝 엥겔른H. Engeln의 《인간, 우리는 누구인가?Wir, Menschen》를 번역한 안양대 이정모 박사는 역자 후기에서 자신이 한 진화론에 대한 강연에서 "지구의 나이는 약 6,000살에서 45억 살 사이입니다."라고 기독교인들을 위해 지혜롭게 대답했다고 썼다. 실제 지구의 나이는 45억 살이다.

브래드 피트와 숀 펜이 주연한 〈트리 오브 라이프The Tree of Life〉는 빅뱅과 그 후의 우주의 전개 과정, 그리고 생명의 탄생과 시조새, 공룡의 시대를 거쳐 인류가 나타나고 인간의 욕심과 질투로 인한 범죄가 일어나면서 인간 문화의 세계 속에 일어나는 한 가족사 이야기로 전개되는데 빅뱅과 우주 전개 과정을 영상으로 보여주는 영화이다.

지금도 세계의 과학자들은 SETI 즉 '지구 밖 문명 탐사 계획'을 진행하고 있다. 성서의 하나님이 과연 유일한 신이며 우주의 하나님이 되는가? 다른 행성의 생명체에게도 그리스도의 대속의 죽음이 의미를 갖는가? 이런 질문에 대해 종교가 주는 답이 "신과 인간과의 관계 정립"을 말한다면 그 관계라는 것이 언어로 말해지며 그 언어는 문법에 맞아야 하고 모두에게 보편타당해야만 한다. 종교가 인류에게 보편타당하려면 1) 시작을 말해야 하고 2) 전체에 타당해야 한다. 이 원칙에 타당한 세 가지 인간 원리를 주장한다.

1. 우주의 수는 본질적으로 무한할 수 있으며, 우리 우주와 동시에 생성된

것도 있다. 연속된 일련의 과정 중에서 어느 순간에 다른 물리 상숫값을 가지고, 심지어는 다른 물리 법칙을 가지고 생성된 것도 있을 것이다. 그러나 우리는 다른 우주를 관찰할 수 없다. 모든 물리적 특성이 생명과 의식이 존재하기에 적합하도록 작용하는 우주에만 우리는 존재할 수 있다. 우리 우주는 기적적이지 않다. 다만 시행착오를 거친 흔치 않은 산물일 뿐이다. 이는 다중우주Multiuniverse설이라 부르는 가설이다.프랜시스 콜린스, 《신의 언어》, 78~79쪽

1. There may be an essentially infinite number of universes, either occurring simultaneously with our own or in some sequence, with different values of the physical constants, and maybe even different physical laws. We are, however, unable to observe the other universes. We can exist only in a universe where all the physical properties work together to permit life and consciousness. Ours is not miraculous, it is simply an unusual product of trial and error. This is called the "multiverse" hypothesis.Francis Collins, *The Language of God,* pp. 74-75

2. 우주는 하나일 뿐이며, 이 우주가 그것이다. 어쩌다 지적 생명체가 탄생되는 조건이 갖추어졌다. 그렇지 않았다면 인간은 존재할 수도 없고 그것을 질문하는 인간이 있을 수 없다. 인간은 아주 운이 좋은 존재일 뿐이다.프랜시스 콜린스, 《신의 언어》, 80쪽

2. There is only one universe, and this is it. It just happened to have all the right characteristics to give rise to intelligent life. If it hadn'

t, we wouldn't be here discussing this. We are just very, very, very lucky. Francis Collins, *The Language of God*, p. 75

3. 우주는 하나일 뿐이며, 이 우주가 그것이다. 모든 물리 상수와 물리 법칙을 정확하게 조절해 지적 생명체를 탄생시킬 조건을 갖추는 일은 우연이 아니며, 우주를 맨 처음 창조한 바로 그 존재가 개입한 결과임을 알 수 있다. 프랜시스 콜린스, 《신의 언어》, 80쪽

3. There is only one universe, and this is it. The precise turning of all of the physical constants and physical laws to make intelligent life possible is not an accident, but reflects the action of the one who created the universe in the first place. Francis Collins, *The Language of God*, p. 75

이런 인간 원리를 지지하는 이언 바버의 "우리 같은 우주가 대폭발 같은 사건으로 돌연 생겨났을 가능성은 희박하다. 종교적 암시가 있는 것이 분명하다"는 말이나, 프리먼 다이슨 같은 과학자의 "우주를 더 깊이 들여다볼수록, 우주의 구조를 자세히 들여다볼수록, 인류의 출현이 임박했음을 암시하는 증거를 많이 발견하게 된다"는 말은 인간 원리 가운데 세 번째 '목적적 인간 원리'를 지지하는 것으로 보인다. 그러나 일부 과학자와 신학자 가운데는 보편타당성을 위한 역인간 원리 Reverse Anthropic Principle를 주장하는 학자들도 있다.

라플라스의 결정론을 뒤집은 하이젠베르크의 불확정성 원리는 매우

짧은 거리와 미세한 입자의 세계에서 입자의 위치와 운동량을 동시에 측정할 수 없다는 것인데, 이것은 우리를 이루고 있는 모든 입자들이 불확정적이며 존재를 이루고 있는 그것을 측정하려는 순간 관찰자가 영향을 미치게 되어 객관적인 관찰이 불가능하며 입자의 운동량과 위치도 파악할 수 없다는 뜻이다. 그러한 이유에서 입자 운동의 결과로 만물과 세상이 존재한다는 것이다. 이런 양자론을 이해도 수용도 하기 싫었던 아인슈타인은 "신은 주사위 놀이를 하지 않는다"고 말했다. 신이 동물을 창조할 때 어떤 선택의 시간과 확률의 과정 없이 단숨에 기린과 코끼리가 말씀과 더불어 시간의 간격 없이 동시에 만들어져야 한다. 그런데 기린과 코끼리를 이루는 입자가 불확실하다니? 그래서 1/6의 확률인 주사위 놀이처럼 신이 기린과 코끼리를 설정해 놓고 1/6의 확률로 창조했을 것이라는 양자론의 불확정성을 거부한 것이다. 아인슈타인은 또한 자신이 내세웠던 우주상수론도 나중에 실수였다고 철회한다. 바이오로고스, 즉 유신론적 진화론의 주장은 신을 가설로 인정해야 한다는 것이다.

1. 신이 존재한다면 그 신은 초자연적이다.

2. 초자연적이라면 그 신은 자연법에 구속되지 않는다.

3. 자연법에 구속되지 않는다면 시간에 구속될 이유가 없다.

4. 시간에 구속되지 않는다면 과거, 현재, 미래에도 항상 존재한다.프랜시스 콜린스, 《신의 언어》, 86쪽

1. If God exists, then He is supernatural.

2. If He is supernatural, then He is not limited by natural laws.

3. If He is not limited by natural laws, there is no reason He should be limited by time.

4. If He is not limited by time, then He is in the past, the present, and the future. ^{Francis Collins, *The Language of God*, p. 81}

그런 신이 존재하는 방식은 "영원한 현존"밖에 없다. 그것은 존재 자체의 방식이다. 성 아우구스티누스의《고백록》11장의 시간 이해는 현존 속에서이다. 자연법을 초월한 존재로서 신이 자연 속에 들어올 수 없다. 시간과 공간에 구속되지 않는 신이 시공간을 점유할 수 없는 존재라면 무無이다.

그렇다면 신의 존재 방식은 시간 안도 시간 밖도 아닌 시공간에 존재해야 하는데 우주와 자연 속에 그런 시공간은 없다. 뉴턴도 신을 위한 "절대 시공간"이 없음을 깨달았지만 발표하지 못하고 혼자 고민했다. 이것을 콜린스는 다시 정리한다.

1. 신은 대폭발 이전에도 존재했고 우주가 사라진 뒤에도 존재한다.

2. 신은 우주가 형성되면 어떤 결과가 나타날지 우주가 형성되기 전에 알았다.

3. 신은 일반적인 나선 은하의 가장자리에 위치하고 있는 생명체가 살기에 더 없이 좋은 특성을 지닌 한 행성을 미리 알았다.

4. 신은 그 행성이 자연 선택이라는 진화 체계를 통해 앞으로 감각 능력이 있는 생명체를 탄생시키리라는 것을 미리 알고 있었다.

5. 비록 자유 의지가 있는 생명체이지만 신은 이 생명체가 어떤 생각과 어

떤 행동을 할지도 미리 알았을 수 있다.프랜시스 콜린스, 《신의 언어》, 87쪽

1. He could exist before the Big Bang and He could exist after the universe fades away, if it ever does.

2. He could know the precise outcome of the formation of the universe even before it started.

3. He could have foreknowledge of a planet near the outer rim of an average galaxy that would have just the right characteristics to allow life.

4. He could have foreknowledge that that planet would lead to the development of sentient creatures, through the mechanism of evolution by natural selection.

5. He could even know in advance the thoughts and actions of those creatures, even though they themselves have free will.Francis Collins, The Language of God, pp. 81-82

이 주장은 16세기 루터와 에라스뮈스가 자유 의지와 구속 의지 논쟁으로 유럽을 떠들썩하게 했던 그 논쟁의 현대판 재현으로 보인다. 에라스뮈스가 신은 미리 알고 있지만 미리 예정하지 않는다고 주장한 것에 대해 신은 미리 알고 있으며 미리 예정해놓았다고 주장한 루터가 나중에 비공식적으로 선 예정을 틀린 것으로 철회한다. 21세기 《가톨릭 교회 교리서》 Katechismus der katholischen Kirche에는 16세기 루터와 에라스뮈스 논쟁에서 발전한 내용을 담고 있다. 즉 '신은 미리 알고 있지만 미리 예정하지는 않는

다'이다. 에라스뮈스의 경우는 신이 모든 것을 미리 예정해놓았다면 책임을 물을 수 없다고 나름대로 그 당시 합리적인 사유를 한 것이다.

시계공과 그것을 만든 자의 존재, 아프리카 부시맨과 콜라병이 연계될 수 없는 관계처럼 논리가 약하다. 페일리의 논리는 아리스토텔레스의 논리를 벗어나지 못하고 있다. 인간 존재를 과학으로 풀려는 것에는 한계가 드러난다. 왜냐면 인간 존재가 미생물에서 많은 시간을 거친 진화의 산물이라고 말하는 과학의 인간 이해와 다른 영적 의미의 존재론이 있기 때문이다. 인류는 지구 위에서 살면서 자연스럽게 자원을 활용해 문명을 일구어왔다.

산소가 없이는 단 5분도 살아남기 어려운 인간이 절대적으로 산소에 종속되어 있는 것은 오래 전 산소 존재 이후의 긴 생명의 역사의 결과 때문이다. 시아노박테리아에서 시작된 생명의 역사가 어쩌면 외계포자설을 설명하는 것이 될 수도 있다.

우주에서 지구로 날아든 행성의 운석 속의 생명이 가능한 유기 화합물과 빛의 합성으로 생명이 탄생했다는 것이다. 문제는 최초의 자기 복제 유기체의 출현이 언제 이루어졌느냐이다.

장회익의 《물질, 생명, 인간 – 그 통합적 이해의 가능성》에서 '온 생명'의 개념을 이해해야 하는 이유는 생명의 시작을 어느 시점부터 정의할 것인가의 문제를 제시해주고 있기 때문이다. 인간의 정의 또한 생명의 정의에 따라야 한다는 것이다. 생명의 존재는 태양과 같은 항성과 지구와 같은 행성으로 이루어진 체계 안에서만 가능하다. 생명 현상이 존재하기 위해서 우주의 어느 한 곳에 '온 생명', 곧 외부의 아무런 도움 없이 생명 현상이 자족적으로 지탱해나갈 수 있는 최소 여건을 갖춘 물질적 체계가 이루어져야 하는데, 이것은 현실적으로 태양과 같은 항성과 지구와 같은 행성 체계가 이루어지고, 그 안에 적정의 물질적 여건이 갖추어짐으로써 변이 가능한 자체 촉매적 국소 질서가 형성되어 협동적 진화가 이루어지는 상황이 있어야 한다. 지구 위의 '온 생명'은 40억 년 동안 이러한 과정을 거쳐 현재의 지구 생태계를 이루고 있다. 장회익의 말대로 이러한 40억 년에 걸친 생명의 역사를 이루어낸 지구 위에 인간은 우주 존재의 전 역사를 추적해 밝히고 있으며 인간 자신의 뿌리 또한 이 역사 속에서 찾는다. 지구 위에는 모든 개체의 '낱 생명'이 있고 이 모든 '낱 생명'이 존재 가능하게 해주는 것은 바로 '온 생명'의 체계 안에 있다. 이 '온 생명'에 속하는 모든 '낱 생명'들은 '온 생명'과 분리되어서는 생존할 수 없으며, 자족적 성격을 지닌 '온 생명' 또한 그 생존이 무제한 보장되는 것이 아니고 내적 구성 요소들 간의 정교한 조화에 의해 '온 생명'으로서의 기능을 유지해나간다.

다윈의 진화론은 극히 짧은 시간의 생명체의 진화 과정을 조금 설명하는 이론일 뿐이다. 생명의 기원과 역사의 긴 시간에 비하면 찰나의 시간의 아주 극미한 생명체의 진화 과정을 설명한 것뿐이다. 결코 창조론의 대칭이 될 수 없으며 '유신론적 진화론'를 설명해주는 좋은 길잡이 이론이다.

제임스 왓슨과 프랜시스 크릭이 DNA 이중 나선 구조를 밝혀내면서 생명이 우주에서 왔을 것이라고 주장했다. '빈틈을 메우는 존재로 신'을 끌어들여 생명의 시작이 신에 의한 것이라는 주장은 생명이 질서 정연하기 때문에 초자연적 존재, 즉 창조자가 생명을 설계했을 것이라는 이유 때문이었다. 그러나 인간은 자신의 인간 유전자를 네 개의 알파벳 A, C, G, T로 설명하면서 31억 개의 인간 게놈을 해독해냈다. 과학은 이것을 '신의 언어The Language of God'라고 주장한다.

콜린스는 인간 게놈 해독이 얼마나 어렵고 복잡한 일인지를 이렇게 표현했다. "이 유전자를 찾는 일은 미국 어느 가정의 지하실에 있을 불이 나간 전구 하나를 찾는 작업과 비슷했다." 이것은 1985년 한 낭포성 섬유증 유전자가 7번 염색체에 있는 200만 개의 염기쌍 어딘가에 있는 게 분명하다는 점을 증명해 보이는 것처럼 복잡하고 어려운 일을 비유한 것이다. 콜린스는 '염색체 건너뛰기'라는 이름의 스카이콩콩을 타고 가로지르는 방법으로 미국 어느 가정 지하실에 있는 불 나간 전구 하나를 찾아낸 셈이다.

2000년 6월 백악관 이스트 룸에서 콜린스는 인간 게놈 설계도 1차 초안이 완성되었다고 빌 클린턴 대통령에게 전했다. 다시 3년의 시간 동안 연구한 결과 2003년 4월 인간 게놈 프로젝트가 완성되었다. 콜린스는 24개의 염색체를 가로질러 배열된 DNA 암호가 담긴 31억 개의 방대한 인간 게놈을 연구하면서 발견한 몇 가지 놀라운 사실을 고백한다.

그중 하나는 단백질 합성에 쓰이는 게놈은 지극히 적다는 사실이다. 우리 경험이나 계산법의 한계로 아직 정확한 수치는 알 수 없지만, 인간 게놈에는 단백질을 합성하는 유전자가 대략 2만~2만 5,000개에 불과하다. 이 유전자가 단백질 합성에 사용하는 DNA는 다 합쳐봐야 전체 DNA 가운데 고작 1.5퍼센트다. 적어도 유전자 10만 개는 찾으리라는 예상으로 10년을 연구한 우리는, 신이 인류에 관해 그처럼 짧은 이야기를 쓴다는 사실을 발견하고는 충격에 사로잡혔다. 더군다나 벌레나 파리 같은 단순한 유기체나 단순한 식물을 구성하는 유전자 수도 대략 2만 개 정도로 우리와 비슷한 수준이라는 사실은 그야말로 충격 그 자체였다. 어떤 사람은 이 사실을 복잡한 인간에 대한 심각한 모욕으로 받아들였다. 우리는 그동안 인간이 동물의 왕국에서 특별한 위치를 차지한다고 스스로를 기만해온 것일까? 꼭 그렇지는 않다. 분명 유전자 수가 전부는 아닐 것이다. 어느 모로 평가해봐도 인간이란 존재의 생물학적 복잡성은 우리와 유전자 수는 비슷하지만 총 세포 수가 959개에 불과한 회충보다는 한참 위다. 그리고 단언하건대, 자신의 게놈 서열을 밝힌 생물은 우리밖에 없으리라!"프랜시스 콜린스, 《신의 언어》, 128쪽

One surprise is just how little of the genome is actually used to code for protein. Though limitations of both our experimental and computational methods still prevent a precise estimate, there are only about 20,000 – 25,000 protein-coding genes in the human genome. The total amount of DNA used by those genes to code for protein adds up to a measly 1.5 percent of the total. After a decade of expecting to find at least 100,000 genes, many of us were stunned to discover that God

writes such short stories about humankind. That was especially shock-
ing in the context of the fact that the gene counts for other simpler
organisms such as worms, flies, and simple plants seem to be in about
the same range, namely around 20,000. Some observers have taken
this as a real insult to human complexity. Have we been deluding
ourselves about our special place in the animal kingdom? Well, not
really-clearly gene count must not be the whole story. by any estima-
tion, the biological complexity of human beings considerably exceeds
that of a roundworm, with its total of 959 cells, even though the gene
count is similar for both. And certainly no other organism has se-
quenced its own genome!Francis Collins, *The Language of God*, pp. 124-125

콜린스는 인간이 다른 생물보다 더 복잡한 설계도일 것이라는 믿음이
깨진 것을 게놈을 해독한 유일한 생명체라고 자위하면서 복잡성보다는
게놈의 개별적 설계도 꾸러미의 개수가 아닌 그 꾸러미를 이용하는 방식
이 다를 것이라 생각한다.

즉, 인간은 회충과 거의 같은 유전자의 수에도 불구하고 회충과 상대가
안 될 정도로 복잡하고 다양하게 유전자 꾸러미를 활용한다는 것이다. 그
것은 영어 어휘 2만 개로 일상생활에 아무런 문제가 없을 뿐 아니라 그
어휘로 제임스 조이스James Joyce의 《율리시스Ulysses》 같은 문학 작품을 만들
수도 있다는 것이다. 벌레, 곤충, 물고기, 새도 2만 개의 어휘를 가지고

있지만 인간은 그 2만 개의 어휘로 다양하고 정교하게 활용한다는 것이 다른 점이다.

인간 게놈에 관한 또 하나의 놀라운 특징은 같은 인간에 속하는 서로 다른 개인을 비교해볼 때 DNA로 보면 우리 인간은 99.9퍼센트가 똑같다는 것이고 세계 어느 곳의 사람을 비교해 보아도 그렇다는 것이다. 따라서 우리 인간은 DNA분석으로 볼 때 모두 진정한 한 가족인 것이다. 그러나 다른 종의 생물들은 유전자 다양성이 인간보다 10배에서 많게는 50배까지 높다는 점이다. 생명체를 조사할 목적으로 지구에 파견된 외계인이 있다면 인류에 관해 흥미로운 이야깃거리가 많겠지만 그중에서도 인간의 유전자 다양성이 놀라울 정도로 낮다는 점은 반드시 언급하고 넘어갈 것이다. 수학이라는 도구를 이용해 동물이나 식물 또는 세균 집단의 역사를 재구성하기도 하는 집단 유전학자들은 인간 게놈에 관한 이러한 사실을 보면서, 이는 우리 인간이 10만 년에서 15만 년 전에 살았던 약 1만 개체의 공통된 조상에서 내려왔다는 뜻이라고 결론지었다. 이 정보는 인류의 조상이 동아프리카에서 나왔을 가능성이 크다는 것을 암시하는 화석 기록과도 일치한다.^{프랜시스 콜린스, 《신의 언어》, 129쪽}

Another striking feature of the human genome comes from the comparison of different members of our own species. At the DNA level, we are all 99.9 percent identical. That similarity applies regardless of which two individuals from around the world you choose to compare. Thus, by DNA analysis, we humans are truly part of one family.

This remarkably low genetic diversity distinguishes us from most other species on the planet, where the amount of DNA diversity is ten or sometimes even fifty times greater than our own. An alien visitor sent here to examine life forms on earth might have many interesting things to say about humankind, but most certainly he would comment on the surprisingly low level of genetic diversity within our species.

Population geneticists, whose discipline involves the use of mathematical tools to reconstruct the history of populations of animals, plants, or bacteria, look at these facts about the human genome and conclude that point to all members of our species having descended from a commen set of founders, approximately 10,000 in number, who lived about 100,000 to 150,000 years ago. This information fits well with the fossil record, which in turn places the location of those founding ancestors most likely in East Africa. Francis Collins, *The Language of God*, pp. 125-126

인간이 돌연변이와 자연 선택으로만 진화했다면, 누가 신의 개입을 들먹일 수 있느냐는 물음에 콜린스는 자신이 신을 들먹이겠다고 말한다.

이 점에서 신을 부정하는 유물론자들은 환호성을 지를지도 모르겠다. 인간이 돌연변이와 자연 선택으로만 진화했다면, 우리 인간을 설명하는 데과연 누가 신을 들먹이려 하겠는가? 이 질문에 나는 대답한다. 내가 들먹이겠다고. 침팬지와 인간의 유전자 서열을 비교하는 일은 무척 흥미롭지만 그것이 인간에게 어떤 의미를 갖는지는 말해주지 않는다. 내가 보기에, DNA 서열에 비록 생물학적 기능에 관한 방대한 자료가 담겼다 한들 그 서열만으로는 도덕법에 대한 지식이나 신을 찾는 보편적 행위와 같은 인간만의 특성을 결코 설명하지 못한다. 신의 어깨에서 창조라는 특별한 행위의 짐을 내려놓는다고 해서, 인간을 특별한 존재로 만드는 근원이자 우주 그 자체의 근원인 신을 부정하는 것은 아니다. 그것은 다만 신이 어떻게 활동하는가를 우리에게 보여줄 뿐이다."프랜시스 콜린스, 《신의 언어》, 144~145쪽

At this point, godless materialists might be cheering. If humans evolved strictly by mutation and natural selection, who needs God to explain us? To this, I reply: I do. The comparison of chimp and human sequences, interesting as it is, does not tell us what it means to be human. In my view, DNA sequence alone, even if accompanied by a vast trove of data on biological function, will never explain certain special human attributes, such as the knowledge of the Moral Law and the universal search for God. Freeing God from the burden of special acts of creation does not remove Him as the source of the things that make humanity special, and of the universe itself. It merely shows us something of how He operates. Francis Collins, *The Language of God*, pp. 140-141

40억 년 동안 지구에 떨어진 수많은 행성들 중에 바다를 만들어준 외계 행성이 있었고, 40억 년 전 지구에 충돌한 외계 행성 덕분에 지구에서 최초의 생명이 가능하게 되었다고 주장한다. 인간은 지구 생명체 가운데

진화의 정점에 위치하게 되었고, 드디어 2003년 인간 자신을 구성하고 있는 모든 인간 유전자 게놈을 해독해냈다. 프랑스의 자연학자 이브 파칼레는 《신은 아무것도 쓰지 않았다》에서 생명에 관한 탁월한 에세이를 남겨 놓았다. 원제 프랑스어의 의미를 살려 "장편 소설 생명" 또는 "생명에 관한 장편 소설"이라고 하는 것이 더 좋았을 뻔했다. 이브 파칼레가 기원전 1세기의 로마의 시인이며 철학자인 티투스 루크레티우스의 《사물의 본성에 관하여$^{De\ rerum\ natura}$》덕택에 원자의 세계를 알게 되어 '시적 유물론'과 '반어적 유물론'의 방법으로 생명에 대한 장편 소설을 마치 생명 자신이 써 내려가듯이 쓴 에세이다. 그리스의 소크라테스 이전의 철학자들 가운데 엘레아학파는 당시 식민지로 지배했던 지금의 터키 밀레투스 지방의 철학학파이다. 그리스 철학자들이 존재와 사물의 본질을 사유하고 정의한 것에 익숙한 서유럽에서 기원전 로마인 자연철학자의 글 《사물의 본성에 관하여$^{De\ rerum\ natura}$》는 놀랍기도 하고 대단하다고밖에 말할 수 없을 것 같다. 키케로나 세네카는 현상의 일들, 즉 '국가$^{res\ publica}$', '정의^{iustia}' 문제에 머문 데 반해 존재의 근본을 물었기 때문이다.

아무도 손대지 않은 샘에 다가가 맑은 물을 긷는 것은 즐겁다. 뮤즈들이 처음 보는 꽃들을 따서 인간의 머리에 씌워준 적 없는 세상에 하나뿐인 화관을 엮는 것도 즐겁다. 나는 여기서 중요한 것들을 밝힌다. 이는 미신에 얽매여 살아가는 영혼들을 해방시키고자 노력함이다.$^{이브\ 파칼레,\ 《신은\ 아무것도\ 쓰}$ $_{지\ 않았다》,\ 9쪽}$

이브 파칼레는 루크레티우스의 이 말을 인용한 후 자신을 시적 유물론과 반어적인 유물론의 오솔길로 인도한 루크레티우스에게 감사하는 글을 이렇게 썼다.

그대는 데모크리투스와 에피쿠로스와 더불어 내가 생각하는 그대로의 존재와 우주를 상상하였다. 소립자와 힘의 조합이 오직 자기들에게 작용하는 법칙들에만 복종하는 형태로, 수염을 드리운 영원하신 성부 하느님도, 야훼도, 알라도, 브라마도, 데미우르고스도, 성모도, 순교자도, 애매한 성별의 천사도, 지옥으로 이끄는 뿔난 악마도 필요 없나니, 창세 신화도, (사실은 죄다 인간이 쓴) 성경도, 기적과 기도도, 종교 재판관들이 집행하던 의식도, 잔혹한 형벌도, 이슬람 율법에 따른 판결인 파트와fatwa도 필요치 않나니……

…… 나는 하찮은 물질 덩어리일 뿐이다. 지구의 껍데기를 간질이는 미미한 동물 나부랭이에 지나지 않는다. …… 하지만 인간이 으레 그렇듯 나역시 원자들의 덩어리일 뿐이지만 그 원자가 무엇인지 생각할 수 있는 존재다. 나는 생명에 대해 성찰할 수 있는 생명체. 나는 생각한다, 나는 존재한다, 그리고 나의 후손도 생각하고 존재할 수 있음을 안다. …… 그대는 나에게 물질과 에너지가 존재하는 데 형이상학이 필요하지 않다는 것을 가르쳐주었다. …… 무한한 시공간 속에서 나는 존재하는 둥 마는 둥하다. 그래도 나는 커다란 뇌를 가진 동물이다. 1,300그램의 백질과 회백질, 1000억 개의 뉴런……, 뇌가 있기에 나는 소립자를 상상할 수 있는 소립자 뭉치가 되었다. 힘의 방정식을 수립할 수 있는 힘의 네트워크가 되었다.

원자를 공부하는 원자 덩어리가 되었다. 세포를 탐구하는 세포들의 집합이 되었다.

오! 루크레티우스여! 그대가 오늘날 분자와 원자를 촬영한 사진을 본다면 철학자답게 호탕한 웃음을 터뜨릴 텐데, 사이클로트론입자 가속기, 싱크로트론원형 입자 가속기, 그 밖의 기기들로 얻어낸 소립자들의 이미지를 그대가 볼 수만 있다면! 컴퓨터가 지원되는 의료 영상 장비들을 아주 재미있어할 텐데! 그대는 사람이 생각할 때 뇌의 어느 부분이 활성화되는지도 지켜볼 수 있을 것이다. 아이디어를 끌어내는 동안 뇌가 어떻게 변화하는지도 볼 수 있을 것이다.이브 파칼레,《신은 아무것도 쓰지 않았다》, 9~11쪽

2,100년의 과학사를 정리한 것 같다. 기원전 1세기의 루트레티우스가 사물의 본성을 직관으로 관찰한 이래 현대의 입자 가속기와 뇌 영상 촬영에 이르기까지 물리학과 생물학의 핵심을 시적으로 묘사했다. 기독교가 탄생하기 1세기 전의 루크레티우스의 생각과 대조적으로 기독교가 만들어진 후 2,000년이 지난 현재 세계 곳곳에 여전히 근본주의와 보수주의, 성서를 문자적으로 이해하는 맹목적 신앙에서 온 편견으로 정의된 종교 이해의 오류를 도킨스에게서도 볼 수 있다.

1. 진화는 인류의 생물학적 복잡성과 기원을 설명하기에 부족함이 없으니 신이 끼어들 필요가 없다.
2. 종교는 반이성적인 것이다. 신앙이란 증거를 거스르는 맹목적인 신뢰

이다.

3. 종교라는 이름으로 심각한 해를 끼쳤다.^{프랜시스 콜린스, 《신의 언어》, 168~169쪽}

이것은 무신론자이며 생물학자인 도킨스의 주장이다. 그러나 도킨스의 종교 비판은 잘못된 종교 현상에 대한 비판일 뿐이다. '무신론적 종교 비판'이 황당한 것처럼 '젊은지구창조론'을 주장하는 창조과학회의 6,000년 지구 역사 또한 황당함을 준다. 지적 파멸에 이르게 하고 과학과 신학에, 보편적인 인간 이성에도 큰 당혹감을 주고 있다. 카이스트 기독학생회에서 특강을 해달라는 부탁을 받고 빅뱅이론과 인간 원리를 주제로 강연을 마치자 어느 믿음 좋은 카이스트 학생이 이렇게 반론을 폈다. "하나님이 6,000년 전에 우주^{지구}를 창조하면서 수만 년 된 화석을 집어넣어서 창조했을 것이라는 것"과 "과학자들이 발굴해낸 오래된 화석은 그렇게 하나님이 6,000년 전에 지구 속에 집어넣은 것을 찾아낸 것"이라고 주장했다. 이런 주장과 마찬가지로 '지적설계론' 역시 당혹감을 주는 주장을 한다.

1. 진화는 무신론적 세계관을 확산하기 때문에 하나님을 믿는 사람들은 저지해야 한다.
2. 진화는 자연의 미묘한 복잡성을 설명하지 못하므로 근본적으로 결함이 있다.
3. 진화가 환원 불가능한 복잡성을 설명할 수 없다면, 진화 과정에 어떤 식으로든 지적 설계자가 개입해 필요한 것을 공급했을 것이다.^{프랜시스 콜린}

스, 《신의 언어》, 184~188쪽

1. Evolution promotes an atheistic worldview and therefore must resisted by believers in God.

2. Evolution is fundamentally flawed, since it cannot account for the intricate complexity of nature.

3. If evolution cannot explain irreducible complexity, then there must have been an intelligent designer involved somehow, who stepped in to provide the necessary components during the course of evolution. Francis Collins, *The Language of God,* pp. 183-186

이 주장에 대한 뎀스키W. A. Dembski의 반박은 "지적 설계는 수용하기 힘든 견해로 상대를 제압하려는 고상한 거짓말이 되어서는 안 된다. 지적 설계는 과학적 근거를 바탕으로 그 진실성을 확신시켜야 한다"이다. 세균의 편모처럼 복잡하고 섬세하고 통합된 경이로운 생물 자체가 다윈이 말하는 점진적 과정으로 형성될 수 있다면 아무런 지시도 받지 않고 자연적으로 일어날 수 있는 현상에 구태여 지적인 설계자가 개입할 필요가 있을까? 그것이 바로 신의 방법이라고 이해하면 안 될까? 사실은 지적설계론이 신을 끌어들여 그 개입을 설명하려 했지만 과학이 그 틈을 메우고 있다. 이제 콜린스의 《신의 언어》 해석을 종결하면서 그가 주장한 바이오로고스를 통한 인류가 가져야 할 최종 세계관으로 여섯 개의 주장을 제시하고자 한다.

이 바이오로고스는 다윈의 진화론과 기독교 근본주의 신앙으로 해석한 젊은지구창조론, 즉 지적설계론의 오류를 넘어 '유신론적 진화론'으로서 '바이오로고스'이다.

1. 우주는 약 140억 년 전에 무에서 빅뱅을 통해 창조되었다.

2. 확률적으로 대단히 희박해 보이지만, 우주의 여러 특성은 생명이 존재하기에 적합하게 짜여졌다.

3. 지구 상에 처음 생명이 탄생하게 된 경위는 정확히 알 수 없지만, 일단 생명이 탄생한 뒤로는 대단히 오랜 세월에 걸쳐 진화와 자연 선택으로 생물학적 다양성과 복잡성이 생겨났다.

4. 일단 진화가 시작되고부터는 특별한 초자연적 존재가 개입할 필요가 없어졌다.

5. 인간도 이 과정의 일부이며, 유인원과 조상을 공유한다.

6. 그러나 진화론적 설명을 뛰어넘어 정신적 본성을 지향하는 것은 인간만의 특성이다. 도덕법옳고 그름에 대한 지식이 존재하고 역사를 통틀어 모든 인간 사회에서 신을 추구한다는 사실이 그 예가 된다.프랜시스 콜린스, 《신의 언어》, 201쪽

1. The universe came into being out of nothingness, approximately 14 billion years ago.

2. Despite massive improbabilities, the properties of the universe appear to have been precisely turned for life.

3. While the precise mechanism of the origin of life on earth remains unknown, once life arose, the process of evolution and natural se-

lection permitted the development of biological diversity and complexity over very long periods of time.

4. Once evolution got under way, no special supernatural intervention was required.

5. Humans are part of this process, sharing a commen ancestor with the great apes.

6. But humans are also unique in ways that defy evolutionary explanation and point to our spiritual nature. This includes the existence of the Moral law(the knowledge of right and wrong) and the search for God that characterizes all human cultures throughout history.[Francis Collins, *The Language of God*, p. 200]

이 여섯 가지를 인정한다면 신은 공간이나 시간의 제약을 받지 않으며, 우주를 창조하고 그것을 관장하는 자연법을 만든 신이다. 그 자연을 관장하는 방법은 '무위자연'적이거나 '인간 원리'적이다. 즉, 우리가 보는 세계는 우리가 보고 있는 그 모습 그대로이어야만 한다. 다른 가능성은 없다. 왜냐하면 세계가 다르게 존재할 수 있다면 그 세계를 보고 있는 우리 자신이 있을 수 없기 때문이다.

최근 스티븐 호킹이 자신의 주저《시간의 역사》이후 러시아 출신의 과학자 레오나르드 플로디노프[Leonard Mlodinow]와 공저로 출판한《위대한 설계 The Grand Design》에서 인류가 찾은 우주에 대한 마지막 궁극적 이론으로 'M

이론'을 제시하면서 호킹 역시 '존재'로 문제를 풀어나간다. M이론은 '끈이론'을 통합시킨 이론으로서 11차원이 존재하는 우주와 세계 모델이 제시된다. '끈이론'은 모든 물체의 근원을 진동하는 1차원 끈으로 간주하는 이론이다. M이론은 다섯 개의 끈이론을 하나로 통일할 목적으로 탄생한 첨단 이론이며 모든 물질과 힘을 다루는 양자적 이론이다. 호킹은 네 가지 힘강력, 약력, 전자기력, 중력의 통합 이론인 대통일이론Grand Unification을 인간이 언젠가 찾아내게 될 것이라고 말하면서 그렇게 되면 인간이 우주를 창조할 때의 신의 마음을 알게 될 것이라고 말했지만, 콜린스의 인간 게놈 해독은 이미 신의 언어를 인간이 찾아낸 것이라고 주장한다. 호킹은 그의 《위대한 설계》에서,

> 왜 무無가 아니라 무엇인가가 있을까?
>
> 왜 우리가 있을까?
>
> 왜 다른 법칙들이 아니라 이 특정한 법칙들이 있을까?

이 세 가지 존재 질문Why을 제시하면서 이 질문들이 중요한 이유는 생명, 우주, 만물에 대한 궁극의 질문이기 때문이라고 주장한다. 콜린스의 바이오로고스 여섯 번째 명제처럼 ― 인간에게만 있는 도덕, 법, 정신세계 ― 호킹은 '강한 인간 원리'의 인류 지향적 성격을 "선택 원리Selection Principle"로 이해하려고 한다. 즉, "우리가 언제 어디에서 우주를 관찰할 수 있는지를 결정하는 규칙들은 우리의 존재 자체에 의해서 부과된다. 다시 말하면 우리가 존재한다는 사실이 우리를 둘러싼 환경의 특징들을 제한

한다"고 말하면서 '선택 원리'를 더 나은 용어라고 제시한다. "…… 왜냐면 이 원리야말로 우리의 존재를 우리 자신이 안다는 사실 자체가 우리에 의해서 부과된 규칙들이 모든 가능한 환경들 중에서 오직 생명에 허용하는 특징들을 가진 환경들만을 선택한다는 것과 관련되어 있다는 것을 뜻하기 때문이다."스티븐 호킹, 《위대한 설계》, 193쪽

기독교가 성서에서 찾을 수 있는 존재자에 대한 신앙의 역사는 "나는 스스로 있는 자이다〈출애굽기〉 3:14"의 신이 자신의 이름을 말해주는 그 이름이 바로 존재자 야훼에 대한 신앙을 말하고 있다. 이것을 토마스 아퀴나스가 '제1 원인자primum principium', '무원인적 원인causa non causata', '자존하는 존재 자체ipsum esse subsistens' 등 어떻게 표현했건 양자론적 형이상학에서 말하는 존재 자체의 의미와 같다. 요한이 이해한 인류에게 선포한 말처럼 '영원한 생명은 신존재자과 그가 보낸 자 그리스도를 아는 것〈요한복음〉 17:3'이라고 했는데 결국 존재를 체험하는 것이며 그것이 영원한 생명이라고 말한다. 신이 보낸 자가 인간에게 준 마지막 말, 〈요한복음〉 10장 34절 "너희가 신이다"라는 말이 자신의 것이 된다면 신과 인간은 에크하르트의 말대로 '신비한 합일' 속에 하나가 된다.

인간이 그것을 알기 위해서 해야 하는 정신 활동을 카프라도 신과학이 제시하는 여섯 개의 새로운 정신과학 패러다임으로 《현대물리학과 동양사상》 후기 〈신물리학의 미래〉에서 다루고 있다. 그것은 바로 '정신을 중심으로 하는 창조the creation-centered spirituality'이다. 인간이 해야 할 '정신을 중심으로 하는 창조' 역시 정신의 "존재 탐구"이어야 하며, 키르케고르의

말대로는 "존재 전달"이다.

콜린스는 "인간의 육체가 예전부터 존재해왔던 생물체에서 나왔다면, 정신적 영혼만큼은 하나님에 의해 직접 창조되었다."라고 주장하고 싶어 한다. 이것은 그의 마지막 기독교 신앙에서 신의 존재를 인정하고 싶어하는 심정에서이다. 그러나 콜린스의 신 개념은 이미 기존 기독교의 신 개념과 차원이 다르다. 아마 세계 기독교회로부터 여섯 가지 세계관 주장에 대한 많은 반론이 제기될 것이다. 3, 4, 5에 대한 반론이 특히 그렇다. 필자가 시험 문제로 제시하면서 3, 4, 5에 대한 다른 반론도 허용한 이유도 아직은 미성숙한 기독교 신앙에서 간직하고 싶은 자신의 옛 세계관을 허물기가 어렵다고 생각했기 때문이다. 그러나 콜린스의 신 개념이 사실은 전승되어 오고 있는 기독교의 신 개념이다. 다만 인류 역사 가운데 불과 몇 소수의 인간만이 그 신 개념을 깨닫고 있을 뿐이다. 여섯 번에 이의 없이 동의한다면 종교는 하나이고 시작과 전체를 말해야 하고, 범인류에게 타당한 진리를 말해야 하며 다른 우주의 생명체에게까지 그 진리가 타당해야 한다. 그것은 모든 인류에게 보편타당한 '존재자'를 찾고 그것을 발견하는 '인간 자신'을 찾는 것이다.

신학자 루이스는 감리교 신자로서 자신은 신앙과 과학이 전혀 갈등이 될 수 없다는 말을 하는데 의학생물리과학자 콜린스가 인용한 그의 말은 이것이다.

…… 그리고 한참 시간이 흐른 뒤에 신은 이 유기체의 심리와 생리에 "나"

라고 하는 새로운 의식을 심어주었는데, 그 의식은 스스로를 객관적으로 볼 수 있으며, 신을 알고, 진실과 아름다움과 선을 판단할 수 있으며, 시간 너머에 존재하면서 흘러가는 시간을 감지할 수 있는 인식이었다.^{프랜시스 콜} 린스, 《신의 언어》, 210쪽

Then, in the fullness of time, God caused to descend upon this organism, both on its psychology and physiology, a new kind of consciousness which could say "I" and "me", which could look upon itself as an object, which knew God, which could make judgments of truth, beauty and goodness, and which was so far above time that it could perceive time flowing past. Francis Collins, *The Language of God*, pp. 208-209

인간 게놈 해독의 마지막 말은 바로 이 인간이 "나"를 찾는 것이다. 콜린스의 여섯 개의 새로운 세계관 주장의 결론은 루이스의 "나의 인식"이다. 이것은 세계에 대한 최종 패러다임 이해도 결국 인간의 자기 이해로 귀결된다는 것을 말한다. 콜린스는 자신이 제시한 여섯 개의 세계관 패러다임에 대해 이제까지 나온 과학적으로 가장 일관되고 영적으로 또한 만족스러운 견해라고 자신한다. 더 이상 추가도 수정도 없을 것이라고 말이다. 틀린 것으로 증명될 일도, 한물 갔다고 버려지는 일도 없을 것이라고 확신한다. 그 이유는 바이오로고스는 지적으로 엄정하고, 당혹스러운 여러 질문에 답을 제공하며, 과학과 신앙이 두 개의 흔들리지 않는 기둥처럼 서로 지탱하면서 진실을 쌓게 만들기 때문이라고 주장한다. 필자 역시 콜린스의 주장에 동의하면서 여섯 개의 '콜린스가 주장한 세계관 패러다

임'은 아마 수정되지도 축출되지도 않을 것이며 인류가 '최종 세계관'으로 받아들여야 할 것이라고 생각한다. C.S. 루이스는 옥스퍼드 대학 영문학과 교수이자 동화 작가였으며 신학자로서《순전한 기독교》등 저술을 남겼다. 미국 출신 여류작가 조이 데이비드먼과의 사랑을 다룬 영화〈새도우랜드〉에서 C.S. 루이스의 삶의 철학을 엿볼 수 있다.

2,600년 우주와 세계, 존재와 만물의 근원을 찾으려는 동서양의 철학과 과학, 종교와 예술의 노력이 이제 결실을 본 것 같다. 엘레아학파의 만물의 근원 규명에서 시작된 서양의 존재 탐구 역사는 현대물리학에 이르기까지 입자와 쿼크의 미시 세계와 우주와 은하의 거시 세계 또한 밝혀냈다. 노자의 무위자연과 동양 현자들의 자연에 대한 직관 관조의 철학은 가장 자연스러움 그대로를 이해하는 것이었다. 인간의 고통과 죄악에 대한 번뇌와 참회, 성찰은 정각의 체험을 통해 인간 자신의 실존을 깨닫게 했으며, 종교가 신앙의 전승을 통해 그 진리를 가르치고 지켜온 것은 사실이지만 그 본질을 깨닫는 것은 항상 모든 인간 개인의 자기 책임이다. 21세기의 인간 게놈 해독과 함께 읽어진 신의 언어는 더 이상 창조와 진화의 논쟁도, 지적설계론과 무신론적 불가지론의 논쟁도 의미가 없다는 것을 깨우쳐 준다. 이제 이러한 새로운 세계관의 패러다임을 이해하고 깨닫는 일만 남은 것 같다. 다시 한 번 바이오로고스의 여섯 개의 새로운 세계관 패러다임은 우리 시대에 밝혀진 인류가 가져야 할 '최종 세계관'임을 밝힌다.

chapter
04

거의 모든 존재의
역사로서의
양자형이상학

거의 모든 존재의 역사로서의
양자형이상학

∷ 들어가는 말

세계관과 형이상학의 물음 – 인간 원리를 통한 양자형이상학이 나오기까지의 역사

Die Weltanschauung und die Frage der Metaphysik – Die Geschichte bis zum Kommen der
Quantum Metaphysik durch das anthropische Prinzip

"지구가 태양을 돈다"는 지동설 때문에 갈릴레오에게 내려진 1616년 바티칸의 유죄 판결은 376년이 지난 1992년 철회되었다. 그러나 보는 관점에 따라 갈릴레오도 바티칸도 옳기도 하고 틀리기도 하다. 19세기의 영국의 과학자 라셀[William Lassell]은 일곱 개의 별이 지구를 돌지 않고 아홉 개의 별이 태양을 돌고 있다고 말했다가 큰 어려움을 당했다. 라셀의 어머니가 당시 종교 재판성과 사회 여론을 목격하고 그냥 일곱 개라고 할 것이지 왜 아홉 개라고 했느냐고 아들을 나무랐다고 한다. 일곱 개의 별이 지구를 돌건, 아홉 개의 별이 태양을 돌건 세상 살아가는 데는 아무 불편

이 없을 뿐 아니라, 라셀이 당연한 것을 말한 것뿐인데 교회가 그 말에 불편했다면 그건 교회의 문제일 뿐이었지만 생명을 나눈 라셀의 어머니에겐 날벼락이나 다름없기 때문이었다. 최근 과학자들은 명왕성을 태양계에서 퇴출해 여덟 개의 별이 태양을 돌고 있는 것으로 정리했다. 갈릴레오가 복권된 1992년 바티칸은 파리에서 새로운 《가톨릭 교회 교리서》를 세계에 공포했다. 이 《가톨릭 교회 교리서》 공포는 2,000년 기독교 역사에 전환점을 긋는 코페르니쿠스적 사건이기도 하다. 종교가 세상의 모든 것을 규제했던 중세 전통에서 스스로 자신의 겸허한 위치로 되돌아간 현대적 해석을 했기 때문이다. 물론 아직도 많은 부분에서 세계 이해에 중세적 잔재가 남아 있기는 하다. 1996년 독일 루터교와 바티칸은 일부 예전禮典의 다양성을 인정하면서 공동의 믿음에 대한 교리상의 일치를 선포하기도 했다.

물론 양쪽 근본주의자와 보수주의자들의 격렬한 반대가 있었지만 세계의 흐름에 종교도 어쩔 수 없이 현대적 세계관에 따른 재해석을 절실하게 인식했기 때문이 아닌가 생각한다.

21세기 과학 혁명의 영향과 그 의미로 인해 더 이상 편협한 기독교종교의 잘못된 정체성Identity을 고집할 수 없게 되었을 뿐 아니라, 우주와 자연에 대한 잘못된 중세적 교리에서 온 권위와 강요에 의한 기독교 신앙 역시 적어도 유럽에서는 더 이상 설 자리가 없게 되었다. 현대 정보 기술과 IT 문화는 세계 정보의 동시화, 보편화, 객관화를 더욱 가속할 것이고, 이러한 정보의 동시성, 보편성, 객관성을 통한 세계 이해는 새로운 진리와 사실 이해를 통해 종교와 과학이 함께 인간과 자연의 자기 정체성을 찾을 수 있게 해주어야 한다는 것에 공감하고 있는 것 같다. 형이상학^{신학, 철학, 종교}은 과학이 알려준 우주와 자연에 대한 바른 이해를 통해 형이상학의 물음을 양자형이상학으로 새로 제시해야 하고, 과학의 후발자가 아닌 통섭자로서 위치를 다시 정립해야 한다면, 과학은 더욱 유용성^{Nützlichkeit}을 위해 발전하겠지만 자연에 대한 중용^{中庸}을 잃어서는 안 된다. 과학자들이 오염된 지구를 포기하고 우주 도시로의 이주를 계획해야 한다고 주장하는 것만큼 인류 역사상 최악의 선택은 없을 것이다.

이렇게 아름답고 살기 좋은 지구와 같은 별을 우주 어디에서 찾을 수도 없고 우주 도시로의 이주는 너무나 많은 비용이 들고 70억 인류 가운데 극히 일부에게만 기회가 주어진다. 인류는 절대적으로 지구를 지키고 보존해야 한다.

우주와 세계의 본질을 알기 위해 2,500년 전 소크라테스 이전 철학자들이 질문한 '존재^{물질}의 근원'을 형이상학자들은 언어로 우주와 세계의 본질을 구명해왔다. 그 존재 질문의 마지막은 존재를 존재케한 신 존재를 묻는 것이다.

동서양은 2,500년 전부터 우주 기원과 존재의 본질을 물었다. 헤라클레이토스는 네 가지 원소^{물, 불, 공기, 흙}를 존재의 근본 물질로 이해했고 생성^{生成, das Werden}을 존재의 본질로 해석했다. 데모크리토스는 더 이상 쪼갤

수 없는 작은 것이란 의미의 아톰^atom을 존재의 근본으로 생각했고 탈레스는 물, 파르메니데스는 존재를 만물의 근본이라 주장했다. 노자는 도를 근본이라 말했다. 형이상학은 대체로 파르메니데스의 전통을 따랐고 물리학은 데모크리토스의 전통을 따랐다. 이 두 전통의 평행은 필자의 견해로는 양자론이 나올 때까지^1927년 지속된 것으로 본다. 양자론이 나오기까지 과학은 몇 차례 세계관의 변화를 거치게 된다. 갈릴레오와 코페르니쿠스와 케플러로 이어지는 지동설은 기독교의 지구 중심 세계관을 수정하게 했고, 뉴턴의 만유인력설은 기계주의적이고 결정론적인 세계관이긴 하지만 신의 예정이 아닌 자연법칙에 의해 우주와 세계가 운행되고 있음을 알게 해주었음에도 불구하고 인과의 사슬 속의 자연 현상으로 이해했다면, 라이프니츠는 단자론으로 존재의 본질과 세계 형성을 설명했다. 아인슈타인의 일반상대성이론은 세계를 놀라게 했을 뿐 아니라 지금까지 편안하게 살아왔던 세계가 상대적이라는 것 때문에 사람들에게 큰 충격을 주었다. 아인슈타인이 주장한 시공간의 상대성은 이미 뉴턴이 당시 신을 위한 절대 시공간이 있어야 하는데 없다는 것을 알고 크게 고뇌한 것에 비하면 크게 새로운 것은 아니다.

1927년 닐스 보어와 많은 물리학자들이 '코펜하겐 해석^Copenhagen interpretation'을 통해 양자론을 발표하자 아인슈타인은 양자론이 주장하는 미시세계^입자들의 행동의 불확정성에 대한 주장에 대해 "신은 주사위 놀이를 하지 않는다"고 말하면서 확률로 신이 우주를 창조한 것처럼 이해되는 것에 반대해 우주는 처음부터 지금 모습 그대로였을 것이라는 우주상수론을 주장했지만 나중에 그 이론을 철회했다. 지난 80년 동안 상대성이론과 양자론은 거시 존재인 우주와 미시 존재인 입자의 세계를 잘 설명하는 이론으로 지금까지 인정되고 있다. 특히 양자론은 인간의 상상력을 초월하는 것이 아닐 수 없다. 마침내 과학자에 의해 수학 공식도 아니고 방정식도 아닌 몇 구절의 언어로 이루어진 '인간 원리'라는 원리가 주장되었다. 스티븐 호킹이 자신의 저술《시간의 역사》에서 확장해 다루면서 이 '인간 원리'는 현재까지 나온 이론 가운데 자연과 세계를 가장 잘 설명하는 자연 그대로의 매끈한 이론으로 인정받고 있다고 말할 수 있다.

호킹은 케임브리지 대학 교수 시절 1988년《시간의 역사》를 출판해 전 세계 언어로 번역되어 4,000만 부나 팔려 읽히면서 세계적인 과학자가 되었지만 노벨상과는 인연이 없어 보인다. 업적이 별로 없기 때문이라는 데 사실 형이상학자 입장에서 볼 때 호킹의 '인간 원리'와 몇 가지 이론은 우주와 세계, 자연을 보통 사람들도 이해하기 쉽게 설명해준 것과 우주에 대한 관심을 일으켜준 공헌을 인정해야 할 것 같다.

인간 원리는 우주의 기원과 그 이후의 우주의 모든 역사를 가장 탁월하게 설명하고 있다. 강한 인간 원리Weak Anthropic Principle와 약한 인간 원리Strong Anthropic Principle로 우주 창조에 지적 설계자의 개입을 조심스레 주장하는 입장과 반대하는 입장으로 나뉘어 있지만 인간 존재에는 어떤 의미와 뜻이 있을 것으로 생각하는 쪽의 의견도 많다.

2,500년간 형이상학과 물리학이 사유하고 탐구해왔던 또는 신앙해온

절대자, 스스로 존재하는 자, 신, 최초 원인자 등의 신 존재에 대한 이해를 망치로 내려치는 듯한 1999년 발표된 마틴 리스의 '우주가 존재하게 하는 힘'을 설명하는 《여섯 개의 수》는 기존의 온갖 사변들이 내놓은 언어들을 잠재우게 하기에 충분했다. 마틴 리스의 '여섯 개의 수'는 우주와 세계, 자연 즉 존재가 가능하게 된 여섯 개의 힘을 말한다. 우주의 기원과 세계와 존재의 시작에 대한 형이상학이 그 동안 상상력으로 내놓은 형이상학적 사유와 묘사를 종식시키는 결정적인 여섯 개의 수이다. 빅뱅과 동시에 '여섯 개의 수'가 작동한다.

1999년 마틴 리스의 《여섯 개의 수》 이후 2003년 프랜시스 콜린스가 신의 언어를 읽어냈다는 '바이오로고스'는 인간 게놈을 해독하고 자연계 생태계의 DNA를 읽은 놀라운 업적이다. 형이상학과 신학이 찾아왔던 신의 섭리, 절대자의 세계 운행, 신의 은총 이런 언어를 무색하게 만드는 이론이다.

우주를 만들었을 뿐 아니라 우주의 모든 것을 운행하고 있으며 인간에게 신을 신앙하게 하고 도덕법을 따르게 하는 유신론적 신 이해의 진술의 일반적인 패턴인 〈시편〉 19편^{하늘은 하느님의 영광을 속삭이고 창공은 그 훌륭한 솜씨를 일러줍니다}의 범주를 벗어나지 못한 경우가 대부분이다. 우주와 자연에 대한 신의 섭리를 주장하는 '신 가설^{God Hypothesis}'에 대해 프랜시스 콜린스는 이렇게 말한다.

신이 존재한다면 그 신은 초자연적이다.

초자연적이라면 자연법에 구속되지 않는다.

자연법에 구속되지 않는다면 시간에 구속될 이유도 없다.

시간에 구속되지 않는다면 과거, 현재, 미래에도 존재한다.

이는 다음과 같은 결과를 초래한다.

신은 대폭발 이전에도 존재했을 수 있고, 우주가 사라진 뒤에도 존재할 수 있다.

신은 우주가 형성되면 어떤 결과가 나타날지를 우주가 형성되기 전부터 정확히 알았을 수 있다.

신은 일반적인 나선 은하의 가장자리에 위치하고 생명체가 살기에 더없이 적합한 특성을 지닌 한 행성을 미리 알았을 수 있다.

신은 그 행성이 자연 선택이라는 진화 체계에 따라 앞으로 감각 능력이 있는 생명체를 탄생시키리라는 사실을 미리 알았을 수 있다.

비록 자유 의지가 있는 생명체이지만 신은 이 생명체가 어떤 생각과 어떤 행동을 할지도 미리 알았을 수 있다.프랜시스 콜린스, 《신의 언어》, 86쪽

If God exists, then He is supernatural.

If he is supernatural, then He is not limited by natural laws.

If He is not limited by natural laws, there is no reason He should be limited by time.

If God is not limited by time, then He is in the past, the present, and the future.

The consequence of those conclusions would include:

He could exist before the Big Bang and He could exist after the universe fades away, if it ever does.

He could know the precise outcome of the formation of the universe even before it started.

He could have foreknowledge of a planet near the outer rim of an average spiral galaxy that would have just the right characteristics to allow life.

He could have foreknowledge that that planet would lead to the development of sentient creatures, through the mechanism of evolution by natural selection.

He could even know in advance the thoughts and actions of those creatures, even though they themselves have free will.Francis Collins, *The Language of God*, pp. 81-82

지적 설계자, 즉 신이 존재 이전에 존재우주와 세계를 계획하는 시공간절대 시공간이 창조 이전에 필요하다는 모순을 벗어날 수 없는 신의 가설이다. 이미 뉴턴이 이런 고민을 했고 신을 위한 절대 시공간이 있을 수 없음을 고백했다.

호킹이 주장한 중요한 이론들은 대폭발이론, 특이점이론, 통일장이론, 블랙홀 그리고 인간 원리이다. 인간 원리는 방정식이나 수학으로 설명한 것이 아니라 서술어로 표현된 가장 객관적이고 보편적인 본래의 세계관을 말하고 있다. 노자의 현지우현玄之又玄과 무위자연無爲自然의 의미 그대로 이다.

독일어로 인간 원리는 다음과 같다.

Wir sehen das Universum so, wie es ist, weil wir nicht da wären, um es zu beobachten, wenn es anders wäre.

우리가 보는 세계는 우리가 보고 있는 그 모습 그대로이어야만 한다. 다른 가능성은 없다. 왜냐하면 세계가 다르게 존재할 수 있다면 그 세계를 보고 있는 우리 자신이 있을 수 없기 때문이다. …… 우리가 현존하기 때문에 있는 그대로의 우주를 본다.

스티븐 호킹의 《시간의 역사》 128쪽에서 찾은 영어 원문은 "Why is the universe we see it? The answer is simple : if it had been different, we would not be here! …… We see the universe the way it is because we exist"이다.

창조와 우주 기원과 세계와 자연을 가장 잘 설명하고 있는 인간 원리에도 약한 인간 원리와 강한 인간 원리가 있다. 본 논문에서는 창조의 목적론적 해석에 가까운 약한 인간 원리를 더 타당한 이론으로 선택했음을 밝힌다.

독일어로 번역된 호킹의 《시간의 역사》를 에어랑겐 대학 서점에서 발견한 필자는 1989년 어느 날 밤을 새워 읽었다. 그때까지 모든 것의 해석에 풀리지 않고 있던 것이 바로 "시간"의 문제였는데 과학자가 말한 시간을 붙들고 고뇌했다. 하이데거의 존재와 시간, 사르트르의 존재와 무, 헤겔의 순수 유와 순수 무의 변증법적 이해, 베르그송의 시간론, 칸트를 비롯해 많은 철학자들의 존재와 시간, 세계와 자연에 대한 언어가 그렇게 창백했다. 분명히 다른 차원의 시간과 존재 이해를 가능하게 해준 스티븐 호킹과 우리 시대의 현대물리학은 형이상학의 언어만으로는 더 이상 존재와 시간의 본질을 말할 수 없다는 것을 깨닫게 해주었다. 완전한 이론을 찾으려는 현대물리학은 신의 의지와 계획을 알아낼 수 있는 이론으로 통일장이론을 생각하고 있다. 아직 네 가지 힘의 통합은 이루어지지 않고 있지만 부분적인 통합 시도는 이미 있었다. 상대성이론으로는 거시 세계인 우주를, 양자론으로는 미시 세계인 입자의 세계를 설명하고 있는 이 이론을 서로 통합하려는 시도는 놀라운 모순으로 나타났다. 블랙홀의 중심에는 별 전체가 질량을 그대로 간직한 채 아주 작은 점의 형태로 수축되어 있다. 또 대폭발이 일어나기 전에는 우주 전체가 원자보다 더 작은 영역 속에 압축되어 있었다. 그러므로 일반상대성이론과 양자론이 조화롭게 결합되지 못하면 압축된 별의 최후도 우주의 근원도 영원히 미지로 남을 수밖에 없게 된다. 이론상으로는 이 두 이론을 통합하여 '중력 저하에서 어떤 물리적 과정이 일어날 확률'을 계산해낼 수 있다. 그러나 그 결과는 '무한대'라는 황당한 답이 얻어진다.

결국 이 두 이론을 통합시키는 이론으로 초끈이론Superstring Theory 이라는 이론을 탄생시켰다. 이 초끈이론이 주장하는 입자의 세계는 전혀 기존의 것작은 점 같은이 아닌 끈으로 되어 있다는 것이다. 모든 입자들은 핵자보다 작은 가느다란 끈으로 되어 있으며 각각의 끈에 있어서 진동의 형태에 따라 다양한 입자의 모습전기 전하, 전자, 쿼크, 뉴트리노, 다른 소립자이 나타난다고 말한다. 이 초끈이론은 아인슈타인이 주장한 통일장이론강력, 약력, 전자기력, 중력을 완성시킬 수 있는 가장 근접한 이론임이 틀림없다.

이 초끈이론으로 상대성이론과 양자론을 통합시키면 우주가 3차원의 공간과 1차원의 시간으로 이루어져 있다는 상식을 깨고 9차원의 공간과 1차원의 시간을 합한 10차원의 시공간이라는 가정을 받아들여야 한다. 게다가 이 초끈이론을 더 발전시킨 M이론M-theory에 의하면 이 우주는 10차원의 공간과 1차원의 시간 즉 11차원으로 결합된 시공간이어야 한다는 것이다. 우리가 인지할 수 없는 여분의 차원이 우주 공간 안에 실재한다는 것이다. 이 초끈이론과 M이론에 의하면 "우리의 눈에 보이는 세계는 진정한 실체가 아니라 극히 일부분의 세계만을 보여주고 있다"는 것이다. 실지로 인간은 4차원 이상을 인식할 수 없다.

브레인이론Brane(막, 膜) Theory은 우주가 우리 눈에 보이지 않는 막의 여러 차원으로 이루어져 있다고 말한다. 거울 속으로 들어가 다른 이상한 나라를 보고 돌아오는 그런 세계가 실재한다는 것이다. 그리고 브레인세계가설Braneworld Scenario이라는 이론에 의하면 초끈이론과 M이론의 범주 안에서 우리가 살고 있는 3차원 공간이 3브레인에 해당된다고 가정하고 있다.

인간은 우주전체와 끈일자, 즉 거시 존재의 전체인 우주 전체도 미시 존재의 부분일자인 끈도 알 수 없다. 현대물리학이 스스로 신비주의로 방향을 잡게 된 것도 물질에 대한 과학의 해석에 한계를 느끼게 되었기 때문이고 형이상학종교이 사유로만 존재와 시간을 언어로 표현하는 것에 역시 한계를 느끼게 된 것과 같은 차원에서 물리학과 형이상학의 대화는 필연적인 것이다.

지난 20년 동안 유럽의 대학에서는 철학부, 신학부가 물리학부와 공동 세미나를 통해 우주의 기원에 대한 연구와 토론이 한창이다. 제네바의 유럽핵물리연구소로 입자 가속기를 통해 '존재의 가장 작은 것'을 함께 보러가는 세미나도 열리고 있다. 요즘 아니 이미 오래 전부터 수학과 물리학을 모르고는 철학 강의를 들을 수 없게 되었다. 인류의 숙제이기도 한 시간과 공간 이해와 우주 기원 규명은 이제 모든 학문의 관심이 된 것이다. 자연신학이 더욱 활발하게 연구되고 있으며 최근 한국의 여러 대학에서 과학신학과 창조과학이 강의되고 있는 것은 당연한 귀결이라고 생각한다.

물리학과 신학형이상학의 질문에 답으로 주어져야 할 가장 중요한 문제가 바로 '시간'이다. 지금까지 시간의 차원은 4차원을 이해할 때 수반되듯이 3차원의 공간과 늘 분리해 이해해왔지만 사실은 시간은 하나의 차원이 아니라 시공간콘티눔Zeit-Raum-Kontinuum으로 해석해야만 한다. 그러나 사실 시간의 차원은 무차원적이다. 모든 차원을 통해 시간은 의미되고 있기 때문이다. 모든 사물은 자신을 이루고 있는 환경^{입자}에서 빛의 속도에 가까운 속도로 운동하면서 자신의 존재를 드러내고 있다. 항상 새로운 존재^{입자}가 자신의 존재를 이룬다. 그런 의미에서 역사는 늘 현재를 해석하는 것이 된다.

자연과 우주는 그래서 항상 현재의 자연과 우주로 보인다. 양자론이 주장하는 "세계를 객관적으로 관찰할 수 없다"는 말의 의미에는 역사에도 관찰자가 있을 수가 없다는 말이다. 객관적인 역사도 객관적인 관찰자도 없다. 어제와 오늘은 순수 지속으로 이어져 있고 역사를 관찰하기 위해 시공간에서 어제의 시공간을 도려낼 수가 없다. 우리의 사유를 이어가는 작은 입자들뿐 아니라 우리를 이루고 있는 입자들 역시 항상 변하고 있다. 어떻게 우리의 사유가 정보를 이어가는지 놀라울 따름이다.

세계의 처음을 말할 때 객관적인 목격자가 없기 때문에 어쩔 수 없이 특이점이론을 받아들여야만 한다. 이 특이점이론은 대폭발을 전제로 한다. 즉, 우리가 이해할 수 없는 방식으로 태초에 어떤 에너지^{힘}에 의해 대폭발이 우주 전체에 동시에 일어났다는 것이다. 이 대폭발로 시작된 우주의 시작을 특이점이론으로 설명하고 있는 과학자 가운데 호킹도 포함된다.

프린스턴의 러시아 과학자 가모프가 추측한 대폭발 후 우주 어딘가에 남아 있을 것이라는 '우주 배경 복사'를 아르노 펜지어스와 로버트 윌슨이 우연히 1965년 뉴저지의 벨연구소 안테나에서 찾아냈다. 우주에서 가장 오래된 광자^{光子}를 본 것이다. 대폭발 후 초기 상태에 대한 이론은 MIT

대학 앨런 구스^{Alan Guth} 교수가 1979년에 주장한 초팽창이론으로 잘 설명하고 있다. 즉 우주가 창조^{폭발} 직후 100만 분의 100만 분의 100만 분의 100만 분의 100만 분의 1초의$^{10^{-43}초}$ 시간 안에 팽창이 이루어진 것이라 주장한다. 그 후 우주는 지름이 수천억 광년에서 무한에 가까운 광대한 시공간으로 확장되었고, 은하와 다른 무수히 많은 별들의 우주가 만들어지게 되고, 아주 나중에 태양계도 나타나게 된다. 그리고 지금도 우주는 계속 팽창하고 있다.

허블의 발견은 이 팽창이론을 증명해준다. 허블은 "우주는 계속 팽창하고 있고 어느 지점에서 보아도 똑같다"라고 말한다. 우주^{세계}는 처음 무로부터 대폭발에 의해 시작되었으며 팽창하다가 언젠가 수축해 다시 무로 돌아간다는 것이다. 이 특이점이론과 우주팽창이론은 우주가 현재의 모습을 처음부터 가진 것이라는 정상우주론^{Steady-State-Modell}과 창조론^{여기서} ^{말하는 창조론은 양자론과 상대성이론의 이해없이 주장된 고전적 창조론을 말한다}에 충격을 주었다. 그러나 양자론적 창조론^{Quantum Creation}으로 볼 때 상대성이론, 양자론, 대폭발이론, 팽창이론을 다 받아들일 수 있다. 그런 의미에서 필자는 창조의 현대적이고 본래적 해석으로 '양자론적 창조론'을 제시한다.

이 특이점^{대폭발} 이후 1초 동안에 물리학을 지배하는 중력과 다른 모든 힘^{전자기력, 강력, 약력}이 생겨났다. 우주의 지름은 1분이 지나지 않아 수천조 킬로미터에 이르게 되고 여전히 빠른 속도로 팽창하게 된다. 수백억 도의 뜨거운 온도에 의해 원자핵 반응이 일어나게 되고 많은 가벼운 원소들이 생성된다. 수소와 헬륨이 만들어지고 리튬이 생겨난다. 이 최초의 3분 동안에 우주에 존재하게 될 물질의 98퍼센트가 만들어졌다. 우주 탄생의 신비는 이 모든 과정이 얼마나 인간에게 유리하게 되어 있는가이다. 만약 우주가 조금만 다르게 생성되었더라면, 즉 만약 중력이 조금 더 강했더라면 또는 약했더라면 팽창이 조금 더 느리거나 빨랐다면 우리 인간은 물론이고 우주의 모든 것과 인간이 살 수 있게 된 지구의 생성조차 불가능하게 되었을 것이라는 점이다. 현재의 세계가 가능하게 된 배경은 이런 놀라운 우연과 섭리가 없이는 불가능했다는 것과 영겁의 시간을 통해 수조兆 번에 이르는 폭발들이 일어난 후 현재의 우주가 가능하게 된 것이다.

이 모든 세계 존재의 가능성에 대한 질문 "왜 우주가 그런 방식으로 탄생하게 되었는가?"에 대한 답은 "우리 우주가 가끔씩 만들어지는 수많은 우주들 중 하나이기 때문이다"라고 트라이언E. Tryon은 말한다. 누가, 어떤 힘에너지으로, 이 두 가지 질문에 대한 과학의 답은 아직 없다. 그러나 어떤 방식으로 전개되었는가에 대해서는 과학이 답을 주고 있다.

김대식은 "존재는 왜 존재하는가? 왜 무가 아니고 유인가?"에 대한 현대물리학의 답은 물체와 공간이 존재하지 않는 '무'는 양자역학적으로 불안정하기 때문이다. '무'는 오래갈 수 없기 때문에 '유'이다. 마찬가지로 아무것도 존재하지 않는 '무'는 랜덤으로 변하지 않으면 안 되기 때문에 우리는 존재하는 것이다"라고 자신의 책《김대식의 빅퀘스천》에서 말한다. 김대식, 《김대식의 빅퀘스천》, 19쪽

우주 창조와 창조 후의 거의 모든 것의 역사는 스티븐 와인버그의 책 《최초의 3분》과 빌 브라이슨이 쓴 금세기 최고의 책인《거의 모든 것의 역사》가 실지로 거의 다 설명하고 있다. 이런 배경에서 나온 "인간 원리" 는 놀랍게도 창조를 가장 잘 설명하는 이론이 되었고 신神이 인간을 위해 세계를 창조했다는 목적론적 창조론을 약한 인간 원리로 설명할 수 있게 되었다는 것이다. 이 말은 과학도 신학도 약한 인간 원리를 창조론으로 해석하는 것에 대해 반론을 제기하기가 어렵다는 것이다. 인간 원리는 인간에게 특별한 배려로 우주가 주어진 것이라 말하기보다는 다른 가능성 이 있을 수 없기 때문이라는 운명론적 의미에서 양자론적 창조론을 말할 수 있게 한다. 그 의미는 우주가 인간에게 우연히 그냥 존재하게 된 것이 아니라 인간이 자연의 아들로서 목적론적으로 우주에 주어진 것이라는 것이다.

　세계의 시작을 말하는 고대 문서들 중 설화적인 수메르 문서와 상상력 의 산물인 플라톤의《티마이오스》그리고 〈구약성서〉의 〈창세기〉가 있다. 〈창세기〉의 세계 창조 역시 우주 전체와 관계를 가지기 위해서는 과학이 말하는 대폭발이론과 그 이후의 우주 생성 과정을 이론으로 제시한 과학 의 해석을 수용해야만 한다. 1952년 대폭발이론을 처음 주장한 영국의 과학자 프레드 호일은 우리가 살고 있는 태양계의 생성에 대해 이렇게 설 명한다. 약 46억 년 전에 우리가 살고 있는 지름이 약 240억 킬로미터 정 도인 거대한 기체와 먼지 덩어리 소용돌이가 뭉쳐지기 시작했다. 이때 태 양계에 존재하는 질량의 99.9퍼센트가 함께 뭉쳐서 태양이 되었고, 나머지 물질 중 아주 가까이 있는 아주 작은 알갱이들이 정전기 힘에 의해 합쳐지게 되어 태양계가 탄생하게 된 것이라고 말한다. 그중 한 별이 우리가 살고 있는 지구인 것이다.

지구가 지금 크기의 3분의 1 정도 되었을 때부터 이산화탄소, 질소, 메탄, 황으로 이루어진 대기가 만들어지고, 대략 41억 년 전 지구에는 혜성과 운석과 다른 천체에서 생성된 파편들이 쏟아졌으며 그 덕분에 바다를 채울 물과 생명이 탄생하는 데 필요한 물질들이 생겨나게 되었다. 지구의 이산화탄소가 이룬 온실 효과로 30억 년 전에 드디어 생명의 탄생이 가능하게 된 것이다. 이렇게 해서 인류가 문명을 이루게 되고 존재의 시작을 묻게 된 것은 전체 우주의 역사에서 볼 때 불과 0.000000022퍼센트의 시간에 이룩한 것이다.

: 시공간이란 과연 무엇인가?Was ist Zeit - Raum - Kontinuum?

시공간 해석Die Interpretation des Zeit-Raum- Kontinuums

현대 과학은 세계를 보는 우리의 눈을 완전히 바꾸어놓았다. 그러나 이러한 세계관의 변화가 인간의 삶과 하나님에 대한 신앙에 어떤 변화를 주었는가? 이 질문에 대한 답으로서 과학신학양자형이상학은 창조 사건부터 시작된 존재 역사와 인류 구원의 의미를 설명하고자 한다.

〈창세기〉의 시공간의 시작은 다음과 같다. "한 처음에 하나님께서 하늘과 땅을 지으셨다. 땅은 아직 모양을 갖추지 않고 아무것도 생기지 않았는데 어둠의 깊은 물 위에 뒤덮여 있었고 그 물 위로 하나님의 기운이 휘돌고 있었다. 하나님께서 빛이 있으라 하시자 빛이 생겨났다. ……" 이 창조의 시작은 약 150억 년 전^{또는 137억 년 전}에 일어났고 그다음 과정은 현대물리학이 설명하는 방식대로 대폭발에서 시작해 46억 년 전에 태양계가 생겨나고, 30억 년 전에 지구에서 생명이 탄생하게 된다. 그 다음은 생물학자와 화학자들이 설명하는 방식대로 지구의 생태계가 만들어졌다.

하이든의 오라토리오 〈천지 창조〉는 창조를 묘사한 표제 음악이다. 독일 과학자 바이츠재커는 〈창세기〉의 천지 창조 사건을 창조 비유 이야기로 설명한다. 이것은 창조 음악도 창조 비유 이야기도 'Ding an sich^{물 자체}'가 아니고 다 묘사描寫라는 것이다.

〈요한복음〉의 존재의 시작은 이렇다 "한 처음 천지가 창조되기 전부터 말씀이 있었다. 말씀이 하나님과 함께 있었고 하나님과 똑같은 분이셨다. 말씀은 한 처음 천지가 창조되기 전부터 하나님과 함께 계셨다. 모든 것은 말씀을 통하여 생겨났고 이 말씀 없이 생겨난 것은 하나도 없다. 생겨난 모든 것이 그에게서 생명을 얻었으며 그 생명은 사람들의 빛이었다. 그 빛이 어둠 속에 비치고 있다. 그러나 어둠이 빛을 이겨본 적이 없다. 말씀이 세상에 계셨고 세상이 이 말씀을 통하여 생겨났다"고 말한다. 〈요한복음〉의 세계 시작에 관한 말씀은 〈창세기〉보다 덜 설화적이고 함축적이지만 말씀을 존재 자체로 이해하면 과학이 설명하는 인간 원리로 설명할 수 있다. 왜냐면 창조 때부터 노아 시대도 모세 시대도 예수 시대도 다

양자론적 세계이기 때문이다.

과학은 더 나은 모델을 제시해 덜 모순된 이론을 찾는다. 가장 매끈하고 모순이 적은 이론으로 제프리 추^{G.F.Chew}가 주장한 부트스트랩^{Bootstrap} Theory을 들 수 있다. 이 이론은 말 그대로 웅덩이에 빠진 사람이 자신의 구두끈을 잡고 그 웅덩이에서 빠져나온다는 말이다. 추는 말하기를 "자연은 물질로 된 기본적인 작은 조각^{입자}처럼 어떤 기본적인 실재로 환원될 수 없으며, 자기 모순 없이 완전히 그 자체의 완성을 통해 존재된 물질로 이해되어져야 한다. 사물은 상호 모순이 없는 물질 사이의 관계에 의해 존재하게 되며, 물리학은 각각의 물질을 구성하고 있는 성분^{원소}들이 서로 모순되지 않게 하는 조건을 충족시켜야 한다"는 것이다.

이 "모순 없이 물질을 존재하게 하는 조건"이 이미 가능했기 때문에 우주와 세계가 존재하게 된 것이다. 이것 역시 가장 잘 설명하고 있는 이론이 인간 원리이다. 바로 우리가 이 질문을 할 수 있다는 것 자체가 이 조건이 충족되었기 때문이다. 즉, 우주가 언제인가 생명이 탄생하게 되는 방향으로 조건을 만들면서 은하계와 태양계가 만들어졌고 지적 생명체인 인간이 다시 존재의 시작^{특이점}을 묻게 된 것이 바로 이 인간 원리의 의미를 충족시키고 있다. 세계 현상^{존재 현상 또는 물질과 정신의 세계}에 대한 과학자들의 생각은 형이상학자들의 생각과 크게 다르지 않다. 데이비드 봄은 존재^{물질}들이 "그물"로 서로 연계되어 있다고 말한다. 우주의 모든 존재가 역동적 상호 작용으로 그물처럼 연결되어 있다는 것이다. 나비효과로 기상 이변이 일어나는 것도 엘니뇨 현상도 엘 고어가 만든 영화 〈불편한 진실〉

도 데이비드 봄의 주장을 입증하고 있다.

노자가 말한 화광동진和光同塵의 극치가 무위자연이라면 예수의 산상 수
훈 역시 양자론적으로 해석해야 한다. 물리학자 장회익 교수는 '온 생명'
이란 개념으로 우주의 모든 존재하는 것이 생명을 이루게 하는 온 생명
이라고 하였다. 더 이상 생물과 무생물을 나눌 수도 분리할 수도 없다. 더
미시적 세계를 말하는 주커브는 "물질은 존재하려는 경향과 존재하지 않
으려는 경향"이 결합해 존재로 나타난다고 말한다. 이게 무슨 소리인가
반문하겠지만 실제의 존재 현상은 미시적으로 그러하다. 소립자의 세계
에서는 그렇게 존재가 만들어지고 있다. 호킹이 인용한 일화에 의하면 영
국 버클리의 주교가 "모든 물질적 대상이나 공간과 시간이 다 환상에 지
나지 않는다"고 말하자 사무엘 존슨S. Johnson은 "나는 그것을 이렇게 반박
하지!"라고 말하면서 큰 바위를 발로 걷어찼다는 것이다. 우리의 삶의 현
실에서는 큰 바위를 걷어찬 발은 통증을 느낄 것이지만 우주론적으로 볼
때 이 사건은 환상에 지나지 않는다는 것이 맞다.

이 사건을 이루게 한 존재들, 즉 큰 바위, 걷어찬 발, 그 큰 바위 주변
의 흙, 돌, 풀, 공기…… 등 그 순간의 존재 현상을 가능하게 한 모든 물
질들의 미시적 존재는 입자들의 상호 작용이고, 우주 전체에서 본 거시
적 존재 이해로는 극미極微의 찰나의 현상이라 인식되기조차 어렵기 때문
에 환상에 지나지 않다고 말할 수 있다. 블레이크는 "한 알의 모래알에서
세계를, 한 송이의 꽃에서 천국을, 손바닥에서 무한을, 찰나에서 영원을
……, 동양의 현자는 그에게서 하늘과 땅과 대기가 엮어지고 바람과 목

숨 있는 모든 생령이 엮어진 것을 하나의 영혼인 그이만이 알고 있네"라고 말했다.

환경 문제에 인류가 깊이 공감하게 된 것도 공동의 운명이기 때문이기도 하지만 실지로 그리스도인만을 위해 신이 세계를 창조한 것이 아니라 모든 인류를 위해서 창조했기 때문에 하나뿐인 지구와 우주를 보존하고 지키는 데 종교와 과학이 함께해야 한다.

세계와 자연의 본질을 알게 되면 기존의 잘못 이해된 종교와 신앙이 진리 이해에 걸림돌이 될 수 없다. 창조과학의 목적론적 창조 이해 역시 거시적으로 볼 때 과학신학에 포함된다.참고: 박담회/김명룡,《기독교 지성으로 이해하라》

과학 시대의 새로운 패러다임으로 카프라가 제시한 여섯 개의 주장을 필자의 견해로 보완 정리한 것은 다음과 같다.

1. 부분과 전체의 관계는 부분의 속성을 통해 전체를 이해하게 되며 부분들의 속성은 전체의 역동성을 통해 이해된다. 전체의 역동성을 이해하게 되면 부분들의 상호 작용의 속성과 형태를 이해할 수 있게 된다. 모든 물질은 상호 의존적이며 분리될 수 없다. 그러므로 부분과 전체는 동일한 궁극적 실재의 일시적인 양태이다.

2. 구조에서 과정으로 사고를 전환한다. 즉, 기계로서의 우주가 인과 구조가 아닌 상호 연관된 전체의 흐름, 즉 과정으로 이해한다. 상호 연관된

그물 속의 어떤 존재를 관찰하기 위해 잘라내야 한다. 이때 관찰에 따라 전자가 입자로 나타나기도 하고 파동으로 나타나기도 한다.

3. 하이젠베르크의 말대로 인간이 자연에 대해 말하려면 반드시 우리 자신에 대해서도 동시에 말해야 한다. 모든 것이 연계되어 있기 때문이고 자연과 인간은 나뉠 수 없는 과정 속에 존재를 이루고 있기 때문이다.

종교적 신비는 객관적인 관찰로 이해될 수 없다. 그것은 언제나 전체와 하나 되는 완전한 존재 참여이다. 관찰되기 위해 자연이 한 순간 정지하는 것도 아니고 관찰을 위한 잉여 시간이 있는 것도 아니다. 스포츠 중계에서 지나간 장면을 다시 보여주는 그 장면 뒤에는 여전히 게임이 진행되고 있는 것과 마찬가지이다.

4. 자연은 관찰자인 인간을 포함해 자연을 구성하는 모든 것에 있어서 그물의 역동 관계이다. 이 그물 안에서는 어떤 부분도 다른 부분보다 더 기본적인 양태는 없다. 모든 것이 다른 모든 것과 연관되어 있다면 하나를 이해하기 위해 우주 전체를 알아야만 한다. 결국 근사치^{aproximate}의 진리^{중간 존재적 또는 중용적}로 이해할 수밖에 없다.

인간 원리는 바로 가장 근사치의 진리^{중용의 진리}를 찾게 해 주는 이론이며 인간 개념은 이 인간 원리를 가능하게 하는 이론이다.

5. 파스퇴르$^{L. Pasteur}$는 "과학은 잠정적인 대답을 통해서 자연 현상의 본질에 도달하려는 더욱 복잡하고 깊은 물음들을 향해 나아간다."고 말했다.

이 말은 답으로 주어진 모든 과학의 이론과 공식이 근사치의 진리이기는 하지만 우주와 자연에 대한 물음의 깊이는 인문학보다 더 본질적이라는 것이다.

6. 과학 기술의 적절하지 못한 사용과 이기적인 남용, 인문학신학의 편협한 세계 이해도 편견과 독선만큼 위험한 것이다. 인간 이외의 모든 우주 환경과 자연 환경에 저지른 성숙하지 못한 인간에 의한 피해는 결국 인간에게 그 피해가 되돌아온다. "정신을 중심으로 하는 창조 운동the creation centered spirituality"을 통해 과학과 인문학, 종교와 신학, 음악과 예술을 통해 영적 창조 운동으로 자연의 질서에 동참해야 한다. 창조의 목적은 가장 자연 그대로의 자연으로 인간이 순응해 사는 것이다. 자연주의 신학으로서의 과학신학은 야훼존재자를 사랑하며 자연과 조화를 이루는 삶을 이 영적 창조 운동으로 해석한다.프리초프 카프라, 《현대물리학과 동양사상》, 411~428쪽

: **양자론과 양자형이상학**Quantum Theorie und Quantum Metaphysik

양자역학이론양자론, Quantum Theory은 현재까지 알려진 이론 가운데 가장 자연을 자연 그대로 잘 설명하고 있는 철학적이고 종교적이며 신비적이기도 한 이론이다. 이 이론이 발표된 지 80년 가까이 되었지만 여전히 우주와 자연을 잘 설명하는 이론으로 남아 있다. 이 이론이 나오게 된 배경은 막스 플랑크가 열복사 에너지가 연속적으로 방출되는 것이 아니라 '에너

지 다발들'의 형태로 나타난다는 것을 발견했을 때부터 시작한다. 아인슈타인은 이 에너지 다발을 '양자'라고 불렀다. 양자는 질량을 가지고 있지 않으며 언제나 빛의 속도로 운동하는 특별한 입자이다. 지금은 이것을 광자라고 부른다.

1927년 닐스 보어, 드브로이^{L. de Broglie}, 슈뢰딩거, 파울리^{W. Pauli}, 하이젠베르크, 디랙^{P. Dirac} …… 등의 과학자들이 코펜하겐에서 선언한 그 유명한 이론이 바로 코펜하겐해석^{Copenhagen interpretation}이다. 이 이론에 의하면 거시적 존재^{우주 전체}는 고전물리학을 따르고 미시적 존재^{소립자}는 양자론을 따른다.

이 양자론에 의하면 세계와 우리 인간을 이루고 있는 모든 것들, 사건, 도시, 이념, 날씨, 아파트, 논술고사……까지 입자들의 이해할 수 없는 상호 작용과 존재와 무^{물질과 반물질} 사이의 상호 결합으로 이루어져 있는 현상이라는 것이다. 최근의 이론으로는 우주 전체에 대칭하는 또는 반^反하는 암흑 물질^{dark matter}과 반물질이 있어서 우주 존재를 가능하게 한다는 것이다.

니체는 "모든 것은 해석이다"라고 말했지만 필자가 보기에는 모든 것은 메타포이다. 해석은 어떤 대상이 전제되고 그 대상에 대한 것이지만 메타포는 존재하는 모든 것이 은유적이란 말이다. 실제 우리가 보고 느끼는 모든 사물과 현상은 막이론의 설명처럼 우주의 여러 차원의 '막세계

위의 현상$^{braneword\ scenario}$'이기 때문이다. 이것을 우리는 일상 또는 역사라고 말한다.

아인슈타인의 E =mc², 즉 "에너지는 물질과 속도의 제곱에 비례한다"는 이론도 제네바의 유럽핵물리연구소가 발표한 새로운 정의에 의해 수정된다. "에너지가 물질이 된다$^{Energie\ wird\ zu\ Materie}$"로 바뀌었다. 나사의 연구와 노력에도 불구하고 인간은 광년의 벽을 넘어 우주 밖으로 나갈 수가 없다. 또 현재까지 알려진 작은 존재인 소립자 또는 쿼크가 400여 개 발견되었지만 아직 존재의 가장 작은 것이 밝혀지지는 않았다.

인간의 사유가 사유하는 인간의 시스템을 벗어날 수 없다면, 이 시스템의 법칙에 따라 인지하는 존재의 가장 작은 것이 과연 존재의 가장 작은 것일 수 있는가? 과학의 거시 존재와 미시 존재를 찾으려는 모든 노력은 아마 영원히 알아가는 과정에 머물 것이라 생각한다. 결국 중간적 존재인 인간이 중간적 존재$^{우리가\ 이해할\ 수\ 있는\ 세계}$를 인식하는 것이다. 세계에 자연의 일부로 주어진 인간이 어떻게 자연과 세계로부터 분리되어 관찰할 수 있는가? 하이젠베르크는 "이 세계를 주체와 객체, 내부 세계와 외부 세계, 육체와 영혼으로 상식적으로 나누는 것은 더 이상 아무 의미가 없다"라고 말했다.

폴 데이비스는 "과학은 신에게 접근하는 길을 종교보다 더 확실하게 제시해준다"고 말했다. 데이비스의 주장은 현대물리학이 신학의 질문에 대한 답을 더 구체적으로 제시했기 때문이라는 것이다. 여전히 세계에서 양자론 이후에도 종교 분쟁과 무지에서 저질러지는 많은 사건들은 옛 세계관의 틀을 벗어나지 못하고 있기도 한 이유와 세계와 자연에 대한 객관적인 정의가 주어졌다고 해도 각 개인의 이해와 수용에 따라 중세적 옛 세계관으로 살고 있는 사람들이 대부분인 이유 때문이다. 이에 대해 존 매독스John Meddox는 "어쩌면 우리가 물을 수 있을 만큼 충분한 지식을 확보하지 못한 상태에서 던져지는 물음에 대한 나름대로의 그 시대 시대마다 답이 주어졌다는 것이 놀라울 뿐이다"라고 말한다. 지금까지 인류는 보편적이고 시대를 초월하는 궁극적인 답은 가지지 못했다. 과정의 근사치의 답에 목숨을 걸기도 했다.십자군 원정, 종교 재판, 마녀사냥, 30년 전쟁…… 등

　　과학신학과 창조신학이 서로 가장 합리적이고 보편적인 답을 찾기 위해 양자론의 입장인 세계가 무로부터 대폭발에 의해 창조되었다는 주장과 창조신학의 입장에서 주장하는 과거 특정한 시간에 우주를 창조하기로 마음먹은 인격적인 창조주가 있었다는 이 두 주장을 서로 모순되지 않게 설명하는 것이 과학신학양자형이상학이다.

　　미국 인간유전체연구소 소장인 콜린스는 자신을 유신론적 진화론자라고 하면서 "만약 신이 자신과 관계를 맺을 수 있는 세계와 인간을 창조하면서 왜 진화의 방식을 사용해서는 안 되는가?"라고 묻는다. 진화론을 말하는 과학자들은 기독교의 창조 세계 밖의 것을 말하고 있지 않다. 진화론은 창조 이후 120억 년이나 107억 년이 지난 후지금부터 30억 년 전 생명이 탄생되고 난 그 이후의 극히 짧은 시간대의 생물학적 변화에 대한 이론일

뿐이다. 기독교는 마치 진화론이 창조론에 대칭이기나 한 것처럼 너무 민감하게 반응하고 있는 것 같다. 그런데 더 이상 인간만을 위한 태양계 안에 적용되는 자연법칙으로 우주 전체의 자연법칙을 설명할 수 없다.

최근 우주과학자들은 지구로부터 20광년 떨어진 우주에 지구를 닮은 별이 있다고 주장했다. 별의 이름이 '행성 581c'인 이 별은 그러나 이론상 51개의 생물이 살 수 있는 우주 속의 별 중 하나를 이번에 발견한 것이다. 신이 창조한 이 세계 이외 다른 세계가 없다. 그렇다면 무신론은 이미 불가능하다. 존재하고 있음이 바로 신의 존재를 전제하고 있기 때문이다.

폴킹혼 교수는 신이 인간을 창조한 의미에 대해 "신에 대한 믿음에는 실재가 있으며 총체적 의미가 있다. 그 근거는 세계가 신성한 작인作因의, 즉 신의 피조물임을 인식하는 것이다"라고 말하면서 네 가지 명제를 제시한다.

1. 세계의 질서 뒤에는 정신Mind이 존재한다.
2. 정신이 전개하는 역사 뒤에는 목적Purpose이 있다.
3. 계시된 존재는 숭배Worship받을 가치가 있다.
4. 신은 영원한 희망Hope이다.

인간에게 필요한 세계를 신이 창조를 통해 인간에게 삶의 현장으로 준

이후 그 오랜 시간에 걸쳐 이루어진 자연사의 모든 과정을 직접 신이 개입한 것인가, 아니면 자연에 내맡겼는가?

우주의 시작부터 생명이 탄생하기까지 오랜 시간을 필요로 했다. 지구가 속한 태양계가 생겨난 후 태양과 그 주변의 별들이 서서히 식어야만 했다. 그래야만 중력과 전자기력 사이의 절묘한 균형이 있게 되고 생명에 필수적인 탄소와 다른 원소들이 제1 세대의 별들의 내부 용광로에서 형성되기 위해서는 핵력과 딱 맞아떨어져야 한다. 이 모든 사건이 인간이 나타나기 위한 준비들이다. 즉, 우주와 세계를 정교하게 조율해 인간을 있게 한 조물주의 계획인 것이다. 창조신학적 이해인 이 인간 중심의 이해에는 우연_{무작위한 자연의 상황적 특수성}과 필연_{인간 중심으로 정교하게 조율된 법칙} 사이의 상호 작용이 있어야만 한다. 박담회와 김명룡은 《기독교 지성으로 이해하라》에서 원인 없이 스스로 존재하는 하나님이 인격체임을 주장한다.

> 하나님은 우주를 만드신 분이기 때문에 우주의 원인이 됩니다. 그렇지만 하나님은 우주를 초월하신 분이기 때문에 우주의 인과의 법칙에 지배를 받지 않습니다. 우주나 물질은 존재의 원인을 반드시 가져야 하지만 우주를 초월하면서 물질이 아닌 하나님은 자신의 원인을 가지지 않습니다._{박담회/김명룡, 《기독교 지성으로 이해하라》, 70쪽}

하나님은 인지될 수 없는 절대 타자인데 어떻게 그 하나님이 인간에게 스스로 인지되게 하시는지 설명해주어야 한다. 아니면 우리 인간에게 신을 인지할 수 있는 빛을 주었다는 말의 의미를 해석해주어야 한다. 이에 대해 윌리엄 레인 크레그[William Lane Craig]를 인용한다.

> 창조주는 자유로이 어떤 시작점을 가진 세계를 창조하실 것을 의도했다. 그는 그의 원인적 힘을 실행함으로써 시작점이 존재하는 이 세계를 만들었다. 따라서 그 원인[창조주]은 영원하나 그 결과[세계]는 영원하지 않다. 이와 같이 이 유한한 세계는 인격체인 창조주의 자유 의지를 통하여 영원히 원인[창조주] 덕분에 존재하게 되었다. 박담회/김영룡, 《기독교 지성으로 이해하라》, 73쪽

현대물리학도 이것을 부정하지는 않지만 더 객관적이고 보편적인 답을 찾고 있다. 더 매끈하고 모순 없는 설명이 필요하기 때문이다.

누가? 어떻게? 이 두 질문에 대한 답을 과학과 신학이 함께 찾아야 한다. 아직 '어떤 힘으로'에 대한 답은 없다. 알게 된다 하더라도 '언어로 표현할 수 없다'가 더 정확한 답이 될 것이다. '누가'에 대한 답은 창조주라는 것에 과학도 동의하고 있다. 그러나 어떤 창조주인가? 이 문제에 대해 과학자들은 신학자들의 답에 아직 관망하고 있는 것 같다. "하나님이 다 했다" 왜냐하면 '하나님은 전능하기 때문이다' 이런 상투적인 신학의 답에 식상한 철학이 질문하고 질문했고 그 답은 과학이 찾아냈다.

과학은 적어도 창조의 전 과정을 구체적으로 설명해주고, 신은 가장 자연스러운 방식으로 세계를 창조했으며, 그 창조를 설명하는 자연법칙은 인간이 찾아낸 자연을 설명하는 언어이다. 이 언어가 유용한 것이 바로 인간 원리이고 인간 개념의 의미이다. 인간 개념은 인간 원리가 적용되는 그것이 바로 그 의미이다. 자연은 법칙에 의해 운행되는 것이 아니

라 자연이 스스로 운행되는 것을 인간이 법칙으로 설명하는 것이다. 폴킹혼, 박담회, 김명룡의 인격체로서의 창조주가 목적을 가지고 세계를 창조했으며 지적 설계Intelligent Design를 통해 우주를 창조했다는 주장에 대해 '왜 신은 그 오랜 시간을 걸쳐 인간이 나타나게 했으며 다시 그 시작점Singularity을 묻는 방식으로 창조를 깨닫게 했을까?'라는 질문이 생긴다. 신은 왜 초월과 비약의 방법을 사용하지 않고 자연에 내맡겼을까? 대폭발의 원인만 제공하고 나머지는 자연의 흐름에 내맡긴 것을 어떻게 이해해야 하는가? 이것이 현대 과학의 의문이다.

과학신학은 신은 창조만 하고 나머지는 자연에 맡겼다는 이신론理神論과 대폭발이론을 양자적 창조론으로 통합하고자 한다. 즉, 신은 대폭발의 방법으로 목적을 가지고 세계를 창조했으며 인간이 자연의 일부이자 주체로서 자연과 조화의 삶을 살기를 원한다는 폴킹혼이 제시한 네 가지 명제를 수용한다. 지난 20세기와 21세기에 나타난 많은 신학 사조들, 즉 변증신학, 정통신학, 언어신학, 신 죽음의 신학, 해방신학, 여성신학, 흑인신학, 민중신학, 생태신학, 환경신학, 포스트모던신학 …… 등 어느 것 하나 신학의 본질에서부터 출발하지 못한 상황신학의 형태로 시대 시대를 대변하는 신학고전적 의미의으로 나타났다. 반면에 과학신학은 자연신학의 형태로 우주와 세계의 처음부터 인류가 물어왔던 존재의 기원이 물음의 시작이다. 나머지 질문들은 윤리이거나 교회를 경영하는 기술일 뿐이다. 현우식 교수의 《과학으로 기독교 새로 보기》 같은 과학신학서도 나왔다.

자연신학의 현대적 해석의 의미로 주장된 과학신학Theology of Science 은 신학의 본질을 우주 전체에서 소립자까지 질문하는 포괄적 신학이며 우주신학Theology of Cosmos 으로 발전되어야 한다.

음악의 본질은 소리이다. 시대와 장소를 초월해 들리는 소리의 미학이 음악이다. 모차르트의 〈레퀴엠Requiem〉과 브람스의 〈레퀴엠〉이 다르고 앤드루 로이드 베버A. L. Webber 의 〈레퀴엠〉이 또 다르다. 전혀 다른 새로운 음향을 들려준다. 각각 100년 정도의 시간 간격을 두고 작곡된 음악이다. 2001년 9·11 뉴욕 테러를 당한 미국인들에게 악몽과 같은 아픈 기억을 위로하려는 레퀴엠이 몇 달 후 작곡되어 연주되었다. 리처드 다니엘포Richard Danielpour 의 〈아메리카 레퀴엠An American Requiem〉이다.

샌프란시스코의 퍼시픽 심포니 오케스트라Pacific Symphony Orchestra 와 퍼시픽 합창단Pacific Chorale 의 연주로 탁월한 음향을 들려주었다. 그러나 앞으로 100년 뒤에 작곡될 레퀴엠은 상상을 초월하는 음악일 것이다.

양자형이상학은 우리 시대에 발견된 양자광자시대의 형이상학이지만 사실은 존재의 처음부터, 즉 우주 창조부터 다루는 전 시대의 형이상학이다. 처음부터 우주세계는 양자적 존재였기 때문이다. 나사는 지구를 우주에 알리는 음악으로 베토벤의 5번 〈운명 교향곡〉 CD를 우주 공간에 가져다 놓았다. 언젠가 우주의 어느 별에서 지적 생명체가 지구의made in earth 음악을 CD로 듣게 될 것이라는 믿음에서이다. 영국 작곡가 구스타브 홀스트Gustav Holst 의 조곡 〈행성The Planets〉을 우주에 CD로 함께 보냈다. 만약 우주인이 듣게 된다면 베토벤보다 훨씬 익숙한 우주적 음악이 될 것 같다. 그런 의미에서 우주신학과 우주형이상학Metaphysics of Universe의 시대가 곧 오게 될지 모른다. 중세 르네상스는 성서와 고전그리스철학, 로마철학을 함께 연구했다면 우리 시대의 고전은 물리학과 양자형이상학이다.

: 인간 원리와 인간 개념Das anthropische Prinzip und Der anthropische Begriff

우리가 "세계에 대해 말한다"라는 말의 의미는 세계 자체가 아니라 "우리가 세계에 대해 말함"을 세계에 대해 말한 것으로 이해한다는 것이다. 이것은 인간 개념이 전제되었음을 말하는 것이다. 즉, 이해가 무엇인지? 이해에 대한 이해와 세계에 대한 이해가 전 이해되어 있어야 한다. 인간 개념은 인간 원리에서 유출되었으며 "세계가 왜 이러해야만 하는가에 대한 다른 가능성이 없다"는 것에 따른다. "만약 다른 가능성이 있었다면 그 질문을 하는 인간이 있을 수 없다"는 이유 때문이다. 이 인간 원리에 따르는 이론이 바로 인간 개념이다. 이것은 닐스 보어가 과학은 세상의 있는 그대로의 모습에 대해서는 아무것도 알려주지 않는다고 말하면서 "…… 란 무엇인가?"라는 질문에 답이 없다는 것이다. 그래도 답을 말한다면 가장 정확한 답은 "……이다."라는 것이다. 그런 의미에서 인간 개념에 명제가 없다. 인간 원리가 적용되는 그것이 바로 인간 개념의 명제이다. 자연법칙은 고전물리학의 근거 위에 통용되는 개념이어서 우리에게는 아주 익숙하지만 미시적 존재 해석에서는 자체 모순과 약점을 가지고 있다. 그 반면에 거시적 존재 해석에서는 상대성이론과 양자론을 따르는데 고전적 세계 속에 살아왔던 우리에겐 너무 낯설고 이상하다. 그러나 세계는 실지로 처음부터 언제나 양자적이다. 세계는 결정론적이지도 않고 지구 중심적이지도 않으며 기계적이지도 않다. 세계의 실제 모습은 비결정론적이고 불확실성적이며 양자론적이다. 양자형이상학은 고전적 세계관으로 개념한 언어로 처음부터 양자적 세계인 우주와 세계와 자연을 해석한다. 인간 개념이 가능하게 된 근거로 마틴 리스의 '여섯 개의 수'와 프랜시스 S. 콜린스의 '바이오로고스'를 들 수 있는데, 우리 인간의 언어로 우주와 자연의 모든 것을 가장 근사치로 정의하고 해석한 것으로 받아들이는 한 인간 개념을 따르는 것이 된다.

인류 문명이 이루어놓은 과학 수학, 문화, 건축, 예술 등 모든 것을 인류가 서로 이해하고 공유할 수 있게 된 것이 바로 인간 개념으로 가능한 것이다. 알파벳을 통한 영어는 이제 전 세계 공용어가 되어가고 있으며 아라비아 숫자는 전 세계인이 공동으로 자연스레 사용하고 있다. 인간 개념은 보통 인간의 눈과 뇌가 자리하는 지구 위 지상 160~190센티미터에서 바라보는 인간의 눈과 뇌로 본 세계와 자연을 6,500여 년 관찰해오면서 축적된 과학과 수학, 문학과 예술의 집성이 인간이 이해할 수 있는 개념으로 정착되고 추적된 결과인 것이다. 우주인과 동물에게 그 개념을 강요할 수도 적용할 수도 없다. 인간 원리가 하나의 통일된 인간의 관찰의 눈을 제공했다면 인간 개념은 그 인간 원리를 가능하게 하는 모든 인류 문화가 이룬 개념들이다.

호킹의 인간 원리는 "우주는 왜 우리가 보는 대로의 상태로 되었을까? 그 대답은 간단하다, 만약에 그렇지 않았더라면 우리는 여기에 존재하지 않았을 것이다!Why is the universe the way we see it? The answer is then simple: if it had been different, we would not be here"Stephen Hawking, *A Brief History of Time*, p. 129 이다.

호킹은 다시 우주가 우리 인간이 보는 대로의 매끈함에 대해 말한다.

'왜 우주는 이렇게 매끈한가?'라는 질문을 할 수 있는 자기 재생산이 가능한, 복잡한 유기체가 발달하기에 알맞은 조건이 이루어진다고 상상해보자. 이것은 인간 원리로 적용되는 하나의 실례이다. 인간 원리는 "우리가 현존하기 때문에, 있는 그대로의 우주를 본다"라고 바꿔 말할 수 있다.

Why is the universe so smooth? This is an example of the application of what is known as the anthropic principle, which can be paraphrased as "We see the universe the way it is because we exist."Stephen Hawking, *A Brief History of Time*, p.128

강한 인간 원리는 "서로 다른 우주가 있거나, 혹은 우주 속에 서로 많은 지역이 있는데, 이들은 각각 고유한 초기 조건과 고유한 일련의 과학 법칙을 가지고 있을 것이다. 이런 우주에서는 복잡한 유기체인간 같은 지적 생명체가 발달하기에 적합하지가 않은 조건이다. 우리 우주와 같은 극히 소수의 우주에서만 지적 생명체가 가능하다."

According to strong anthropic principle, there are either many different universe or many different regions of a single universe, each with its own initial configuration and, perhaps, with its own set of laws of science. In most of universes the conditions would not be right for the development of complicated organisms: only in the few universes that are like ours would intelligent Beings develop.^{Stephen Hawking, *A Brief History of Time*, p.129}

약한 인간 원리는 "공간적으로나 시간적으로 크거나 무한한 우주에서 지적 생명체가 발달하기에 필요한 조건은, 오직 공간적 또는 시간적으로 한정된 특정한 지역^{Goldilocks Zone}에서만 충족된다. 그러므로 이런 지역의 지적 생명체는 우주 안에서 그 지역이 생존에 필요한 조건을 충족하고 있다는 것을 관측해도 놀라울 것이 없다. …… 약한 인간 원리를 적용한 예로는, 대폭발이 약 137억 년 전에 일어났던 까닭은 지적 생명체가 그만큼 진화하는 데 시간이 걸린다는 것이다."

The weak anthropic principle states that in a universe that is large or infinite in space and/or time, the conditions necessary for the development of intelligent beings in these regions should therefore not be surprised if they observe that their locality in the universe satisfies the conditions that are necessary for their existence. …… One example of the use of the weak anthropic principle is to "explain" why the Big Bang occurred about ten thousand million years(13.7 billion) ago it take about that long for intelligent Beings to evolve.^{Stephen Hawking, *A Brief History*}

우리가 인간 원리 가운데 약한 인간 원리로 빅뱅특이점으로 시작되어 현재
까지 발달된 우주를 이해하는 그것 자체가 바로 인간 개념이라는 것이다.
What we through the weak anthropic principle the universe, that from
Big Bang(Singularity) to now understand, itself, is, we see the universe
the way it is because we have anthropic concept.

인간 개념으로 가장 많이 통용되는 것이 아마 '별자리'일 것이다. 별들
이 이루어놓은 모양에 따라 이름을 붙이기 시작한 인류, 전 세계 모든 국
가마다 별자리에 붙인 이름들이 많다. 북두칠성이나 곰자리, 전갈자리 등
에서 이젠 최초로 발견된 별에 발견자가 붙이는 이름을 세계가 인정한다.
일본 전국 시대 100년에 걸친 걸출한 인물로 에스기아의 가로 나오에 카
네츠구가 있다. 오다 노부나가, 도요토미 히데요시, 도쿠가와 이에야스
시대에 걸쳐 실존한 인물로 의義를 생의 철학으로 신봉하는 에스기아의
영주 카게가츠를 주군으로 섬기며 일본 전국 시대 난세에 애愛를 생의 철
학으로 내건 무사이다. 카네츠구의 동생 오오쿠니 사네요리의 후손이 아
마추어 천문학자인데 그가 발견한 화성과 목성 사이의 소흑성에 '카네츠
구'란 이름을 붙였다. 아무튼 별과 별 사이의 거리가 몇 광년이나 되는데
지구 위의 인간이 보는 별자리의 모양이야말로 인간 개념으로 인간 사이
에서만 이해되는 개념이다. 별 자신과는 아무 관계없이 사람들이 별이름
을 지어 부르듯이 태풍 이름– 사라, 카트리나, 매미 등 –도 태풍 자신과는

전혀 관계없이 인간이 짓고 전 세계적으로 통용된다. 우리 인류가 서로 이해하고 통용되는 우주와 자연에 대한 수많은 인간 개념들이 존재하고 있다. 가장 의미 있게 통용되는 인간 개념에서 나온 것이 바로 종교이다. 세계의 종교들이 만들어낸 교리와 가르침, 윤리와 권면 사항들 거의 대부분이 인간 개념을 통해 나온 것들이라는 것이다.

: **양자형이상학의 명제** Die Prinzipien der Quantum Metaphysik

비트겐슈타인의 《논리 · 철학 논고》는 아인슈타인의 상대성이론1905년 특수 상대성이론, 1915년 일반 상대성이론이 나오고 난 후, 그러나 양자론1927이 나오기 전이었던 1922년에 발표됐다. 비트겐슈타인의 《논리 · 철학 논고》 가운데 중요한 명제들을 소개한다.비트겐슈타인, 《논리 · 철학 논고》, 19~117쪽

1.   세계는 일어나는 모든 것이다.

1.1.   세계는 사실들의 총체이지, 사물들의 총체가 아니다.

1.11   세계는 사실들에 의하여, 그리고 그것들이 모든 사실들이라는 점에 의하여 확정된다.

1.12   왜냐하면 사실들의 총체는 무엇이 일어나는가를, 그리고 또한 대체 무엇이 일어나지 않는가를 확정하기 때문이다.

1. 2   세계는 사실들로 나뉜다.

1.21   하나의 일은 일어나거나 일어나지 않을 수 있으며, 나머지 모든

것은 그대로 남아 있을 수 있다.

2   일어나는 것, 즉 사실은 즉 사태들의 존립이다.

2.0211 만일 세계가 아무런 실체를 가지지 않는다면, 한 명제가 뜻을 가
지느냐는 다른 한 명제가 참이냐에 달려 있게 될 것이다.

2.063 전체 현실이 세계이다.

6.432 세계가 어떻게 있을 수 있느냐는 더 높은 존재에게는 완전히 아무
래도 좋은 일이다. 신은 자신을 세계 속에서 드러내지 않는다.

6.44 세계가 어떻게 있느냐가 신비스러운 것이 아니라, 세계가 있다는
것이 신비스러운 것이다.

6.52 비록 모든 가능한 과학적 물음들이 대답되어 있다고 해도, 우리는
우리의 삶의 문제들이 여전히 조금도 건드려지지 않은 채로 있다
고 느낀다. 물론 그렇다면 과연 아무런 물음도 더 이상 남아 있지
않다. 그리고 바로 이것이 대답이다.

6.53 말해질 수 없는 것, 그러므로 자연과학의 명제들 - 그러므로 철학
과는 아무 상관없는 어떤 것 - 이외에는 아무것도 말하지 말고, 다
른 어떤 사람이 형이상학적인 어떤 것을 말하려고 할 때는 언제
나, 그가 그의 속에 있는 어떤 기호들에다 아무런 의미도 부여하
지 못하였음을 입증해주는 것, - 이것이 본래 철학의 올바른 방법
일 것이다. 이 방법은 그 다른 사람에게는 불만족스럽겠지만 그는
우리가 그에게 철학을 가르쳐 주었다는 느낌을 가지지 않으리라 -

이 방법이 유일하게 엄격히 올바른 방법이다.

6.54   나의 명제들은 다음과 같은 점에 의해서 하나의 주해 작업이다. 즉, 나를 이해하는 사람은, 만일 *그가* 나의 명제들을 통해 – 나의 명제들을 딛고서 – 나의 명제들을 넘어 올라간다면, 그는 결국 나의 명제들을 무의미한 것으로 인식한다_{그는 말하자면 사다리를 딛고 올라간 후에는 그 사다리를 던져버려야 한다}. 그는 명제들을 극복해야 한다. 그러면 세계를 올바로 본다.

7   말할 수 없는 것에 대해서는 침묵해야 한다.

스티븐 호킹이《시간의 역사》로 세계에 시간 이해의 새로운 장을 연 그해 1988년 알랭 바디우는《존재와 사건》에서 존재에 대한 명제들 가운데 일부를 소개한다. 바디우는 프리고진과 원자물리학을 언급하긴 했지만 현대물리학의 존재와 시간이해에 전혀 접근하지 못하고 플라톤, 아리스토텔레스, 스피노자, 헤겔, 말라르메, 파스칼, 횔더린, 라이프니츠, 루소, 데카르트 그리고 라캉의 존재론을 언급한다. 바디우는《존재와 사건》서론 첫 부분에서 '세 가지 추정'에 하이데거를 언급하고 있다.

1. 하이데거가 보편적으로 인지 가능한 마지막 철학자이다.
2. 과학적 합리성이라는 형상은, 수학과 논리학 그리고 빈학파의 작업에서 이루어진 발달을 따라온 사유, 특히 미국적 사유의 장치들을 통해 지배적인 패러다임으로 유지되어 왔다.

3. 탈데카르트적 주체 이론이 전개 중인데, 그것의 기원은 비철학적 실천들정치적인 것이든 '정신 질환과 관련된 것이든로까지 거슬러 올라갈 수 있다. 마르크스와 레닌와 프로이트와 라캉라는 이름으로 표시되는 그것의 해석 체제는 전달 가능한 담론을 넘어서는 임상적 또는 전투적 조직들로 아주 복잡하게 뒤엉켜 있다.

바디우는 철학에 대해 다음과 같은 견해를 밝힌다.

> 철학은 존재론을 중심으로 하고 있지 않으며 – 존재론은 별도의 엄밀한 분과로 존재한다 – 오히려 이러한 존재론즉 수학, 현대의 주체이론들 그리고 자체에 고유한 역사 사이를 순환하고 있다. 철학의 조건들의 현대적 복합체는 내가 앞의 세 가지 진술에서 언급한 모든 것을 포함한다. '서구적' 사유의 역사, 칸토어 이후의 수학, 정신 분석, 현대 예술과 정치, 철학은 이 조건들 중의 어떤 것과도 일치하지 않으며, 그것들이 속한 전체를 정교화하지 않는다. 철학이 해야만 하는 것은 이러한 요소들의 현대적 양립 가능성이 사유 가능한 것이 될 수 있도록 개념적 틀을 제안하는 것이다. 철학은 오직 이것만 할 수 있다. …… 즉, 철학 자체의 조건들 중에서 순수한 수학 형태로 된 존재론 자체를 특이한 담론적 상황으로 지시함으로써 말이다. 바로 그것을 통해 본래적 의미의 철학이 해방되어 결국 진리의 영역에 속하게 될 것이다. 알랭 바디우, 《존재와 사건》, 27쪽

'언어는 존재의 집이다Die Sprache ist das Haus des Seins'라고 말한 하이데거에

게 수학적 담론이 있는 존재론이 없다는 것, 프로이트에 머물러 카를 융을 언급조차 하지 않은 것, 칸토어의 수학 이론뿐 아니라 모든 수학은 존재와 사건을 설명하는 메타포인 인간 개념이라는 것, '서구적 사유의 역사'는 존재와 인식의 변증법적 사유의 역사라는 것, 이것들에서 벗어난 철학 고유의 본래적 작업이란 과연 무엇인가? 양자론 이후의 현대소립자 물리학의 미시적 존재론과 현대 우주과학의 거시적 존재론에 대한 이해가 전혀 없는 바디우의 존재론적 명제는 다음과 같다.

…… 이처럼 어떠한 사변적^{이론적} 체계도 생각할 수 없으며, 존재/비존재/사유 사이의 매듭의 이론^{이러한 매듭이 파르메니데스 이래 '철학'이라고 불리는 것의 기원이었} ^{다고 생각하는 것이 가능하다면 말이다}이 완결된 담론 형태로 제안될 수 있는 시대는 지나갔다는 데는 일반적으로 합의가 이루어져 있다. '사유의 시대'라는 말은 이제 그에 대한 전혀 다른 체제의 이해에 열리게 된 셈이다.

이러한 열림 – 이것의 본질은 형이상학의 시대를 종결시킨 데 있다 – 이 혁명으로 나타나는지 회귀로 나타나는지, 또는 비판 형태로 나타나는지 하는 점에 대해서는 의견이 일치하지 않는다. 이러한 국면에 대한 나 자신의 개입은 그것에 대각선을 긋는 데 있다. 내가 이 책에서 제안하는 사유의 도정이 세 곳의 봉합된 지점을, 앞의 진술에서 언급된 세 곳을 통과하기 때문이다.

• 하이데거를 따라 나는 철학 그 자체에 대한 재규정은 존재론적 질문에 기초해서만 이루어진다고 주장할 것이다.
• 분석철학에 따라 나는 프레게와 칸토어의 수학적·논리학적 혁명은 사

유에 새로운 방향을 설정해주었다고 주장할 것이다.

- 마지막으로 나는 어떠한 개념적 장치도 현대적 주체이론의 이론적·실천적 방향들 – 이것들 자체가^{임상적 또는 정치적} 실천 과정들에 내재적이다 – 과 일치하지 않는 한 적합하지 않다는 데 동의할 것이다.^{알랭 바디우,《존재와 사건》, 24~25쪽}

바디우는 '수학=존재론'이라는 주장에 대해 "그것들은 이데아적 대상들^{플라톤주의}인가? 추상을 통해 감각적 실체로부터 끌어낸 대상들^{아리스토텔레스}인가? 아니면 선천적 이념들^{데카르트}? 순수 직관에 의해 구성된 대상들^{칸트}? 유한한 조작적 직관에 의해 구성된 대상들^{브라우어}? 표기의 관례^{형식주의}? 또는 순수 논리학과 관련된 추이적 구성물들, 항진 명제^{논리주의}? 만약 여기서 내가 주장하는 것이 논증될 수 있다면 사실 수학적 대상은 존재하지 않는다. 수학은 엄밀하게 말해 아무것도 현시하지 않는다. 왜냐하면 현시 자체 – 다시 말해 다수 – 이외에는 아무것도 현시하지 않는 것, 그리고 그에 따라 결코 대상의 형식을 받아들이지 않는 것이 분명히 존재로서의 존재에 관한 모든 담론의 조건이기 때문이다"^{알랭 바디우,《존재와 사건》, 31~32쪽}라고 말하면서 데카르트와 뉴턴에게 요구된 '신'과 칸트에게 요구된 '초월적 존재'가 진지하게 다루어지지 않았음을 언급한다. 하이데거의 '언어가 존재의 집'이라면 바디우에겐 아마 '수학이 존재의 집'이라고 말하고 싶을 것이다. 그러나 양자물리학자 그 누구도 프레게나 칸토어의 정리와 이스턴의 정리를 인용하지 않고 있다. 그것들 역시 하이데거의 《존재와 시간》 속의 시적 언어로 표현된 것처럼 바디우의 《존재와 사건》 또한 수학과 집합 확률의 부호로 표시된 시적 언어와 다를 바 없기 때문이다. 실제 존재의 본질은 아원자입자물리학자들의 말을 들어야 한다.

사르트르의 《존재와 무》, 하이데거의 《존재와 시간》, 알랭 바디우의 《존재와 사건》 그 외 존재를 사유하며 고뇌했던 형이상학자들의 존재에 대한 사유의 역사를 부정할 수 없고 그들의 사유를 바탕으로 2,500년에 걸쳐 물어온 존재의 근원을 추구하는 아원자입자물리학의 세른에서 연구와 추구도 함께 존중되어야 할 것이다. 우리 시대의 행운은 스티븐 호킹의 《시간의 역사》를 통해 형이상학자들의 전유물처럼 여겨졌던 '존재와 시간과 무'에 대해 양자론 이후 현대 과학자들이 깊이 그 문제를 사유하고 있다는 것이다.

칸트와 헤겔 시대는 그렇다고 치더라도 적어도 하이데거는 현대물리학의 놀라운 자연과 우주에 대한 거의 모든 미시적 거시적 사유들이 알려진 시대라 아쉬움이 있다면, 알랭 바디우의 경우는 우리와 동시대의 형이상학자로서 왜 존재의 문제를 수학 이론으로 풀려고 한 것인지 더 큰 아쉬움으로 남는다. 왜냐하면 알랭 바디우와 같은 주장은 오래 전에 이미 같은 프랑스인 과학자 푸앵카레와 라플라스가 '신이 존재한다면 그는 수학자이다'라고 말한 바 있기 때문이다. 그러나 수학은 존재와 현상, 즉 우주와 세계와 자연 자체가 아닌 그것들은 이해할 수 있게 설명해주는, 우주인에게도 자연과 동물 식물에게도 이해의 공감대가 없는 인간 사이의 이해를 돕는 인간 개념이기 때문이다. 존재에 대한 사유도 무한정한 경계 없는 사유의 자유 영역에서 사변적 깊이와 독창성으로 결정되는 것이 아니다. 하이데거가 다양한 독일어 변용으로 존재의 깊이와 다양성을 다루었지만 과연 실제 존재에 어떤 의미가 있는지 모르겠다. 《존재와 사건》처럼 자연 그대로의 흐름에 언어와 수학으로 설명을 첨가하기보다 자연의 한 부분인 우리 인간이 노자처럼 자연을 관조하면서 기원전 1세기의 로마 자연철학자 루크레티우스같이 자연이란 존재가 사건이 되는 현상을 이해한 〈전도서〉 3장의 '자연주의적 존재와 사건'을 보자.

천하에 범사가 기한이 있고 모든 목적이 이룰 때가 있나니 날 때가 있고 죽을 때가 있으며 심을 때가 있고 심은 것을 뽑을 때가 있으며 죽일 때가 있고 치료시킬 때가 있으며 헐 때가 있고 세울 때가 있으며 울 때가 있고 웃을 때가 있으며 울고 슬퍼할 때가 있고 춤출 때가 있으며 돌을 던져버릴 때가 있고 돌을 거둘 때가 있으며 안을 때가 있고 안은 일을 멀리할 때가 있으며 찾을 때가 있고 잃을 때가 있으며 지킬 때가 있고 버릴 때가 있으며 찢을 때가 있으며 꿰맬 때가 있으며 잠잠할 때가 있고 말할 때가 있으며 사랑할 때가 있고 미워할 때가 있으며 전쟁할 때가 있고 평화할 때가 있느니라. 일하는 자가 그 수고로 말미암아 무슨 이익이 있으랴. 하나님이 인생들에게 노고를 주사 애쓰게 하신 것을 내가 보았노라. 하나님이 모든 것을 지으시되 때를 따라 아름답게 하셨고 또 사람에게 영원을 사모하는 마음을 주셨느니라. 그러나 하나님의 하시는 일의 시종을 사람으로 측량할 수 없게 하셨도다. 사람이 사는 동안에 기뻐하며 선을 행하는 것보다 나은 것이 없는 줄을 내가 알았고 사람마다 먹고 마시는 것과 수고함으로 낙을 누리는 것이 하나님의 선물인 줄을 또한 알았도다. 무릇 하나님의 행하시는 것은 영원히 있을 것이라 더할 수도 덜할 수도 없나니 하나님이 이같이 행하심은 사람으로 그 앞에서 경외하게 하려 하심인 줄을 내가 알았도다.

이제 있는 것은 옛적에 있었고 장래에 있을 것도 옛적에 있었나니 하나님은 이미 지난 것을 다시 찾으시느니라. 내가 해 아래서 또 보건대 재판하는 곳에 악이 있고 공의를 행하는 것에도 악이 있도다.

내가 심중에 이르기를 의인과 악인을 하나님이 심판하시리니 이는 모든 목적과 모든 일이 이룰 때가 있음이라 하였으며 내가 심중에 이르기를 인생의 일에 대하여 하나님의 지혜를 시험하시리니 저희로 자기가 짐승보다 다름이 없는 줄을 깨닫게 하려 하심이라 하였노라. 인생에게 임하는 일이 짐승에게도 임하나니 이 둘에게 임하는 일이 일반이라 다 동일한 호흡이 있어서 이의 죽음 같이 저도 죽으니 사람이 짐승보다 뛰어남이 없음은 모든 것이 헛됨이로다. 다 흙으로 말미암았으므로 다 흙으로 돌아가나니 다 한 곳으로 가거니와 인생의 혼은 위로 올라가고 짐승의 혼은 아래 곧 땅으로 내려가는 줄을 누가 알랴. 그러므로 내 소견에는 사람이 자기 일에 즐거워하는 것보다 나은 것이 없나니 이는 그의 분복이라 그 신후사를 보게 하려고 저를 도로 데리고 올 자가 누구이랴.

신상희가 쓴 《하이데거와 신》 243~244쪽에서 우리 시대의 형이상학자 하이데거가 얼마나 사변적 언어 구사를 했는지 발견할 수 있다.

우리는 비로소 오늘날의 존재의 형세Konstellation, 즉 몰아세움에 의해 지배된 기술적인 삶의 존재 망각Seinsvergessenheit으로부터 벗어나 자연과의 친밀

한 만남이 일어나는 세계 속에 존재할 수 있을 것이다. 세계-안에-존재하는In-der-Welt-sein 진정한 인간이란, 이 땅의 위험을 더욱 위험스럽게 몰아가거나 혹은 그 위험을 방관하는 자가 결코 아니며, 오히려 이러한 위험을 위험으로서die Gefahr als die Gefahr 직시하여 "대지를 구원하려고Erde retten 자신을 존재의 진리의 참됨Wahrnis에 초연히 내맡기는gelassen 자일 것이다.

실지로 그런 자를 찾아본다면 에크하르트와 스피노자 같은 자 정도가 아닐까? 또 하이데거가 유일한 시인으로 인정한 '존재로의 귀향의 시인' 횔덜린, 6개월 침잠 끝에 자신을 찾았다는 그리스의 니코스 카잔차키스 같은 자들이 아닌가 한다.

독일 하이델베르크에서 1995년 처음 주장된 '양자형이상학의 원리'를 한국의 부산에서 2015년 보완해 다시 정리한 '양자형이상학의 명제Die Prinzipien der Quantum Metaphysik'는 다음과 같다.

1. **존재의 본질에 대하여**Zum Wesen des Seins

1.1 존재우주와 세계는 처음 신절대자, 스스로 존재하는 자(causa sui)에 의해 대폭발로 창조되었다.양자론적 창조론, quantum mechanics creation

1.2 우주는 빅뱅과 동시에 마틴 리스의 '여섯 개의 수'가 지배한다.마틴 리스, 《여섯 개의 수》, 16~19쪽

여섯 개의 수 : N, ε, Ω, λ, Q, D.

1.3 '가모프의 창세기'에 따라 가벼운 원소가 만들어지는 것에서부터 초

신성에서 무거운 원소가 형성되는 것까지 원자핵 합성을 이루고, 프레드 호일의 핵융합 과정에서 탄소 형성에 따르며, 호일의 "우리는 여기서 우주를 바라보고 있다. 따라서 우주의 법칙은 우리의 존재를 설명할 수 있는 것이어야 한다"에 따른다.^{사이먼 싱, 《우주의 기원 빅뱅》, 413~417쪽}

1. 4   137억 년의 우주의 역사와 생명의 역사는 프랜시스 S. 콜린스의 '신의 언어'인 여섯 개의 '바이오로고스'가 오랜 시간에 걸쳐 지배한다. 우주 존재 이후 137억 년이 거의 다 된 지난 수십만 년 전에 콜린스의 바이오로고스 2, 3, 4, 5에 의한 인류의 조상과 현생 인류가 나타난다.^{프랜시스 콜린스, 《신의 언어》, 202쪽}

1. 5   오랫동안 인류가 우주와 세계를 관찰해오는 과정에 생긴 종교^{형이상학}와 과학의 통일된 우주 관찰을 위한 관점은 스티븐 호킹의 인간원리로 한다.

1. 6   시간 이전 시간이 없듯이 존재 이전에 존재는 없다. 존재^{시공간}가 시작을 가졌다는 것은 또한 종말을 가지고 있다는 것이다.

1. 7   존재의 본질은 존재와 무의 상호 작용으로 존재 현상이 드러난다는 것이다. 그러므로 "왜 존재가 있고 무가 있지 않은가?^{Warum gibt es das Sein nicht das Nichtssein?}"이 질문이 말하는 '존재하지 않음'의 의미는 양자론에 있어 입자의 상호 작용이 갖는 의미이다. 즉, 물질과 반물질, 암흑물질의 변증법적 상호 결합으로 이루어져 있다.

1. 8   우리가 존재를 인식한다는 것은 과정 속에 있음을 말한다. 인식대상도 인식자도 다 과정 속에 있다.

1. 9 존재는 존재 현상, 즉 입자가 상을 만들고 그 상이 물질의 이름이 된다. 고전적 존재 이해에서 스파게티는 먹는 음식의 현상적 존재다. 양자론적으로는 입자의 결합이다. 그러나 닐스 보어도 데이비드 봄도 이태리 레스토랑에서 입자로 된 물질 현상을 주문하지 않고 존재 현상인 해물로 된 스파게티를 주문한다면 "seafood spagetti!"라고 말한다. 현상의 언어로 이해하지만 실제의 언어는 내포되어 있다. 비타민 C를 섭취하기 위해 키위나 시금치를 먹지 비타민 입자를 먹는다고 말하지 않는 것과 같다.

1. 10 인간 원리에 따른 순수 존재^{das pure Sein}, 즉 정상이론^{세계는 처음부터 창조도 변화도 생성도 아닌 지금 있는 그대로 있다는 이론}을 이렇게 해석한다. 모든 존재의 과정 자체가 순수 존재이다.

1. 11 존재를 운동 속이나 변화 속에서 이해하는 것은 단지 우리가 사는 세계 안의 즉 자연법칙이 우리에게 익숙하게 적용되고 있는 중간 존재 현상^{Meso-Sein-Phaenomen}의 범주 안에서만 타당하다.

1. 12 일상에서의 존재 현상인 램프, 책상, 컴퓨터, 집, 도시, …… 등은 인간 개념에 따른 인습적인 표현이다. '왜 이런 이름과 모습을 가지는가?'에 대한 답은 없다. 그 존재가 가진 이름과 개념을 그대로 받아들인다.

1. 13 신은 자신이 알려지기는 거부한다? 신 존재의 비밀은 틸리히의 "신은 존재 자체다"를 가장 근사치의 이해로 따른다. 신의 존재 속성에 있어서는 안 되는 변화, 생성, 파괴, 즉 자연법칙에 예속되지 않아야 하는 그 의미에 따르자면 신 존재는 시간 안도 시간 밖도 아닌 시공

간에만 존재해야 하는 모순에 빠진다. 그런 시공간은 없다.

2. 시간의 본질에 대하여Zum Wesen der Zeit

2.1 시간 역시 첫 대폭발로 시작을 가졌고 존재 없이 시간은 있을 수 없다. 시간에 대해 말하는 것은 곧 공간존재에 대해 말하는 것이다. 시간과 존재는 시공간콘티눔이다. 시간과 공간 둘 중 어느 하나를 말하는 것은 곧, 이 둘을 말하는 것이다. 그러나 일상에서는 이 둘이 서로 나뉜 것처럼 말한다.

2.2 첫 폭발 이전의 시간이 없어야 하듯 창조 이전의 시간도 있을 수 없다. 중세 교부 신학자들의 고뇌, 즉 '창조를 어떤 방법으로 할 것인가?' 선택을 위한 창조 전의 시간은 없다. 그러나 우리는 "태초 그 이전"이란 마틴 리스의 책 제목처럼 일상에서는 아무렇지 않게 말한다

2.3 시간 역시 그 끝이 있다. 존재와 항상 같이 있다. 시간에는 여러 방향이 있다. 그러나 허수虛數의 시간은 없다. 영화에서 컴퓨터 합성으로 볼 수 있는 되돌리는 장면 역시 실시간에서 이루어진다. 만약 허수 시간이 실재한다면 존재가 있을 수 없다. 태허太虛도 절대 무도 존재로 이해된다. 그러므로 허수 시간은 없다.

2.4 우리가 시간을 인식하는 것은 시간 자체가 아니라 시간 개념을 통해서이다. 우리는 결코 시간 자체를 인식할 수 없다. 시간은 가장 신 개념에 가까운 인간이 찾아낸 하나님의 다른 이름이기도 하다. 양자론에서는 시간이 신이다.

2.5 현재만이 우리와 함께하는 시간이지만 이 현재라는 표현을 통해 현재의 순간이 포착되지 않는다. 현재는 이미 과거로 경험될 뿐이고 미래는 아직 있지 않음으로 경험될 수 없다. 그러나 미래는 현재로 현재되는 현재의 다른 이름이다. 미래는 영원히 없기 때문이다.

2.6 시간 이해를 위한 개념들, 즉 운동, 변화, 과정, …… 등은 시간의 순수 존재성에서 볼 때 문학적 표현이다. 메타포적이다. 우주 밖에서 우주를 관찰할 수 없듯이 시간 밖에서 시간을 관찰할 수 없다. 시간에 관한 개념들은 인간 개념에 따른 이해일 뿐이다. 우리가 시간을 인식한다는 것은 시간인 나를 인식하는 것이다.

2.7 무질서의 증가와 엔트로피 감소는 시간의 흐름^{있음}을 말해준다. 이 흐름을 인식한다는 것은 "날고 있는 화살은 일순간 정지 상태에 있다"는 제논의 생각과 같은 맥락이다. 변화를 측정하기 위한 축 설정은 바로 인간 개념으로 시간을 측정하는 것이다. 시간이 변화하게 하는 것이^{고전적 시간 이해} 아니라 시간 속에 존재 현상에 변화가 일어난다^{양자론적 시간 이해}.

2.8 일상의 삶에서 우리는 시계를 통해 시간을 이해하려 한다. 시계는 기계적 시스템이고 시각 표시는 인간에 익숙한 언어적 약속이다. "시간 있다, 시간 없다" 시계를 보면서 말할 때의 시간의 의미는 시간이 객체화된 것이다. 그러나 시간의 본질은 객체가 아닌 인식자의 주체적 이해이다.

2.9 시간 현상에 관한 개념들, 즉 지금, 순간, 영원한, …… 등은 시간 개념을 위한 형용사들이다. 상대적이다. 다른 상대적 개념의 형용

사가 있다.

2. 10 시간의 본질은 '시간은 없다'이다. 즉, 시간은 시간이 없는 것 같은 무시간적이고 반시간적인 것처럼 존재한다. 동양의 현자들과 아메리카 인디언들도 이미 시간은 없다고 말했고, 단지 있다면 자연에서 시간적인 어떤 것을 느끼고 체험할 뿐이다. 그래서 시간도 존재도 은유적이다. 폴킹혼은 "신과 시간"의 관계에 대해 자신의 책《쿼크, 카오스 그리고 기독교》112쪽에서, "신과 시간의 관계에 대한 전통적인 개념은, 신은 모든 것을 '한번에' 전체 역사를 위에서 내려다보고 있다는 것이다. 신은 미래를 미리 아는 것이 아니라 단지 알고 있을 뿐이다. 왜냐하면 신의 시야에는 과거, 현재, 미래가 모두 동시에 현재이기 때문이다. 나는 이런 견해를 받아들이기 어려운데, 그것은 실제로 미래에 일어날 세계가 위에서 제시한 바 – 비시간적인timeless 방식으로 짜여 있다고 생각하지 않기 때문이다. 역사는 단순히 존재하는 것이 아니라 펼쳐지는 것이다"라고 말했다.

3. 시간과 신Zeit und Gott

3. 1 신은 존재 자체이고 시간 자체이다Gott ist das Sein Selbst und die Zeit Selbst.

3. 2 신 존재는 자신의 존재 방식이 개념되지 않는 시간이고 시간적이다 Gottes Sein ist die Zeit und zeitlich.

3. 3 신 존재는 시간 안에서 그리고 시간 밖에서 찾아야 한다. 시간 안에서 신은 자연법칙에 예속되며 시간 밖에서 신은 영원한 타자이기 때문이다. 그런 절대 시공간은 없다. 그러므로 신 존재는 영원한 시

공간 밖도 안도 아닌 무^無이다. 그러나 존재함^有으로 세계가 인식된다. 왜 세계가 없지 않고 있는가? 이 질문은 형이상학적 질문의 본질이다.

3. 4 만약 우리가 신의 초월과 내재^{이 교리는 아직 유럽의 세계관이 신화적이고 동화적이었던 때에 만들어진 것이다}를 동시에 말한다면 신은 영원히 초월자이자 내재자로 머물러야만 한다는 모순에 빠진다. 즉, 시간 안도 시간 밖도 아닌 시공간에 신이 존재해야 하는 모순을 중세 교부 신학자들은 몰랐다.

3. 5 우리가 신 자체를 절대 인식할 수 없다면 시간의 본질을 통해 신을 인식한다. 시간의 본질은 양자론적 의미로 "없음과 있음", "존재와 반존재", "물질과 반물질"의 교직^{상호 연계}에 의해 이루어진다. 시간은, 즉 "있지 않지 않음^{nihil aliquid}"과 "없지 않지 않음^{est non est}" 사이에 있는 존재이다.

3. 6 마치 시간이 무시간적으로 있듯이 신 존재 역시 그런 방식으로 존재한다면 헤겔의 존재 변증법 – 순수 무는 순수 유다 – 을 통한 신 존재는 존재 자체이고 무 자체이다. 전통 신학적 사고의 신 존재는 모든 것을 통제하고 검열하고 있는 선예정과 선예지의 신이다. 양자론에 의하면 신이 개입할 수 없다. 호킹은《시간의 역사》에서 "신이 우주를 시작하는 방법을 알지는 몰라도, 우주가 어떤 특별한 방법으로 시작했다는 이유가 특별할 필요는 없다^{God may know how the universe began, but we cannot give any particular reason for thinking it began one way rather than another}"고 주장했다.^{S. Hawking, *A Brief History of Time*, p. 141}

3.7 　인간은 자연의 일부로 자연에 속해 있고 자연을 유용하게 사용하는 지혜를 가지고 있다. 자연과 조화를 이루고 사는 삶을 "신의 뜻을 이루는 삶을 산다"라고 말한다면, 그 의미를 목적론적으로 해석할 경우 신의 선예지와 선예정에 의해 살아지는 삶이라고 말할 것이다. 그러나 세계가 이미 처음부터 양자적이기 때문에 이런 해석은 더 이상 의미를 갖기 어렵다. 양자론적 자연주의 삶이 바로 신의 뜻을 이루는 삶이다.

3.8 　예수가 말한 "다 이루었다"는 과연 어떤 의미인가? 하나님의 뜻을 이루는 삶은 〈신명기〉의 "너의 마음과 정성으로 하나님을 사랑하라"〈신명기〉 6:5인데 예수의 "하나님 말씀을 받은 자는 신이다"〈요한복음〉 10:34, 또 신이 자신을 드러내는 현현의 존재를 말하는 "스스로 있는 자"〈출애굽기〉 3:14라는 야훼의 의미는 어떻게 해석해야 할까? 나의 나 됨을 체험하는 그 체험 속에 신적 의미를 인간이 체험하는 것이고 신이 되는 것이다. 선악의 피안에서 존재 이해가 양자론적이어야 한다는 것을 말한다.

3.9 　결정된 완전한 신론은 없고 존재할 수도 없다. 신은 체험되어진다. 존재 속에 있음을 고백하는 경이로움에 대해 바울은 "그리스도 안에 새로운 현존으로 있음"을 깨닫는 것을 최고의 경이로움은혜이라고 말한다. 이런 경우 예수, 나, 하나님의 존재 관계는 나의 존재 체험을 통해 예수와 신의 격에 이르는 것밖에 없다.

3.10 　우리의 의식이 깨어 있고 깨어 있지 않음에 관계없이 신은 존재 자체로 언제나 있다. 하나님은 태초에 말씀으로 있고 또 존재 자체로

시간 자체로 있다. 그래야만 고전적 세계관과 양자론적 세계관이 같은 신 존재를 말하게 된다.

4. 우리가 살고 있는 세계와 양자형이상학Die Welt, in der wir leben, und Quantum Metaphysik

4.6.1 우리가 살고 있는 세계는 전체가 아니다. 우리가 인정하고 경험할 수 있는 우리들의 세계다. 자연법칙 안에서 종교와 문화를 향유하며 사는 이 세계를 전체 세계라고 믿고 산다. 세계가 유한무외인지 무한유외인지 아직 우리는 모른다. 언제 수축되어 종말을 맞게 될 지도 모른다. 세계를 존재하게 한 절대자스스로 존재하는 자 또는 신이 우리 인간과 세계를 위해 운행하고 있다는 믿음을 가질 수는 있다. 그런 사유를 하지 않는다고 해서 무신론자라고 말할 수 없다.

4.6.2 비트겐슈타인은 세계가 '일들Sachen'로 구성되어 있다고 말했고 화이트헤드는 '기관Organ'으로 형성되어 있다고 말했다. 데이비드 봄은 '흐름Fliessen'으로 형성되어 있다고 말했다. 노자는 일찍이

도가도비상도道可道非常道 명가명비상명名可名非常名

무명천지지시無名天地之始 유명만물지모有名萬物之母

현지우현玄之又玄 중묘지문衆妙之門 도상무위이무불위道常無爲而無不爲

'도를 도라고 하면 영원한 도가 아니고 이름을 지어 부르면 그 이름은 영원한 이름이 아니다. 천지와 만물, 무욕과 유욕, 이 둘이 같이 현玄이라 부르니 현묘하고 현묘하다. 시원始原, 즉 모든 것이 시작되

었다. 도는 늘 하는 것이 없이도 하지 않는 것이 없다'고 《도덕경》에서 말했다. 세계는 개념으로 이루어져 있다. 이것 역시 질문의 사슬에서 벗어날 수 없다. 세계는 그냥 있다Die Welt ist einfach da. 호킹도 《시간의 역사》 141쪽에서 "우주는 창조도 파괴도 아닌 그저 존재할 따름이다It would neither be created nor destroyed. It would just BE"라고 말했다.

4.6.3 모든 사물이 현재의 이런 모습이어야 하는가? 왜 세계가 상대적이며 불확정적이고 양자적인지 우리는 모든 질문을 뒤집어 해야 한다. 현재의 이런 모습이란 것이 무엇을 의미하는지? 상대적이란 것은? 불확정적이란 것은? 양자적이라는 것은? 무엇을 의미하는지 먼저 답을 가지고 있어야 한다는 말이다. 이해하기 위해 이해란 말의 의미를 먼저 이해해야 하는 것과 같다.

4.6.4 우리가 말하는 세계라는 말에는 많은 개념과 해석이 들어 있다. 어휘의 세계, 개념의 세계, 색깔의 세계, 세계관의 세계, …… 등 각각 세계의 고유한 의미는 인간 개념으로 해석해야 한다. 하나의 질문에는 하나의 답이 있다Es gibt nur eine Antwort für derer Frage.

4.6.5 우리가 살고 있는 세계를 정의할 때 가장 보편적인 정의는 "세계가 있다die Welt ist da"이며 닐스 보어의 표현으로는 "세계는 …… 이다die Welt ist"가 가장 정확하게 세계를 정의한 것이다.

4.6.6 양자형이상학은 인간 원리에 따른 인간 개념에 의한 형이상학이다. 고전 존재론 역시 양자형이상학에 포함된다. 양자론 이전의 옛 고전 세계- 이미 그런 세계는 없다 -에 근거한 형이상학이지만 부정

될 수는 없기 때문이다.

4.6.7 양자형이상학은 '가장 자연스러운 자연신학적naturtheologisch 존재론'
이다. 세계는 우리에게 이해된 때부터 상대적이거나 양자적이 아니
라 처음부터 상대적이고 양자적이다. 그러므로 존재론은 처음부터
'양자형이상학적'이어야 했다.

4.6.8 전통의 형이상학은 결정론적이고 지구 중심적이며 기계적인 옛 세
계관에 근거를 두고 있기 때문에 수정되어야 한다. 빛의 매질로 가
상 물질인 '에테르'와 빛보다 더 빠른 가상 입자 '타키온tachyon'은 실
재하는 것이 아니다. 마찬가지로 실재하지 않는 세계관이 바로 유
클리트적, 결정론적, 기계적, 지구 중심적 세계관이다. 그러나 인간
원리로 인간 중심으로 우주와 세계를 보는 인간 개념을 통해 객관
적이고 보편타당한 우주와 세계와 자연을 볼 수 있다.

4.6.9 기원전 6500년 수메르 문명 시대와 〈창세기〉가 기록된 기원전 1400
년 시대도 그리고 노자가 살았던 기원전 600년 시대와 예수가 살았
던 2,000년 전의 세계도 모두 다 양자적 세계이다. 그러므로 세상의
모든 것은 양자적 존재로 이해해야 한다. 노자와 예수의 말 역시 양
자적으로 해석해야 한다. 노자와 예수의 삶은 가장 양자적 삶에 충
실한 것이었다. 현대 과학이 밝힌 우주와 미시 거시 세계의 본질을
이해하는 미래의 인류에게도 존재 전체가 양자적이다.

: **에필로그**Epilog

스티븐 호킹의 인간 원리와 이성휘의 인간 개념을 근거로 우주와 세계를 지배하는 로고스인 마틴 리스의 '여섯 개의 수'와 프랜시스 S. 콜린스의 '바이오로고스'를 통한 양자형이상학의 원리의 핵심은 다음과 같다.

인간이 세계와 우주를 보고 있다는 것이 핵심이다. 세계와 우주를 관찰하고 이해하고 해석하고 분석하는 모든 행위는 '인간 원리' 외 다른 방법으로는 불가능하다. 바로 인간 원리로 우주와 세계를 이해하는 인간의 모든 언어수학과 방정식 기호, 표시 등을 포함해로 서로 이해할 수 있고 소통할 수 있다. 세계 전체가 같은 공감으로 이해할 수 있는 과학의 언어는 수학과 영어이다. 이렇게 특이점이론으로 존재우주와 세계의 기원을 묻고 있는 과학이 이제 인간 자신의 존재의 뿌리를 찾는 인간 존재 확인을 할 때 필요한 개념이 '인간 개념'이다. 축구 경기장 700개 정도의 넓은 우주 공간에 CD 크기만 한 태양을 돌고 있는 모래알 크기 정도의 지구 위에 살고 있는 인간이 137억 년 전에 시작된 우주세계를 역추적해 그 기원을 밝히는 것이 바로 인간이 관점의 축이 되어 이해하고 해석하는 인간 개념으로 정리된다.

우리 인간이 알 수 있고 이해하는 말과 표식과 수치와 그래프와 형용사와 그림과 색깔과 소리와 음향 등 모든 인간적 방법을 동원해서 이해하려고 하는 그것이 바로 인간 개념으로 가능한 것이다. 과학서로서 전 세계적으로 가장 많이 번역되고 읽힌 스티븐 호킹의 《시간의 역사》도 영어로 쓰였고 각국 언어로 번역되어 읽혔다. 세계의 어린이들도 이해할 수 있게 되었다. 내용 속의 방정식과 수학 그래프나 수치는 세계 공통이기 때문에 이해하는 데 전혀 문제가 없다. 하나의 우주와 세계를 보는 인간의 관점이 하나로 일치된 것이다. 이것이 바로 인간 개념이다.

언제부터인가 세계인 모두가 아라비아 숫자를 사용하게 되었다. 아라비아 숫자를 인류 모두가 이해하고 있다. 그것으로 수학이 발전되어왔고 전 세계가 아무런 불편 없이 같은 수학 공식을 풀고 있다.

수치의 기본인 1미터를 왜 그렇게 정의했는지는 몰라도 전 세계인이 1미터를 알고 있다. 현재 파리에 보관되어 있는 두 눈금(1미터 거리)이 새겨진 백금 막대를 빛이 0.000000003335640952초 동안 달린 거리가 1미터가 되었다. 그렇게 복잡하게 정의된 1미터에 대해 아무도 불편해 하지 않는다. 아인슈타인의 공식 $E=mc^2$도 마찬가지다. 상식의 수준에서 전 세계인이 이해하고 있다. 아라비아 숫자와 우주와 자연을 설명하는 용어들에서 자연과학은 세계 공통 언어를 만들어놓았다.

마틴 리스의 '여섯 개의 수' 1) 'N'은 전자기력 대 중력의 비율을 말한다. "이것은 두 광양자 사이의 중력이 나누어놓은 두 광양자 사이의 전기력쿨롱의 힘이라는 말로도 표현할 수 있다"고 맥그래스는 설명한다. 2) 'ε' 은 강한 핵력, 즉 원자핵들이 얼마나 단단하게 결합되어 있는가를 나타낸다. 3) 'Ω'는 우주 안의 물질 — 은하들, 성간 가스, 암흑 물질 같은 것들 — 의 양을 나타낸다. 4) 'λ'는 우주의 척력cosmic repulsion을 나타낸다. 5)

'Q'는 중력의 속박력gravitational binding force 대 정지 질량 에너지restmass energy
의 비율이다. 이 Q는 우주의 짜임새를 결정하는 데 중요하다. 6) 'D'는
공간을 나타내는 Ddimension인데 세계와 인간이 3차원적 존재로 존재하고
있다. 만일 D가 2차원이나 4차원이라면 생명체가 존재할 수 없다. 이 '6
개의 수'의 언어는 세계 공통이다. 그래서 인간 개념으로 정리된다. 프
랜시스 콜린스의 바이오로고스의 언어 역시 인간 개념으로 세계인이 이
해할 수 있다. 스티븐 호킹과 마틴 리스를 통해 거시 세계를, 프랜시스
콜린스를 통해 미시 세계를 세계의 모든 인류가 알게 되었다. 놀라운 것
이 아닌가?

2,600년 동안 인류는 각각 자기가 살고 있는 동네와 국가에서 보았던
우주와 세계를 해석하고 정의해왔는데, 수학의 언어로 세계가 같은 하나
의 우주와 세계를 서로 해석하고 정의할 수 있게 된 것이다. 종교가 서로
다르게 발전하게 될 필요가 있었을까? 만약 2,600년 전부터 인류가 공통
의 언어로 우주와 세계를 이해할 수 있었거나 인간 서로서로가 이해할 수
있었다면 각기 다른 종교가 만들어졌을까? 종교는 두려움에서 시작해 성
스러움 또는 거룩함을 찾아가는 구별된 존재를 절대 전능자로 숭앙하고
숭배하는 형태로 발전해온 것이다. 불교의 경우는 각성하는 인간이 되는
것이 핵심인데, 그 과정에 너무 길고 복잡한 교단과 삼가라는 시스템이
주류가 되어 있다. 기독교는 신을 스스로 존재하는 자의 야훼에서 중세
교부 신학자들의 사유로 만들어낸 신의 속성과 본성 등이 교리화된다. 안
셀무스Anselm von Canterbury의 《프로슬로기온Proslogion》은 '신 존재 증명'의 라

틴어 문학적 업적이고 카를 바르트의 교회교의학의 신론 역시 독일어로 된 문학적 업적이라고 봐야 한다.

과학의 언어로 정리된 세계의 기원과 우주의 운행에 관한 모든 언어를 다 수용할 것인가? 그렇다! 그 외 다른 이해할 수 있는 대안도 방법도 없다.

문학적 묘사도 메타포나 음표나 그림으로도 설명할 수 없다. 인간 개념은 바로 이런 약속과 이해 속에 세계를 설명한 이론과 해석을 받아들이자는 것이고 그것을 통해 세계 이해를 한 것으로 동의한다는 의미이다. 마치 '우리가 보는 세계가 왜 이래야만 하는가? 다른 세계는 존재할 수 없는가?' 등의 질문에 대해 인간 원리가 설명하는 그 원리대로 세계를 이해하는 방식을 수용할 수밖에 없듯이 과학의 언어로 지금까지의 우주와 세계, 자연에 대한 모든 해석을 인간 개념으로 수용해야 한다. 동물들에게 1미터의 개념을 인간과 똑같은 개념으로 이해하라고 강요할 수는 없다. 마틴 리스의 여섯 개의 수가 우주를 지배하는 수임을 인간 원리와 인간 개념으로 정리하고 프랜시스 콜린스의 바이오로고스가 지구 상의 모든 존재와 모든 생명체의 법法과 도道, Logos(로고스)임을 수용하는 것이다.

존재세계는 137억 년 전 빅뱅에 의해 시작되었다. 어떤 에너지와 누구의 힘에 의한 것인지는 알 수 없지만 마틴 리스의 여섯 개의 수는 우주세계 존재를 지배한다.

동시에 프랜시스 콜린스의 바이오로고스는 46억 년 전에 탄생한 지구와 30억 년 전에 탄생한 생명 그리고 인류의 출현과 현재까지의 모든 생명체의 존재를 가능하게 하는 도로 지배한다. 인간 게놈도 그렇게 밝혀지고 신의 언어를 해독했다. 빌 브라이슨은 자신의 저서 《거의 모든 것의 역사》 마지막 장 "안녕"에서 다음과 같이 말했다.

이 책에서 우리가 배울 것이 있다면, 그것은 우리가 이곳에 존재한다는 것이 엄청난 행운이라는 것이다. 여기에서 "우리"는 살아 있는 모든 생물이라는 뜻이다.

우리의 우주에서 어떤 형태이거나 상관없이 생명을 얻는다는 것 자체가 엄청난 성과이다. 물론 인간인 우리는 두 배의 행운을 얻은 셈이다. 우리는 존재할 수 있는 특권을 얻었을 뿐 아니라, 그 가치를 인식할 수 있고 다양한 방법으로 삶을 개선할 수 있는 유일한 능력을 가지게 되었다. 그것은 이제 우리가 겨우 이해하기 시작한 능력이다. 우리는 놀라울 정도로 짧은 시간에 이렇게 훌륭한 위치에 도달했다. 우리가 언어를 사용하고, 예술 작품을 만들어내고, 복잡한 활동을 조직적으로 할 수 있게 되어 행동적으로 현대화된 기간은 지구 역사의 0.0001퍼센트에 불과하다. 그러나 그렇게 짧은 순간 동안 존재하는 데에도 무한히 많은 행운이 필요했다. 우리는 사실 이제 막 시작한 셈이다. 물론 우리는 종말이 찾아오지 않도록 하는 비결을 찾아내야만 한다. 그러기 위해서는 이제 단순한 행운 이상의 노력이 필요하다는 사실은 거의 확실하다. 빌 브라이슨, 《거의 모든 것의 역사》, 499쪽

If this book has a lesson, it is that we are awfully lucky to be here—and by "we" I mean every living thing. To attain any kind of life universe of ours appears to be quite an achievement. As humans we are doubly lucky, of course: We enjoy not only the privilege of existence but also the singular ability to appreciate it and even, in a multitude of ways, to make it better. It is a talent we have only barely begun to grasp.

We have arrived at this position of eminence in a stunningly short time. Behaviorally modern human beings–that is, people who can speak and make art and organize complex activities–have existed for only about 0.0001 percent of Earth's history.

But surviving for even that little while has required a nearly endless string of good fortune.

We really are at the beginning of it all. The trick, of course, is to make sure we never find the and. And that, almost certainly, will require a good deal more than lucky breaks. Bill Bryson, *A Short History of Everything*, p. 478

호킹은 인류 역사가 800년 정도 존속할 것으로 예견하고 있다. 그 사이에 지구 환경 오염에 따른 온난화와 대기권의 황폐화, 오존층의 극대화 등으로 인한 자멸의 길로 가게 될 수도 있고, 6,500만 년 전 공룡과 지구 생명체 대부분을 멸종시킨 그런 크기의 소행성과 충돌하게 될 수도 있다. 그러나 인간은 이 두 가지를 깨닫는 것 이상으로 자신의 존재의 본질이 있고 그것을 깨달아야 한다.

인간의 자기 존재 이해는 이제 창조와 진화의 완성으로 모든 인간에게 스스로가 부과해야 할 자기 책임이다. 양자 시대의 인간의 자기 이해란-사실은 세계의 처음부터- 바울이 그리스도 안에 현존함을 믿음의 경이로움으로 고백한 것처럼 또 예수가 "내가 아버지 안에 너희가 내 안에 있어"라고 한 것처럼 말씀이 하나님이고, 예수가 로고스로서 하나님^{Logos} 안에 있고 내가 예수와 하나님 안에 있게 되면 역시 로고스 안에 있게 된다.

존재 전체에서 나의 현존을 깨닫는 것, 이것이다. 예수가 하나님 말씀을 받은 자를 신이라 했다. 우리가 신이 되게 하는 하나님의 말씀을 받게 해주는 공동체가 교회다. 그 외 것에 목숨을 걸고 있는 대부분의 종교와 잘못된 신앙은 진리가 아닌 삶에 필요한 윤리와 주의 사항^{덕목과} 체세들이다.

예수는 그렇게 하나님^{존재자}의 뜻을 따른 삶을 살아 "다 이루었다"라고 말했고 바울은 예수를 만나지 않고 자신의 실존의 체험을 통해 그리스도 안의 현존의 경이를 깨달았다. 그러나 세계의 대부분의 기독교 교회는 예수의 가르침에서 옛 세계관에 의한 유대교적 전통이나 민족 신의 옛 전통으로 돌아가고 말았다. 이 우주 안에서 세계의 품 안에서 자신이 인간임을 깨닫고 창조의 뜻을 이루는 삶을 사는 것이 창조된 자가 갖는 창조주와의 관계다.

양자형이상학은 모든 인간이 우주와 세계, 자연을 통해서 존재의 본질을 알게 하고, 그 자신의 실존의 진리를 깨닫게 하려는 것이며, 이것을 깨우치는 것이 신이 인간에게 자신의 존재를 드러내는 것이고, 그것을 깨달음으로 인간이 신이 되는 것이다.

이 글을 쓰고 있는 순간 '유럽 탐사선 로제타 사상 최초로 혜성 착륙 성공'이란 뉴스가 보도되었다. 독일 다름슈타트^{Darmstadt}에 있는 유럽우주 국^{ESA} 관제 센터에서 안드레아 아코마조^{ESA 비행 책임자}가 혜성 탐사선 '필레 ^{Philae}'가 10년 8개월 만에 혜성 '67P/추류모프게라시멘코'에 성공적으로 착륙했다고 흥분을 감추지 못하고 전한다. 지구에서 5억 1,000만 킬로미터 떨어진 67P 혜성에 도착한 필레는 3개월간 탐사 작업을 한다. 46억 년 전 태양계 형성 당시의 모습을 유지하고 있는 필레 탐사를 통해 태양계 진화 역사와 생명의 기원을 밝히는 중요한 실마리를 제공할 것이라고 본다. 지구와 같은 나이의 행성인 셈인데 최근 진주에서 발견된 운석 역시 46억 년 정도 된 지구의 나이와 같은 것으로 판명되었다.

놀라운 일이 아닌가! 빅뱅에서 시작된 우주 팽창의 역사 속에 지구가 46억 년 전에 탄생하면서 파생한 것으로 보이는 한 작은 행성 역시 우주 팽창의 긴 여행을 하고 있었고 그 행성 표면에 인류의 지혜로 만들어진 우주선이 46억 년 만에 착륙했으니 말이다. 그런데 직경 30센티미터도 안 되는 그 우주 돌덩이 운석에 270억 원을 달라고 국가에 요구한 것이 더 놀랍다!

미국 애리조나 오라클의 사막 지역에 1991년에 가동한 거대한 '제2 생물권^{Biosphere 2}'은 1만 3,000제곱미터의 거대한 닫힌 생태계로 언젠가 지구를 포기하고 우주에 생태 도시를 만들어 인간이 살아가야 할 인공 환경 프로젝트이다. 그러나 생물권 입주자들에게서 여러 문제들이 발견되었다. 그중 가장 큰 문제는 천문학적 비용이다. 여덟 명의 입주자를 위한 '제2 생물권' 설계건축으로 2억 달러가 들었다. 텍사스 출신 미 하원 의원

찰스 윌슨이 주도해 아프카니스탄 소련 침공 이후 미국 의회의 승인으로 소련군을 쫓아내기 위해 아프카니스탄에 지원한 무기와 정보 군사 시스템에 쏟아부은 돈과 맞먹는 금액이다.

우주 도시 건설은 나무나 많은 비용이 들어갈 뿐 아니라 성공에 대한 가능성도 낮고 극소수의 사람에게만 주어지는 기회라는 것이 가장 큰 문제이다. 자연도 국가도 원래 자연 그대로 복원하는 것에 많은 비용이 들어갈 뿐 아니라 많은 희생도 따른다는 것이다.

인류가 그 프로젝트에서 배운 가장 중요한 사실은 "자연 생태계가 거저주는 생명 유지 서비스를 인위적으로 인간에게 제공하는 시스템은 어떻게 만들어야 하는가? 이것을 아는 사람은 아직 아무도 없다"이다. 그리고 "미스터리와 위험 요소가 있기는 하지만, 우리가 아는 한 지구는 생명을 유지할 수 있는 유일한 서식지이다."라고 '통섭'를 주장한 에드워드 윌슨이 《통섭》 480쪽에서 말한다. 물질 전송의 꿈이 이루어져가는 가운데 최초의 3D 프린터로 찍어낸 것이 권총이다. IT 시절 이전의 아이들에겐 구슬과 딱지가 장난감이었다면 요즘 아이들의 장난감은 총과 스마트폰이다. 그런데 진짜 총을 발사해 불행을 당하는 미국의 가정들이 빈번히 보도된다.

향후 30년을 대비한 〈유엔 미래 보고서 2045〉가 나왔다. 자원 고갈 문제, 환경 문제 등 많은 문제를 인류가 풀어가야 하는 것과 함께 호킹도 우려를 표명한 인공 지능의 시대에 기계와 인간이 지혜를 겨루게 된 것을 걱정하는 사람들이 많다. 거시적 세계^{전체}를 향한 인류의 노력은 계속 이어지고 있다. 빛의 속도로 17시간 날아도 태양계를 벗어나지 못하지만 최근 생명체가 살 수 있을 가능성이 97퍼센트로 추정되는 행성 '케플러-442b'가 태양계 밖 먼 우주에서 발견되었다는 소식이다. 미시적 세계^{일자}에 대한 세른의 연구는 계속되고 있지만 힉스 입자 발견 이후 여전히 일자^{一者} 탐구 속에 있다. 과연 존재와 무의 관계가 물질과 반물질의 관계인지? 우리 눈에 보이는 물질보다 훨씬 많은 보이지 않는 암흑 물질과 알려지지 않은 물질들의 상보적 관계로 우주와 세계가 존재하고 있는 것인지? 여전히 신비스럽다. 언젠가 인류가 지구와 같은 지적 생명체가 존재 가능한 행성으로 옮겨갈 생각을 미래의 도전이라 하더라도 인류는 지구를 사랑하고 아끼고 보존해야 한다. 미래의 과학이 무궁무진하게 발전해 언젠가 인류가 이전하게 된다고 하더라도 지구로부터 1,100광년 떨어진 행성이기 때문이다. 우리의 거리 감각으로 가늠이 불가능할 정도인 9조 4,670억 7,782만 킬로미터 떨어진 곳에 있다. 빛의 속도로 17시간을 날아 태양계를 벗어나 우주를 향해 간다고 해도 지적 생명체가 존재할 가능성이 있는 다른 행성으로 가기 위해서는 빛의 속도를 능가하는 우주선이 만들어져야 인류 멸망 이전에 누군가 다른 행성의 지적 생명체를 만나게 될지 모른다. 너무나 먼 미래의 일이다. 갈릴레오의 지동설로 근대 과학이 시작된 이래 현대 과학은 상대성이론과 양자론으로 지난 100년 동안 지대한 업적을 남겼다.

이미 모든 과학적 업적은 존재^{우주와 세계}의 시작과 더불어 존재하고 있는 것을 발견한 것들이다. 인간이 편집해 이해할 수 있는 언어로 설명한 셈이다. 거의 모든 존재의 역사는 그렇게 해서 인류가 물었던 '왜 무가 아니고 존재가 존재하는가?'의 물음에서 물질의 근본을 찾았던 엘레아학파나 사물의 본성을 찾았던 로마의 자연학자, 중세 기독교 교부 신학자들의 신 존재론, 칸트와 헤겔이 찾은 '요청된 신'과 '절대정신으로서의 신', 현대의 양자론으로 이해하는 개리 주커브의 '존재하려는 경향'과 '존재하지 않으려는 경향'이 존재를 드러낸다는 '존재'와 '존재와 무'의 변증법적 통합을 통한 존재함, 소립자물리학의 미시적 존재 이해와 우주천문학의 거시적 존재 이해를 통해서도 이제 거의 모든 존재를 찾아낸 것 같다. 최근 암흑 물질 존재 증거를 찾아냈다는 보도도 있었다. 드디어 우주의 한 귀퉁이 지구에서 137억 년의 '거의 모든 존재의 역사'가 쓰인 것이다.

인쇄를 앞두고 최종 교정 작업이 서울과 뮌헨으로 메일이 오가는 가운데 과학사에 남을 두 가지 중요한 뉴스가 보도되었다.

하나는, "남극에서 '유령 입자'라 불리는 우주 진화를 밝혀줄 '블랙박스'인 '중성미자neutrino'를 12개국 공동 연구진이 남극 얼음 밑 검출 장치에서 발견했다. 질량이 거의 없고 전기도 띠지 않아서 세상 대부분의 물질을 그냥 통과하는 중성미자가 검출된 것이다. 이 초고에너지의 중성미자는 수백만 광년의 거리를 지나 지구까지 오면서 그 에너지를 유지한 것이다. 빛이 1년 동안 가는 거리인 9조 4,600억 킬로미터의 거리를 에너지를 유지해 지구에서 발견되었다는 것은 엄청난 에너지를 방출하는 강력한 우주 활동의 결과인 것이다."

또 다른 하나는, "초신성 폭발로 지구가 탄생했다"는 카네기 연구소의 발표이다. 46억 년 전 가스와 분자들로 이루어진 몇 광년 크기의 원시 구름이 떠돌던 한 우주 공간 부근에서 초신성 폭발이 일어났고, 그 충격파로 원시 구름의 중력 균형이 무너져 한 점으로 붕괴하기 시작함으로써 태양계 형성의 첫 발을 내딛었다는 것이다.

카네기 연구소의 과학자 앨런 보스와 샌드라 카이저는 초신성 폭발이 어떻게 태양을 만들어냈는가 하는 주제를 오랫동안 연구해왔다. 그들의 모델은 초신성 폭발로 인한 충격파가 밀도 높은 원시 구름의 중력을 무너뜨려 한 점으로 붕괴시킴으로써 원시별들을 탄생시키는 과정을 보여주었다.

이 연구는 지구를 포함해 태양계를 이루고 있는 모든 물질은 수소를 제외하고는 모두 초신성 폭발에서 나온 것임을 밝혀낸 것이며, 이들이 생명 탄생의 최종 무대를 만들어냈음을 밝혀낸 셈이다.

137억 년 전 빅뱅으로 존재가 시작된 이후 91억 년이 지난 46억 년 전에 지구와 태양이 만들어졌다는 것을 과연 '인간 원리'가 어떻게 설명할지 궁금하다. 30억 년 전 생명이 탄생했고 인류 출현의 역사는 불과 200만 년 정도이고 현생 인류의 출현은 60만 년 정도이다. 더구나 인류 문명의 역사는 6,500년 정도밖에 안 되고 양자론으로 실제의 우주와 자연을 이해하게 된 역사는 100년이 되지 않는다. 게다가 세계의 모든 창세 역사를 밝힌 창조 설화들은 지구를 중심으로 우주가 창조된 것으로 이해하고 있는 것이 대부분이다. 우리가 살고 있는 지구와 그 지구에서 생명이 탄생하게 해준 태양은 빅뱅으로 우주가 존재한지 91억 년이 지난 46억 년 전에 탄생한 것이다.

이것은 우리 시대에 이제야 지구와 태양이 어떻게 탄생했는지 그 시나리오를 밝혀낸 셈이다.

::

양자형이상학으로 본
예수

양자형이상학으로 본
예수

세계 20억 명 이상의 기독교 신자들이 신으로 믿고 있는 예수는 과연 2,000년 전 어떻게 우주와 세계, 자연을 이해하고 있었을까? 콜린스가 '인간 게놈'의 마지막 완성으로 이해한 '나'를 찾는 것의 의미를 예수 이해에서 찾아본다. 신의 형상으로 만들어진 인간의 DNA가 지렁이와 별반 다르지 않아 과학자들이 크게 실망했다고 하는데 뭔가 특별한 인간만의 존재 의미는 무엇일까? DNA를 읽어냈다는 것? 예술과 과학을 발전시켰다는 것? 그것들을 외적인 것이라면, 내적으로 인간이 자신의 존재를 깨닫는 그것을 예수는 어떻게 인간에게 보여주었는가. 인간의 DNA가 동물의 DNA와 별 차이가 없다면 인간에게 특별한 창조의 목적은 결국 인간 자신 안에서 찾아야 한다.

하이델베르크 대학 신학부 교수 다비트 프리드리히 슈트라우스[David]

Friedrich Strauss, 1808-1874의 저술 《예수의 생애Das Leben Jesu》는 그의 학문적 삶을 종지부를 찍게 했다. 그가 죽은 후, 교수 시절 살았던 프뢱Ploek거리의 저택에 기념비를 세워주었지만, 그보다 더 일찍 '예수가설'이라는 부활한 예수의 빈 무덤에 대해 특이한 학설을 주장한 독일 신학자 라이마루스 Hermann Raimarus, 1674~1768는 생전에 그 책을 출판조차 할 수 없었다. 당시 유럽은 성서해석학과 본문비평학이 아직 생소한 시대였다.

프랑스의 르낭Ernest renan, 1823~1892의 《예수의 생애Vie de Jesus, 1873》는 프랑스에서 출판된 감미롭고 부드러운 필치로 쓴 예수전이다. 빅토르 위고 1802~1885의 《레미제라블Les Miserables》처럼 61쇄라는 경이적인 부수가 팔렸다. 아프리카에서 의술을 베풀며 '생명에의 외경'을 부르짖은 알베르트 슈바이처Albert Schweizer, 1875~1965 박사의 '역사적 예수 연구'와 루돌프 불트만Rudolph Bultmann, 1884~1976의 《예수 그리스도와 신화》가 예수 연구서로 가장 많은 영향을 주었다. 우리 시대에 와서는 독일 하이델베르크 대학 신학부 교수 타이센이 쓴 《갈릴리 사람의 그림자》는 소설 형태의 예수전이 있고 학문적 연구서로 《역사적 예수Der Historische Jesus》가 있다. 영국 더럼 대학 제임스 던James D. G. Dunn 교수의 방대한 저술 《예수와 기독교의 기원 Jesus Remnembered Christianity in the Making》 등 예수에 관한 저서는 실로 수백 권이 넘는다.

20세기 초부터 영화로 그려진 '예수 이야기'가 나오기 시작한다. 반즈 테이텀W. Barnes Tatem이 《예수영화 100년Jesus at the Movie》에서 다룬 예수에 관한 영화가 12편이다.

가장 먼저 만들어진 작품으로는 시드니 올콧^{Sidney Olcott} 감독의 〈구유에서 무덤까지^{From the Manger to Cross, 1912}〉가 있다. D. W. 그리피스^{Griffith} 감독의 〈인톨러런스^{Intolerrance, 1916}〉, 세실 B. 데밀^{Cecil B. Demile} 감독의 〈왕 중 왕 The King of Kings, 1927〉, 윌리엄 와일러^{William Wyler} 감독의 〈벤허^{Ben Hur, 1959}〉에 이어 다시 〈왕 중 왕^{King of Kings, 1961}〉이란 제목으로 사무엘 브론스턴^{Samuel Bronston}감독의 작품이 만들어졌다. 조지 스티븐스^{George Stevens} 감독은 〈위대한 생애^{The Greatest Story Ever Told, 1965}〉를 만들었고, 피에르 파올로 파솔리니^{Pier Paolo Pasolini} 감독의 〈마태복음^{The Gospel According to St. Matthew, 1966}〉은 공관복음서에서 예수에 관한 기록이 가장 많이 수록된 〈마태복음〉의 예수를 영화화했다.

노먼 주이슨^{Norman Jewison} 감독은 〈지저스 크라이스트 슈퍼스타^{Jesus Christ Superstar, 1973}〉를 통해 앤드루 로이드 베버^{A. L. Weber}의 뮤지컬을 영화로 만들었다. 프랑코 체피렐리^{Franco Zerffirelli} 감독은 〈나사렛 예수^{Jesus of Narzaret, 1977}〉를 만들었고, 존 헤이먼^{John Heyman} 감독의 〈예수^{Jesus, 1979}〉는 CCC 대학생 선교회 설립자 빌 브라이트의 제의에 의해 만들어진 영화이다. 피가 튀기는 폭력 장면을 사실적 영상으로 잘 만드는 영화감독 마틴 스코세이지 ^{Martin Scorsese}의 〈그리스도 최후의 유혹^{The Last Temptation, 1988}〉물론 이 영화는 보수 기독교인들이 상영을 반대하기도 했는데 내용이 성서와 다르다는 것과 예수 역을 맡은 배우 웰렘 데포 때문이었는데 그는 악역 전문 배우였다은 그리스의 작가 니코스 카잔차키스의 소설 《최후의 유혹》을 영화화한 것이다. 그리고 최근작으로 드니 아르캉^{Denys Arcand} 감독의 〈몬트리올 예수^{Jesus of Montreal 1990}〉가 실험적 작품으로 나왔다. 최근 다시 예수 영화 〈그의 생애His Life〉와 〈요한복음〉의 예수를 영화화한 작품이 나왔다.

영상으로 예수의 생애와 업적을 보는 것은 책을 통해 이해하는 것보다 더 깊은 공감을 준다. 문제는 얼마나 객관성과 사실성에 입각한 작품인가다. 예수 영화 100년에 소개된 열두 개의 작품 가운데 열한 개는 거의 고전적 형이상학 이해의 해석으로 만들어졌다면 니코스 카잔차키스의 《최후의 유혹》을 영화화한 마틴 스코세이지의 〈그리스도 최후의 유혹〉은 예수의 인간적 고뇌와 삶을 많이 그리고 있다. 즉, 실존적 고뇌와 깊은 깨달음이 나타나고 있고 광야에서의 자기 침잠과 인간적 고뇌의 장면들이 잘 묘사되어 있다.

과연 양자형이상학으로 본 예수는 어떤 모습일까? 예수가 주는 의미는 세계인에게 다양하다. 유대인에겐 한 명의 랍비같은 존재일 뿐이고, 이슬람 신자들은 좋은 스승이나 이슬람 성직자인 이맘 같은 존재로 본다. 기독교권 안에서도 예수에 대한 이해는 너무나 다양하다. 하나님, 종교 운동가, 민족 지도자, 구원자 그리스도, 신의 아들, 사람의 아들 …… 등, 독일 철학자 카를 야스퍼스는 《소크라테스, 공자, 석가, 예수, 모하메드》에서 다루어진 다섯 명의 인간을 종교 창시자로 해석하지 않았다. 소크라테스와 공자와 무함마드는 물론이고 석가와 예수도 인간의 실존 문제를 고뇌하고 살다간 인간 이해자로 보았다.

70년대 한국의 작가 이문열의 《사람의 아들》이 한국 기독교에 충격을 준 일이 있었다. 뉴욕 유니온 신학대학의 제임스 콘 교수의 예수를 고통받은 흑인으로 이해하려는 시도도 있었고 같은 유니온의 정현경 교수는 여성성을 가진 존재로서의 예수상을 가르치기도 했다.

사회학적으로 예수는 고통 받는 자, 소외된 자, 의로움 때문에 핍박받는 자, 정의에 목마른 자, 애통하는 자의 친구로서 이해되어 왔다.

313년 밀라노 칙령으로 기독교가 공인되고 황제 기독교가 되자 지배자들의 종교가 되어 야만과 횡포의 중세 900년의 암흑기를 만들어놓았다. 신앙이 이성과 합리를 묵살했고 교회의 권위에 도전하면 가차없이 처단되었다. 무지와 야만과 폭압의 중세 암흑기의 절정은 스페인 출신 역대 최악의 교황 알렉산데르 6세 로드리고 보르지아Rodrigo Borgia, 1492-1503 시대였다. 아내와 첩을 두었고 아들들을 추기경의 지위와 바티칸 군대의 총사령관으로 임명해 바티칸 국가를 확장하기 위해 이탈리아 영주 국가들을 정복하고 살상했다. 지난 겨울 방문한 석양이 아름다운 아드리아 해의 보석 같은 15세기 중세 도시 드브로브니크Dubrovnik에서 한 유럽 영화사가 교황 알렉산데르 6세의 전기 영화를 찍고 있었다.

버나드 쇼가 '천국의 도시'라고까지 아름다움을 극찬한 도시 드브로브니크에서 역대 최악의 악마 같았다는 교황 알렉산데르 6세의 일대기 영화를 찍고 있는 아이러니를 뒤로 하고 아드리아 해의 달마티안 해안을 따라 스프리트Split와 자다르Zadar를 거쳐 자그레브Zagreb에서 프랑크푸르트로 돌아와 서울로 돌아왔다.

르네상스와 종교 개혁이 일어나 인간의 자유와 정의 문제가 인간 존재 이해와 맞물려 질문과 자성이 대두한다. 계몽주의를 거쳐 데카르트가 사유하는 '인간 존재자cogito ergo sum'를 말했고 말도 안 되는 당시 기독교의 횡포에 칸트는 '이성의 한계 안에서의 종교Die Religion innerhalb der Grenzen der Vernunft'를 주장했다. 그러나 진정한 인간 이해와 예수 이해의 시작은 덴마크의 키르케고르부터이다. 덴마크의 철학자 키르케고르는 '코펜하겐의 소크라테스'라는 별명을 들으며 당시 덴마크와 유럽 기독교에 선전 포고를 한다. 진정한 그리스도인은 '신 앞에 선 단독자'여야 한다는 것이다. 자기 자신의 실존을 깨달은 단독자를 가르치지 않는 예전과 교회 경영 시스템에 함몰해버린 기독교를 통렬하게 비판한 것이다. 그 후 감리교, 장로교, 침례교 등 많은 기독교 교파가 생겨났다. 혁명과 두 차례의 세계 대전을 거쳐 기독교는 이제 유럽의 기독교 문화로 정착되었다.

아우슈비츠에서도 신의 현존을 물었고 폴란드의 게토에서도 신의 현존을 물었다. 제2차 세계 대전 최대의 작전이 벌어진 노르망디에서도 신의 현존을 물었지만 신은 답하지 않았다. 평화의 시대인 현재 전 세계 수백 만의 기독교 교회에서 '하나님과 예수'를 설교하고 있다. '예수처럼 되자', '예수처럼 살자'가 대부분의 내용일 것이다.

예수가 직접 한 말로 검증된 〈신약성서〉 안의 어록은 얼마 되지 않는다. 예수의 어록이라고 빨간색으로 인쇄된 부분은 한 시간이면 충분히 다 읽을 수 있다. 그 얼마 되지 않는 '예수의 말씀'을 놓고 2,000년 동안 그리스도인들은 어떻게 이해하고 해석해왔을까? 그리고 예수의 마지막 말은 과연 무엇인가? 인류에게 예수는 무엇을 가장 중요하고 지켜야 할 가르침으로 주었는가? 공관 복음서 즉 〈마태복음〉, 〈마가복음〉, 〈누가복음〉과 〈요한복음〉에서 공통된 예수의 말을 추려내고 제자들의 편지와 글에서 예수의 말이라고 검증된 말들을 찾아 종합해보면 두 가지 가르침이 가장 의미 있게 와닿는다.

〈마태복음〉22장 37~40절에, "네 마음을 다하고 뜻을 다하여 주 너의 하나님을 사랑하라 이것이 첫째 되는 계명이요 둘째는 그와 같으니 네 이웃을 네 몸과 같이 사랑하라 하셨으니 이 두 계명이 온 율법과 선지자의 강령이니라"라고 쓰여 있고, 또 〈마태복음〉11장 27절에는 "내 아버지께서 모든 것을 내게 주셨으니 아버지 외에는 아들을 아는 자가 없고 아들과 또 아들의 소원대로 계시를 받은 자 외에는 아버지를 아는 자가 없느니라"라고 쓰여 있다.

〈요한복음〉17장 3절에는 "영생은 곧 유일하신 참 하나님과 그가 보낸 자 예수 그리스도를 아는 것이다", 또 "성령으로 거듭난 자는 바람과 같이 어디서 불어서 어디로 가는지 모른다"라고 기록되어 있다. 노자가 그런 바람 같은 존재였고 에크하르트가 그러한 자유를 말했다. 또 〈요한복음〉3장 21절에는 "진리를 좇는 자는 빛으로 오나니 이는 그 행위가 하나님 안에서 행한 것임을 나타내려 함이라"고 적혀 있다. 하나님과 예수와 내가 하나 속에 있음을 깨닫는 것, 즉 '신과의 합일unio mystica'을 체험하는 것이 하나님의 뜻, 즉 하나님과 인간을 목숨을 다해 사랑하는 것이다.

이 모든 것을 결론지으면 인간은 진리를 통해 자유해야 한다. 그 진리는 하나님과 그가 보낸 자 예수이다. 그것을 아는 것이 영원한 생명을 얻게 한다. 성령으로 거듭난 자는 바람과 같다. 이런 진리를 깨달은 자는 빛으로 온다. 그는 하나님처럼 온전하다. 그런 자는 하나님을 사랑하는 것처럼 이웃 인간을 사랑한다. 그 이웃^{인간}이 곧 하나님이기 때문이다. 그러므로 예수의 가르침의 종결은 '네가 자유한 인간이 되고 하늘에 계신 하나님처럼 온전한 인간이 되라'이다. 이것이 인간 존재의 목적이다. 콜린스는 아마 진정한 '나'를 찾는 것을 인간 게놈 이해의 종결이라고 본 것 같다. 아니면 적어도 인간 게놈 해독으로 알게 된 인간 자신이 다른 동물들과 전혀 다를 바 없는 유전자를 가지고 있다는 것에 실망해 인간 존재를 '나'의 체험으로 깨닫는 것이 '인간의 조건'이 된다는 생각에서일 것이다.

이스라엘의 민족신 야훼가 스스로 존재하는 자인데 이스라엘이란 민족의 전통을 빌려 온 인류에게 제시된 하나님이다. 이스라엘인들이 어떻게 하나님 야훼를 깨닫는지는 상관없다. 혈통을 통해 전승의 역할을 한 것뿐이다. 그래서 〈창세기〉를 인류 전체의 존재^{세계}의 시작이라고 말하기 어렵다. 고대 근동 지방에서 편집된 세계 창조와 이스라엘 민족을 이끈 야훼 신에 대한 역사의 기록이고 문서이다. 그러나 세계의 시작을 선포하는 〈요한복음〉 1장 1절의 "신이 말씀으로 세계를 만들었고 그 말씀이 처음에 함께 있었다."는 마틴 리스의 '여섯 개의 세계를 지배하는 힘' 과 콜린스의 '바이오로고스'를 그대로 말해준다. 이 선포는 세계인 모두에게 주어지는 보편적 언어라 할 수 있다. 물론 〈요한복음〉은 1세기 말 기원후 90년대에 요한이라는 영지주의자의 기록이다. 세계의 시작을 목격한 자가 전혀 아니고 그럴 수도 그것을 요구할 수도 없다. 그 시대에 세계의 시작을 현재 증명된 빅뱅에 가장 근접하게 설명하고 있는 것이 바로 〈요한복음〉이기 때문에 불과 1,900년 전의 기록이지만 인정하는 것이다.

　서명원 교수와 랭카스터 교수의 불교와 기독교의 영성에 관한 대화에서, 서 교수는 "불교의 깨달음은 기독교에는 없는 개념이다. 하지만 불교를 접한 후 예수가 깨달은 사람이라는 생각을 하게 됐다. 부처가 깨닫고 나서 49일 후부터 불법을 전한 것이나, 예수가 성령 체험^{깨달음} 후 광야에서 40일을 보낸 후 진리를 전파한 것은 비슷하다. 예수가 어떤 분인지 또렷하게 인식하게 되는 체험이 결국 깨달음이 아니겠나"라고 말한다. 그러나 서 교수가 간과하고 있는 부분이 바로 〈요한복음〉 10장 34절인데 "하나님의 말씀을 받은 자는 신이라"는 이것이 바로 신을 체험한 내용이다. 기독교에서 가장 중요한 하나님을 만나는 사건을 바로 자신의 인간 존재 체험으로 깨닫는 것이다. 고창 선운사의 재연 스님이 불교를 정리한 글이 《중앙일보》에 실렸다. 불교를 단 두 마디의 말로 깔끔하게 정리했다.

　"어떤 불경도 모든 것은 연결돼 있다는 연기^{緣起} 사상, 그 속에 '나'라는 실체는 없다는 무아^{無我} 사상, 이 두 가지 틀에서 벗어나지 않는다." 그러면서 불교를 여덟 개의 영어 단어로 설명한 어느 외국 여성학자의 말을 전한다. "모든 것은 연결되어 있다. 그리고 변한다. 그러니 정신 바짝 차려라^{Everything is interrelated, It changes, So pay attention}."

　마지막 말 '그러니 정신 바짝 차려라^{So pay attention}'는 윤리와 권면 사항이라 사실 필요 없는 말이다. 다만 정각을 스스로 깨달아야 연기와 무아를 깨닫게 된다는 것이 중요하다.

공자 같은 자들에겐 중요한 가르침이 될 것이다. 공자는 인간 존재 본질보다는 인간이 갖추어야 할 국가와 사회에 필요한 도덕, 즉 인과 예를 가르쳤으니까. 로마의 철학자 키케로와 세네카, 카이사르도 국가론과 정의, 그리고 우정에 대한 라틴어 명문장을 남겼지만 인간 존재 본질에 대해서는 물론이고 《사물의 본성에 대하여》를 쓴 동시대의 자연철학자 루크레티우스Lucretius 처럼 자연의 본질에 대해서도 언어를 남기지 않았다. 단, 인간 사회의 현상의 문제정치, 국가, 정의, 우정 등만 다루었다. 우리 시대의 하버드 대학 철학교수 마이클 샌델Michael J. Sandel 의 《정의란 무엇인가?》와 《왜 도덕인가?》가 던져준 질문과 같은 차원에 머문 것이다.

예수의 가르침 가운데 그런 윤리적 명제는 늘 차선의 문제였고 상황의 문제였기 때문에 산상 수훈의 윤리적 가르침도 해석의 여지를 남겨놓았다. 예수는 생명의 본질을 깨닫는 것이 중요했지 환경이 중요한 것이 아니기 때문이다. 선악의 문제도 그렇다. 카이사르의 것과 신의 것을 묻는 교묘한 질문도 지혜롭게 답했다. 세속 국가와 달리 하나님의 나라에서는 돈이 필요 없기 때문이다. 태어나면서 병에 걸려 고통받고 있는 자들에 대한 신의 정의 문제도 지혜롭게 답변했다. '하나님의 영광을 드러내는 것' 바이오로고스의 의미로 DNA의 문제라는 것이다. 간음한 여인에 대한 판단도 그렇다. '죄 없는 자가 돌을 던져라.' 선악의 절대 기준이 없다는 말이다. 양자형이상학적 이해이다. 인간 스스로의 양심의 도덕률을 말한 것이다.

가장 논란이 되는 예수의 말은 '나로 말미암지 않고는 구원을 받을 수 없다'는 것과 예수 자신이 '길이고 진리고 생명'이라는 것이다. 그러나 이 말도 전혀 배타적이지 않은 것이 인간이 자기 자신을 깨달으면 더 이상 예수라는 과정의 길에 있지 않게 된다. 자신의 길과 예수의 길이 같은 길임을 알게 된다. 세상의 모든 인간이 자기 자신이 된다면 어떤 종교의 틀에서서건 사실은 종교라고 정의된 종교는 하나밖에 있을 수 없다 자기 자신이 된 인간이 예수라는 이름을 가진 인간의 체험의 길을 통해 진리와 생명으로 가는 길에 함께 동행하고 있음을 알게 되기 때문이다. 노자가 기독교 이전의 그리스도인이라고 말할 수 있는 근거가 바로 예수 이전의 노자가 자기 자신이 되는 길도에서 진리를 깨달았기 때문이고, 그것을 생명이라고 확신하고 살았을 것이다. 그는 6,000자의 《도덕경》을 남겨주었다.

이웃을 사랑하고 선을 베풀고 정의를 실현하는 것과 인간 스스로의 존재를 실존 체험으로 깨닫는 것이 전혀 다르지 않다. 불교의 정각을 깨닫는 것과 기독교의 하나님을 마음과 뜻을 다해 사랑하고 또 이웃에게 사랑을 베푸는 것이 다르지 않다는 예수의 가르침의 의미는, 곧 내가 내가 되는 것이다. '하나님을 사랑하고 인간을 사랑하라'이다. 이 두 가지 가르침을 같이 하라는 것이다. 하나님 사랑과 인간 사랑이 다르지 않다는 것이다. 하나님 사랑은 그가 야훼 존재자임을 깨닫는 것이고 인간 사랑은 인간 존재를 체험하는 것이다. 이 둘이 하나의 의미로 만나는 것은 마이스터 에크하르트의 하나님과 나의 '신비적 합일'을 체험하는 것이다. 나머지는 윤리이고 권면 사항일 뿐이다.

'산상 수훈'으로 알려진 〈마태복음〉의 5~7장의 황금률과 많은 가르침의 핵심은 '신의 뜻을 깨달은 인간이 되라'이고, 〈요한복음〉 10장에서는 '하나님과의 합일'을 말한다.

불교의 간화선의 깨달음과 기독교의 영성이 통할 뿐 아니라 인간 이해의 관점에서는 하나인 것을 알 수 있다.

한국의 《중앙일보》 2013년 9월 9일자 신문에 보도된 흥미로운 대담이 있다. 서강대학 서명원 교수와 버클리 대학 랭커스터 교수의 한국 불교에 관한 대화 속에 중요한 핵심이 나왔다. 프랑스 출신 예수회 신부인 서명원 교수는 성철 스님 연구로 파리 7대학에서 박사 학위를 받은 기독교 영성을 불교에 접목해 이해하려고 하는 분이고 랭카스터 교수는 해인사 팔만대장경 영문 목록을 완성한 자이다.

이 두 교수는 한국 불교와 세계 불교와의 공통점을 "변하지 않는 것이 없다는 1) '삼법인三法印'과 그 해결책인 2) '사성제四聖諦', 3) 깨달음이라는 궁극의 목표, 4) 수도원禪房 전통 이 네 가지라고 말한다. 이 네 가지 요소에서 궁극적으로 인간이 진리를 깨우치는 정각의 체험을 통한 '자기 자신 됨'의 깨달음이라는 궁극의 목표에 이르는 과정에서 논쟁되는 돈오 점수와 돈오 돈수의 차이가 있을 뿐이다. 즉, 세 번째 목표인 모든 인간이 자기 자신이 되는 깨달음을 가져야 한다는 것이 불교와 기독교의 핵심이어야 한다. 기독교와 불교가 자기 자신이 되는 자기됨의 과정 속에 살아가는 데 필요한 삶의 지혜로서의 윤리와 권면 사항을 지키는 것이 좋으나 절대 선은 아니다. 삼가, 즉 교단을 섬기는 데 필요한 제도 안에서만 타당한 윤리적 가르침을 기독교와 불교가 배제하고 나면 남는 것은 자기 자신이 되게 하는 인간 실존 체험인 깨달음일 뿐이다.

서양 기독교의 전통에서 에크하르트만큼 깨달음이 강조된 적이 없었다. 서 교수는 불교의 정각의 깨달음을 통해 예수가 깨달은 사람이라는 것을 알게 되었다고 말하는데, 인간 이해로 볼 때 사람의 아들이 하나님의 아들이 되는 방법은 이 깨달음의 방법밖에 없다. 일단 인간은 먼저 자유인이 되어야 한다. 〈요한복음〉 8장 31~32절에서 예수는 "너희가 내 말에 거하면 참 내 제자가 되고 진리를 알지니 진리가 너희를 자유케 하리라"라고 말한다. 율법, 전통, 관습, 윤리, 권면 사항을 넘어서 진정한 자유에 이르게 되면 〈요한복음〉 10장 34절에 "신의 말씀을 받은 자는 곧 신이다"라고 예수가 가르치고 있다. 그 의미는 인간이 자기 자신의 존재를 체험하는 정각의 깨달음을 하게 되면 그가 곧 신의 말씀을 받은 자가 되고 신이 된다는 것이다. 예수가 자신을 가리켜 '사람의 아들'이라고 한 그 사람의 아들이 바로 인간을 체험한 인간 존재 신비를 정각한 인간이 아니고 무엇이겠는가?

• Appignanesi, Richard, *Postmodernism and Big Science*, Cambridge(2002)

• Augustinus, Aurelius, Bekenntnisse, lat.-dt, hg. *von Kurt Flasch und Burkhard Mojsisch*, Stuttgart(1989)

• Barrow, John D., *Die Natur der Natur. Wissen an der Grenzen von Raum und Zeit*, Heidelberg/Berlin/Oxford(1993)

• Benk, Andreas, *Moderne Physik und Theologie*, Grünewald(2000)

• Bergson, Henri, *Denken und schöferisches Werden*, Hamburg(1993)

• Bohm, David, *Die implizite Ordnung*, München(1985)

• Brand, Gerd, *Welt, Ich und Zeit*, Den Haag(1955)

• Briggs, John/Peat, F. David, *Die Entdeckung des Chaos*, München(1995)

• Capra, Fritjof, *Das neue Denken*, Bern(1987)

     Das Tao der Physik, Bern(1988)

     Wendezeit, München(1991)

• Davies, Paul-Gribbin, John, *Auf dem Weg zur Weltformel*, München(1993)

• Davies, Paul, *Die Unsterblichkeit der Zeit*, Bern(1995)

• Eco, Umberto, Stephen Jay Gould, *Conversations about The End of Time*, Penguin Books(2000)

• Einstein, Albert, *Mein Weltbild*, Zürich/Stuttgart(1953)

      Über die spezielle un allgemeine Relativitaetstheorie, Braunschweig(1992)

• Flasch, Kurt, *Was ist Zeit?*, Frankfurt(M)(1993)

• Gloy, Karen, *Das Verständnis der Natur*, München(1995)

• Gott, J. R., *Zeitreisen in Einsteins Universum*, Reinbek(2002)

• Guyau, Jean-Marie, *Die Entstehung des Zeitbegriffs*, Cuxhaven(1993)

• Hawking, Stephen W., *Eine kurze Geschichte der Zeit*, Reinbek(1988)

       Das Ende vom Anfang der, Welt(1988)

       Einsteins Traum, Reinbek(1994)

       Mein Standpunkt, (1993)

• Hawking, S. Penrose, R., *Raum und Zeit*, Reinbek(2000)

• Heidegger, Martin, *Der Begriff der Zeit*, Tübingen(1989)

       Sein und Zeit, Tübingen(1993)

       Zur Seinsfrage, Frankfurt(M)(1956)

• Heisenberg, Werner, *Der Teil und das Ganze*, München(1970)

       Physik und Philosophie, Stuttgart(1990)

• Monod, Jacques, *Zufall und Notwendigkeit*, München(1977)

• O'Murchu, Diarmuid, *Quantum Theology*, New York(1999)

• Pannenberg, W., *Systematische Theologie*, Göttingen(1988)

       Metaphysik und Gottesgedanke, Göttingen(1988)

       Glaube und Wirklichkeit, München(1975)

       Grundfragen systematischer Theologie, Göttingen(1971)

• Parmenides, *Über das Sein*, Stuttgart(1981)

• Peat, F. David, *Synchronizität*, Bern/München(1989)

• Picht, Georg, *Theologie als Wirklichkeitswissenschaft*, Tübingen(1992)

• Plotin, *Über Ewigkeit der Zeit*, Frankfurt(M)(1986)

• Polkinghorne, John, *An Gott glauben im Zeitalter der Naturwissenschaften Chr. Kaiser*, Güterslohr(1998)

       Theologie und Naturwissenschaften, Chr. Kaiser, Güterslohr(1998)

• Prigogine, Ilya, *Vom Sein zum Werden*, München(1982)

• Reichenbach, Hans, *Die philosphishe Bedeutung der Relaivitättheorie*, Braunschweig(1979)

• Reiter, Florian C., *Lao- tzu*, Stuttgart(1988)

• Rensch, Bernhard, *Die universale Weltbild*, Darmstadt(1991)

• Ritschl, Dietrich, *Zur Logik der Theologie*, München(1988)

• Rohs, Peter, *Feld-Zeit-Ich*, Frankfurt(M)(1996)

• Thomas von Aquin, *Summa Theologica*, Köln(1956)

• Tillich, Paul, *Systematische Theologie*, Berln/New York(1979)

• Weinberg, Steven, *Die erste drei Minuten*, München(1987)

• Weizsäcker, Carl F. von, *Die Einheit der Natur*, München(1972)

                                       Die Tragweite der Wissenschaft, Stuttgart(1990)

                                       Zeit und Wissen, München(1992)

                                       Zum Weltbild der Physik, Stuttgart(1990)

                                       Der Garten des Menschlichen, München(1978)

• Whitehead, Alfred North, *Prozess und Realität*, Frankfurt(M)(1995)

                                       Wissenschaft und moderne Physik, Frankfurt(M)(1984)

• Wittgenstein, Ludwig, T*ractatus logico-philosophicus*, Frankfurt(M)(1964)

• Wilber, Ken(Hg), *Das holographsche Weltbild*, München(1986)

• Young, Arthur, *Der kreative Kosmos*, München(1987)

• Zukav, Gary, *Die tanzenden Wu-li-Meister*, Reinbek(1986)

• Brian Greene, *der Stoff, aus dem der Kosmos*, Pantheon(2006)

• Martin Rees, *Just Six Numbers*, Bacis Books(2000)

• Francis S., Collins, *The Language of God*, Free Press(2007)

• Bill Bryson, *A short History of Nearly Everything*, Broadway Books(2003)

• Stephen. W. Hawking, *A brief History of Time*, Bantam Books(1998)

• 브라이언 그린/박병철, 《우주의 구조 – 시간과 공간 그 근원을 찾아서》, 승산(2005)
• 마틴 리스/한창우, 《태초 그 이전 – 우리 우주와 다른 우주들》, 해나무(2004)
• 마틴 리스/김혜원, 《여섯 개의 수》, 사이언스북스(2006)
• 현우식, 《과학으로 기독교 새로 보기》, 연세대학교 출판부(2006)
• 빌 브라이슨/이덕환, 《거의 모든 것의 역사》, 까치글방(2003)
• 박담회, 김명룡, 《기독교 지성으로 이해하라》, 도서출판 누가(2006)
• R. G. 콜링우드/유원기, 《자연이라는 개념》, 이제이북스(2004)

- 조셉 오웬스/이재룡, 《존재해석》, 가톨릭대학교 출판부(2003)

- 김형효, 《사유하는 도덕경》, 소나무(2004)

- 존 폴킹혼 외/강윤재, 《과학자들에게 묻고 싶은 인간과 삶에 관한 질문들》, 황금부엉이 (2004)

- 러셀 스태나드, 《21세기의 신과 과학 그리고 인간》, 두레(2002)

- 마티 유리카르 & 트린 주안 투안, 《손바닥안의 우주》, 샘터(2003)

- 존 그리빈/남경태, 《우주의 전기》, 들녘(2010)

- 제카리아 시친/이근영, 《수메르, 혹은 신들의 고향》, 도서출판 이른아침(2004)

- 데이비드 슬론 윌슨/이철우, 《종교는 진화한다》, 아카넷(2004)

- 이인웅, 《헤르만 헤세와 동양의 지혜》, 도서출판 두(2000)

- 케네스 렁/진형종, 《예수, 선을 말하다》, 지식의숲(2005)

- 스티븐 호킹/현정준, 《시간의 역사》, 삼성이데아(1988)

- 윌리암 제임스, 《종교적 경험의 다양성》, 한길사(200)

- 토마스 맥팔레인, 《아인슈타인과 부처》, 황소걸음(2002)

- 알리스터 맥그래스/박규태, 《정교하게 조율된 우주》, IVP(2014)

- 데이비드 그리핀/장왕식, 《화이트헤드 철학과 자연주의적 종교》, 동과서(2004)

- 프리드릭 르누아르/장석훈, 《소크라테스, 예수, 붓다》, 판미동(2014)

- 막스 쉘러/진교훈, 《우주에서의 인간의 위치》, 아카넷(2004)

- 비트겐슈타인/이영철, 《논리-철학 논고》, 책세상(2006)

- 폴 투르니에/강주헌, 《인간이란 무엇인가》, 포이에마(2013)

- 김윤섭, 《독일신비주의 사상사》, 한남대학교출판부(1996)

- 김경재, 《이름 없는 하나님》, 도서출판 삼인(2002)

- 이명권, 《예수 노자를 만나다》, 코나투스(2006)

- 불트만, 《서양고대종교사상사》, 이화여자대학교 출판부(1969)

- 이수정, 《본연의 현상학》, 생각의나무(2011)

- 리사 랜들/이강영 외, 《이것이 힉스다》, 사이언스북스(2013)

- 짐 배것/박병철, 《퀀텀스토리》, 반니(2014)

- 하이데거/김종엽, 《하이데거의 형이상학이란 무엇인가 읽기》, 세창미디어(2014)

- 에르빈 슈뢰딩거/서인석 외, 《생명이란 무엇인가》, 도서출판 한울(2007)

- 장회익, 《삶과 온생명》, 솔출판사(2004)

  《물질, 생명, 인간》, 돌베개(2009)

  《과학과 메타과학》, 지식산업사(2002)
- 쇠렌 오버가르 외/김랜시, 《메타철학이란 무엇인가?》, 생각과 사람들(2014)
- 신상희, 《하이데거와 신》, 철학과 현실사(2007)
- 짐 홀트/우진하, 《왜 세상은 존재하는가》, 21세기북스(2013)
- 스피노자/황태연, 《신학정치론》, 신아출판사(2010)
- 존 맥퀘리/강학순, 《하이데거와 기독교》, 한들출판사(2006)
- 개리 주커브/김영덕, 《춤추는 물리》, 범양사(2007)
- 프리초프 카프라/김용정 외, 《현대물리학과 동양사상》, 범양사(2006)

  《새로운 과학과 문명의 전환》, 범양사(2007)
- 스티븐 와인버그/이종필, 《최종이론의 꿈》, 사이언스북스(2007)
- 호세 오르데가 이 가세트/정동희, 《형이상학 강의》, 서광사(2002)
- 프랜시스 S. 콜린스/이창신, 《신의 언어》, 김영사(2009)
- 프랜시스 S. 콜린스/이정호, 《생명의 언어》, 북하우스퍼블리셔스(2012)
- 존 폴킹혼/현우식, 《양자물리학 그리고 기독교신학》, 연세대학교출판부(2009)
- 존 폴킹혼/우종학, 《쿼크, 카오스 그리고 기독교》, SFC 출판부(2009)
- 알프래드 노스 화이트헤드/오영환, 《과학과 근대세계》, 서광사(1977)
- 알프래드 노스 화이트헤드/오영환, 《과정과 실제》, 민음사(2005)
- 송병욱, 《형이상학과 자연과학》, 에코리브리(2004)
- 소광희, 《자연존재론》, 문예출판사(2008)
- 리처드 도킨스/이한음, 《만들어진 신》, 김영사(2007)
- 최민자, 《생명에 대한 81개조 테제》, 도서출판 모시는 사람들(2008)

  《존재와 인식의 변증법》, 도서출판 모시는 사람들(2011)
- 수전 블랙모어/김명남, 《문화를 창조하는 새로운 복제자 밈》, 바다출판사(2010)
- 마커스 초운/정병선, 《현대과학의 열쇠 퀀텀과 유니버스》, 마티(2009)
- 매튜 폭스/김순현, 《마이스터 에크하르트는 이렇게 말했다》, 분도출판사(2006)
- 매튜 폭스/송형만, 《우주 그리스도의 도래》, 분도출판사(2002)
- 정진석, 《우주를 알면 하느님이 보인다》, 가톨릭출판사(2003)

- 한스 큉/서명옥, 《한스 큉, 과학을 말하다》, 분도출판사(2011)
- C. T. 루이스/정경철 이종태, 《순전한 기독교》, 홍성사(2001)
- C. T. 루이스/양혜원, 《기독교적 숙고》, 양화진책방(2013)
- 닐 다그래스 타이슨/박병철, 《우주교향곡》, 승산(2008)
- 앤드류 H. 놀/김명주, 《생명 최초의 30억 년》, 뿌리와이파리(2003)
- 정재승 외, 《우주와 인간 사이에 질문을 던지다》, 북하우스(2007)
- 피터 러셀/김유미, 《과학에서 신으로》, 해나무(2007)
- 스튜어트 카우프만/김명남, 《다시 만들어진 신》, 사이언스북스(2012)
- 캐런 암스트롱/유지황, 《신의 역사》, 동연(1999)
- 존 메퀴리/연규홍, 《신과 인간사이》, 대한기독교서회(2013)
- 송혜경, 《영지주의자들의 성서》, 한님성서연구소(2014)
- 사이먼 정, 《철학브런치》, 부키(2014)
- 에드워드 윌슨/최재천, 장대익, 《지식의 대통합 통섭》, 사이언스북스(2005)
- 김종엽, 《하이데거의 형이상학이란 무엇인가 읽기》, 세창미디어(2014)
- 알렝 바디우/조형준, 《존재와 사건》, 새물결(2013)
- 이시우, 《천문학자, 우주에서 붓다를 찾다》, 도피안사(2007)
- 김홍호, 《생각 없는 생각》, 솔출판사(2002)
- 황두용, 《존재와 생명》, 대장간(2007)
- 안재경, 《고흐의 하나님》, 홍성사(2010)
- 존 쿠퍼/김재영, 《철학자들의 신과 성서의 하나님》, 새물결플러스(2011)
- 칼 세이건/박중서, 《과학적 경험의 다양성》, 사이언스북스(2010)
- 니체/두행숙, 《짜라투스트라는 이렇게 말했다》, 부북스(2011)
- 김용규, 《서양 문명을 읽는 코드 신》, 휴머니스트(2010)
- 사이먼 싱/곽영직, 《우주의 기원 빅뱅》, 영림카디널(2008)
- 윤구병, 《윤구병의 존재론 강의 있음과 없음》, 보리(2003)
- 이정배, 《없이 계신 하느님, 덜 없는 인간》, 모시는 사람들(2009)
- 스티븐 제이 굴드/김동광, 《인간에 대한 오해》, 사회평론(2005)
- 김성원, 《시공간의 미래》, 해나무(2006)
- 리차드 포티/이한음, 《생명 40억 년의 비밀》, 까치글방(2007)

• 조광제, 《존재이야기》, 미래M&B(2005)

• 존 호트/구자현, 《과학과 종교, 상생의 길을 가다》, 코기토(2003)

• 토마스 S. 쿤/김명자, 《과학혁명의 구조》, 까치글방(2006)

• 위르겐 몰트만/김균진, 《과학과 지혜》, 대한기독교서회(2003)

• A.W. 토저/이용복, 《The Attribtes of GOD》, 규장(2007)

• 레이몬드 B. 불래크니/이민재, 《마이스터 에크하르트》, 다산글방(2013)

• 그레이엄 클라크/정기문, 《공간과 시간의 역사》, 푸른길(1999)

• 윤혜준, 《바로크와 '나'의 탄생》, 한영문화사(2013)

• C.F. V. 바이츠제커/이신철, 《역사속의 인간》, 에코리브르(2007)

• 칼 구스타브 융/조성기, 《카를 융 기억 꿈 사상》, 김영사(2007)

• 이부영, 《노자와 융》, 한길사(2013)

• 제임스 N. 가드너/이덕환, 《생명우주 새로운 과학적 진화론》, 까치글방(2006)

• 래리 위덤/박희주, 《과학과 종교논쟁, 최근 50년》, 혜문서관(2008)

• 앨리스터 벤틀리/오수원, 《현대과학 종교논쟁》, 알마(2012)

• 이브 파칼레/이세진, 《신은 아무것도 쓰지 않았다》, 북하우스퍼블리셔스(2012)

• 안셀름/공성철, 《프로슬로기온》, 한들출판사(2005)

• 김용옥, 《기독교 성서의 이해》, 통나무(2007)

• 프랭크 클로우스/이충환, 《빅뱅이전의 우주 Void》, MID(2014)

• 게르하르트 로핑크/허 혁, 《당신은 성서를 어떻게 이해하십니까?》, 분도출판사(2004)

• 데야트르 드 샤르댕/이병호, 《자연 안에서의 인간의 위치》, 분도출판사(2006)

• 루드비히 비트겐슈타인/이영철, 《논리- 철학 논고》, 책세상(2006)

• 김대식, 《김대식의 빅퀘스천》, 동아시아(2014)

Anthropic Principle

A History of Nearly All Beings

Just Six Numbers

QUANTUM

Biologos

Sein und Zeit

METAPHYSICS

Big History